Augustus Jessopp

Visitations of the diocese of Norwich,

1492-1532

Augustus Jessopp

Visitations of the diocese of Norwich,
1492-1532

ISBN/EAN: 9783337723767

Printed in Europe, USA, Canada, Australia, Japan

Cover: Foto ©ninafisch / pixelio.de

More available books at **www.hansebooks.com**

WESTMINSTER:
PRINTED BY NICHOLS AND SONS,
25, PARLIAMENT STREET.

[NEW SERIES XLIII.]

COUNCIL OF THE CAMDEN SOCIETY

FOR THE YEAR 1887-8.

President,

THE RIGHT HON. THE EARL OF VERULAM, F.R.G.S.

PROFESSOR MONTAGU BURROWS.
JAMES J. CARTWRIGHT, ESQ., M.A., F.S.A., *Treasurer*.
WILLIAM CHAPPELL, ESQ., F.S.A.
REV. J. SILVESTER DAVIES, M.A., F.S.A.
JAMES E. DOYLE, ESQ.
REV. J. WOODFALL EBSWORTH, M.A., F.S.A.
C. H. FIRTH, ESQ., M.A.
JAMES GAIRDNER, ESQ., *Secretary*.
SAMUEL RAWSON GARDINER, ESQ., M.A., LL.D., *Director*.
REV. DR. JESSOPP.
ALEXANDER MACMILLAN, ESQ., F.S.A.
THE EARL OF POWIS, LL.D.
HENRY REEVE, ESQ., D.C.L., C.B., F.S.A.
S. R. SCARGILL-BIRD, ESQ., F.S.A.
PERCY M. THORNTON, ESQ.

CONTENTS.

INTRODUCTION.

WHEN the fifteenth century was drawing to a close there were in the counties of Norfolk and Suffolk at least fifty-one religious houses of various denominations, without reckoning the *Cells* or dependent establishments which were used from time to time as residences for the inmates of the parent-house who required "a change." Of these, forty-three were places of retirement for men, eight were nunneries for women. They may be roughly divided into three classes: (i) the houses of *Monks* and *Nuns* under the old Benedictine rule, (ii) the houses of *Canons* who were supposed to be governed by the rule of St. Augustine, and (iii) those which had some peculiar rule of their own. The old Benedictine houses included two of the first importance—the magnificent abbey of St. Edmunds Bury and the priory of Norwich—and one abbey of the second rank, that of St. Benet's Hulme, besides three that were insignificant establishments—the abbey of Wymondham and the priories of Horsham in Norfolk and Eye in Suffolk. The number of Benedictine monks in the diocese may be estimated at not less than one hundred and twenty; the nuns can hardly have numbered more than eighty in the three Norfolk and the five Suffolk houses. The houses of the Canons were far more numerous; there were at least twenty-four of such houses, great and small, and the number of their inmates must have exceeded two hundred and thirty when each house was at its normal strength.

At the beginning of the fourteenth century the current of feeling which had been running more or less continuously in favour of the conventuals began to take another direction. For three centuries at least, a system of robbing the parochial clergy for the endowment of the monasteries had been going on, almost without intermission.

In the reign of Edward III., men began to feel that the parish priests required to have their hands strengthened, and that the regulars had not done and were not doing all that had been expected from them. A new fashion set in. Men of wealth and of philanthropic temperament struck out a new path, or at any rate bethought them of a new experiment that seemed to them worth trying. Why should not the secular clergy—*i.e.* the working clergy—be enabled to work in combination and associate together in corporations under one roof, carry out the parochial system with an intelligent understanding of each with all, instead of continuing to work in isolation, jealousy, mutual suspicions, and rivalries? Accordingly an earnest attempt was made to combine the double object of keeping the secular up to the mark in the discharge of his pastoral duties among his own parishioners, and of giving him at the same time some of the advantages of the conventual life. The parsonages were converted into *colleges*, in which the parish priests lived in common under *statutes* which the founders of the colleges judged it well to frame; and the parishes instead of having one or two clergymen, each living his lonely life, and following his own way, found themselves with six or eight or more officiating ministers, who gave a far greater air of pomp and magnificence to the services in the church and who were always ready at call when the people were in trouble, or sickness, or needed special counsel. The earliest college in the diocese of Norwich appears to have been the college of Rushworth, founded by Gonville in A.D. 1342. Within half a century Gonville's example had been so well followed that no less than eight of these colleges had sprung up in Norfolk and Suffolk, and at least two of them were splendidly endowed. The "Fellows," or "Canons," or "Priests,"—for all these names were used—who lived in these colleges and kept up some conventual discipline within the precincts, numbered about sixty-five, thus raising the number of the *Regulars* in the diocese who were to be found in the older houses and in the colleges to a total of about five hundred. To these again must be added the inmates of houses which had something peculiar in their rule, which this is not the place to dwell on—I mean the Gilbertine house at Shuldham, the Trinitarians at Ingham, the Cistercian Nunneries of Marham and Brusyard. It would be a reasonable estimate which should give the total number of men and women within the diocese who were members of the monastic orders at the beginning of the sixteenth century at five hundred and twenty to five hundred and thirty; and this is exclusive of the friars, the brethren, that is of the mendicant orders, whose numbers it is very difficult to estimate, though they cannot have fallen short of two hundred, in the thirty houses, great and small, which were to be found in the diocese. The grand total of men and women who in the diocese of Norwich were members of some religious body, bound by solemn engagements to live a life of self-surrender, purity, and devotion, and to submit to the discipline and "Rule" of the order which they had joined, can certainly not have fallen short of seven hundred all told. The numbers of the parochial or secular clergy, judging from the ordination lists and other collateral evidence, must have been quite double that of the regulars, whether monks, or canons, or friars, of all orders.

In theory all the religious houses in any diocese were subject to the authority, control, and therefore visitation, of the bishop of the see. But, from the first, there had always been an impatience of episcopal supervision among the religious orders. It was always the aim of a great monastery to get for itself exemption from any interference on the part of the bishop. The great abbey of St.

Edmunds was one of the first that succeeded in procuring for itself from the Papacy this dangerous privilege. The Premonstratensian houses were in no sense subject to episcopal visitation, and the same may be said of the Cistercians and the Gilbertines. There were seven of these exempt houses in the diocese, viz., St. Edmund's abbey, the Gilbertine house at Shuldham, the Cistercian nunnery of Marham, and the four Premonstratensian houses at West Dereham, Langley, Leiston and Wendling. The whole number of houses which are reported as visited in the following pages make up a total of forty-four, including the two Norwich "Hospitals," which, in fact, belong to a different class of institutions.

The episcopal visitation of these houses took place once in every six years, and usually occupied about six months. The Visitation of Bishop Nicke in 1514 was planned to begin on the 27th April, and was to have been completed some time in the autumn. But there seems to have been no hard and fast rule observed; and when the reports concerning any house or the complaints that were brought forward were unsatisfactory, the visitation was prorogued or adjourned; that is, the visitor reserved to himself the power of inquiring further, and the house was considered as still under visitation, and liable at any moment to have a fresh scrutiny entered into until the proceedings were formally declared to have come to a close; or, as the technical expression was, the "visitation was dissolved." As a rule this expression is used only when no fault was to be found and things were going on well. When things were going on badly, and the presentments or evidence were of a character to lead to the belief that reforms were necessary, the bishop took time to consider what the next step should be. In some cases he summoned the delinquents, or persons suspect, to appear at Norwich or elsewhere, and in the meantime the matter was looked into by his officials. In other cases special injunctions for the reform of the discipline of the house were issued, and these injunctions had all the force of enactments, which were binding in future and were referred to as in force even in subsequent times. These injunctions were indeed very like the *Prætor's Edicts* at Rome, at once additions to existing bye-laws and authoritative interpretations of laws which might or might not be strictly enforced hereafter. The "further inquiry" which was made in cases where the visitation of a house was adjourned or "continued" appears to have been carried out by the bishop's officials or by commissaries appointed for the work. Unhappily we have no records of any such commissions of inquiry; but it is clear that a strict examination was made, such an examination as would have been quite impracticable during the short time at the bishop's disposal while his ordinary visitation was proceeding. The abrupt breaking off of the inquiry at Thetford (p. 90) is probably to be thus explained. The bishop had heard quite enough; a more searching examination was to be entrusted to his deputies.[a]

The visitation of a monastery by a bishop was rather of the nature of a visit paid *to* the inmates of the house with the view of listening to any complaints they had to make of grievances suffered, insubordination persisted in, or tyranny exercised. It also comprehended an inspection of the condition of the buildings, an inquiry into the general discipline, and an audit of the financial condition of the community. But there was nothing inquisitorial about it. The bishop was there to hear complaints, but he was not there to extort from every poor man and woman the secret sins of their hearts and lives. If any were burdened with such this was not the time to hear such sad confessions. The visitor was here now as a mere inspector. The inspection being made, correction

[a] Compare, too, pp. 51, 111, 87, and many other instances that the reader will meet with, not to mention the cases of Walsingham, Norwich, Wymondham, and Westacre.

and reform might be called for of the body or its members as the case might seem to require. Complaints and tale-telling he might be forced to give an ear to, but compulsory cross-questioning of any on bare suspicion, and demanding from any a recital of his falls or his shame, such recital to be used against him on occasion, that was a thing which was never contemplated in any episcopal visitation. How should it be? If men and women were associated in a community with the object of keeping up a life of devotion and self-surrender, the presumption was that they were at any rate endeavouring to live up to their ideal; at least they would hardly sink *below* the level of bare decency in conduct which ordinary men of the world maintained; and charity, if not the most elementary notions of justice and fair play, demanded that a corporation of persons should be regarded as living at least a blameless life if no accusations or evil reports came to the ears of the visitor from outside.

When the Inquisitors of Henry VIII. and his Vicar General, Cromwell, went on their tours of "Visitations" they were men who had had no experience of the ordinary forms of inquiry which had heretofore been in use. They called themselves *Visitors:* they were in effect mere hired detectives of the very vilest stamp who came to levy blackmail, and if possible to find some excuse for their robberies by vilifying their victims. In all the hideous *comperta* which have come down to us[a] there is not, if I remember rightly, a single instance of any report or complaint having been made to the "Visitors" from any one *outside.* The enormities set down against the poor people accused of them are said to have been

[a] I published those which are concerned with the Norfolk monasteries in Mr. Walter Rye's *Norfolk Antiquarian Miscellany* (vol. ii. p. 434) in 1883. The note which Mr. Rye has appended to p. 442 will be taken for what it is worth.

confessed by themselves against themselves. In other words, the *comperta* of 1535 and 1536 can only be received as the horrible inventions of the miserable men who wrote them down upon their papers, well knowing that, as in no case could the charges be supported, so, on the other hand, in no case could they be met or were the accused ever intended to be put upon their trial.

No such charges or anything like them are to be looked for in the following pages. On the other hand there is quite enough evidence, direct and indirect, to allow us to arrive at a fair estimate of the condition of the religious houses and the general tone and habits of their inmates during the half-century or so immediately preceding the dissolution of the monasteries; and it can hardly be doubted that, now that a beginning has been made by the publication of the present volume, other episcopal visitations will be discovered, and that the next few years will enable inquirers to form a far truer estimate of the work and influence of the religious houses in England than hitherto has been at all possible.

The reader will be surprised to find that there is very little indication of any falling off in the numbers of inmates of the religious houses. It is true that in one case there is a complaint that the Priory of Norwich in 1514 only contained thirty-eight brethren, and that *there ought to be* sixty (p. 73), but this is one of those random statements which are so easily made by a grumbler, and for which there could be found no confirmation. If the first founder of Norwich Priory did intend to provide for sixty monks it is extremely doubtful whether the full complement was ever maintained, and forty seems to have been the average number. As far as the evidence contained in the records we have before us in the following pages carries us there is no sign of any serious falling off in the supply of candidates for vacancies in the East Anglian religious houses If a monastery became burdened with debt or suffered from insufficient revenues, or *if it got a bad name,* then of course the best men avoided it, and, as only the worst men resorted there, so the bad traditions of a house had a tendency to perpetuate themselves. This is very noticeable as we look into the evidence that comes before us in the following pages.

The priory of St. Mary at Wymondham had been for nearly four hundred years a *cell* of St. Alban's when, by a cunning piece of diplomacy, Pope Nicholas V. was induced to convert it into an abbey in 1448.[a] In the whole course of its history we hear little or nothing to the credit of the house or its inmates, and the tone of the place can hardly have improved under its first abbot, if we may judge of his character from a letter of his which has been preserved. The revenues of the house were considerable, but apparently not at all more than would be necessary for keeping up the establishment on a respectable scale without any magnificence, and the severing of the connection with the great Abbey of St. Alban's released the dependent house from the burdens which it had hitherto had to bear. When Bishop Goldwell visited Wymondham in 1492 (p. 20), John Kyrteling had been abbot of the monastery for upwards of twenty years, and the house had not prospered under his rule. The buildings were scandalously out of repair; there was scarcely the appearance of any discipline; there was hardly a pretence of learning or devotion maintained. The report was so bad that the bishop felt it necessary to take a decided course. The abbot was prevailed upon to retire, and the visitation was kept open; that is, time was given on the one hand to the convent to reform itself if it could, while on the other the bishop might resort to stronger measures if the monks should show no signs of amendment. But the traditions of the place were bad. For ages it seems that the Wymondham monks had been an unruly and insubordinate set, and as they had

[a] John of Amundesham, *Annales S. Albani*, vol. ii. App. (L), p. 366.

been so they seemed disposed to continue to be. Abbot John Kyrteling had been succeeded by one John Redmayn, and he by one Thomas Chamberlain, another obscure personage, who appears to have been elected abbot no very long time before the Visitation of Bishop Nicke in June 1514. The condition of the monastery was disgraceful. There were, indeed, two more monks in the house than there had been twenty-two years before, and only two of the former inmates were still alive, but things had got from bad to worse. There were free fights in the cloister; the brethren went in and out as they chose; the prior behaved like a madman; the servants were insolent; the buildings were in shameful decay; and, worse than all, more than one or two disgraceful instances of habitual drunkenness were reported, and there were grave suspicions of improper intimacies with women who obtained admission into the monastery.

Again the bishop interfered, and the prior was summarily dismissed from his office, though what further measures were taken we are not informed. Another six years pass, and in the meantime Abbot Thomas had been succeeded by a man of learning and high character, a scholar, a suffragan bishop in the diocese of London, the teacher and friend of Sir Thomas More, and the author of the first Latin grammar printed in England by Wynken de Worde about the year 1497.[a] This was John Holt, titular bishop of Lydda. He must have been by this time an old man, but the house had evidently greatly improved under his rule. Eight of the monks who had been visited six years before were still members of the convent but only one new brother had been admitted. It looks as if the scandals of the former time had kept away any fresh applicants. We hear of no such disgraceful scenes as had been reported in 1514, though there was still a great deal more drink-

[a] Wood's *Athenæ Oxon.* (Bliss), vol. i. p. 14.

ing at night than could be passed over without notice, but the abbot on the whole seems to have had his monks well in hand. Before the next visitation came he had either died or resigned, and his successor was William Castleton, a monk from Norwich. If Abbot John was indeed the reformer of Wymondham it seems that his reform was maintained. In the visitation of 1526 we find no serious complaints, and the number of the monks had increased by the admission of three or four novices, whose only cause for discontent was that they could not get all the instruction which they desired. The inference that we cannot help drawing from this retrospect is that according to the character of the head of a house so was the tone and character of the inmates likely to be. The constitution of a monastery was so essentially monarchical, and the brethren were such children, so dependent, so incapable of standing alone, so helpless when they were not governed and kept in leading-strings, that when a weak, vicious, or incompetent abbot or prior was at the head of affairs the life of the convent became intolerable, and like idle schoolboys the men took to quarrelling and grumbling; sullen discontent led to wickedness, and vice and immorality were the result, not necessarily of a taste for wickedness, but of the condition of affairs which left the fraternity without employment, without amusements, without interests; left them in fact with nothing to do.

The priory of Norwich has nothing to boast of in its history. It was not set down in the wilderness, it had no half fabulous past to look back upon. No saint had come forth from it, no martyr or hero had ever shed the lustre of his name upon its annals; only one really eminent man with more than a local reputation had been educated within its walls. From first to last it had been a singularly useless institution as compared with any other great English monastery with equal resources. But what was the moral and intellectual character of the inmates of the house during the period with which we are engaged? This at least is evident, that when Bishop Goldwell visited the priory in 1492 he was by no means disposed to pass over irregularities; on the contrary, there was, as there had been often before, an absence of cordiality between the bishop and the convent, and if the visitor had had any cause to believe that grave offences had been committed, any great laxity of discipline, or any notorious immorality, we may be quite certain that he would not have passed such things over. That in a community of nearly fifty men of different ages, temperaments, and parentage, all should be living devout, virtuous, or blameless lives, it would be foolish to suppose, but there are no signs that in the year 1492 there was anything like a general laxity of conduct among the Norwich monks, or that vice and immorality were looked upon with toleration. There was not that strictness of discipline which was desirable, the gates of the close were not regularly shut at night-time; laymen were not shut out from the refectory; there was no observance of the silence and decorum which the monastic life enjoined; learning was at a low ebb; there were some damaging reports of the valuables of the monastery having disappeared; there had been rumours of indiscreet gossiping and chattering in the church between some of the monks and certain women whose characters it was said were not free from suspicion; moreover the convent tailor, and convent barber, at any rate, had their wives and families within the close, and long ago this presence of women within the precincts had been forbidden; it was contrary to the rule, and to be discontinued. But if this were all it was not much, and if there was more to tell to the discredit of the monks it did not come to the bishop's ears, and it has not come down to us to comment on. If the bishop wished to adjourn his inquiry for a month the convent had no objection, but the monks had nothing more to say, and the bishop had nothing more that he could discover. But when Bishop Nicke visited the priory in 1514 there was a very different condition of affairs. By this time Robert Catton who had been one of the youngest monks in the monastery in Bishop Goldwell's time had become prior, and things had been going very wrong. The prior did not even put in an appearance, and no excuse was made for his absence. The sub-prior was denounced as a profligate who was showing an evil example, the buildings were dilapidated, there was no school deserving the name; the monastery was in debt; some of the monks wore strange dresses; some were in the habit of dancing in the guest-hall night by night; some were openly accused of unchastity; the services of the church were conducted in a slovenly negligent manner; women went in and out at pleasure.

The condition of the monastery was scandalous, morally and financially. The bishop was again by no means inclined to leave things uncorrected. He issued immediate injunctions for the reform of such abuses and he kept the monastery under visitation, giving the monks till the next year to reform themselves, appointing the first Sunday in Lent (*i.e.* six months hence) as the day in which he would hold his next inquiry. Before the next visitation came round in 1520 there had been a decided improvement. The prior answered to his name and produced his accounts: there were no complaints worth mentioning: the vicious sub-prior of 1514 had disappeared, so had brothers John Siblys and William Wingfield, against whom some serious charges had been brought: and the impression left upon us is that the convent was in a fairly satisfactory condition, and the brethren living in comparative harmony. But during the next six years the old mischiefs had broken out again. By this time Bishop Nicke had become the object of suspicion and dislike in high quarters, he had many enemies; in his diocese his authority was seriously on the wane. On the other hand the prior,

Robert Catton, was playing his own game; he was an ambitious man and had been working with a single eye to his own advancement. When the bishop's official appeared to carry on the visitation (for the bishop it seems was not there) the prior was absent, there is some reason to believe that of late he had been absent a great deal, and the sub-prior, Dr. William Repps (who eventually became bishop of Norwich, and in 1550 was compelled to resign his bishopric), was letting things go as they would, and seeking only to get the suffrages of the younger and disorderly among the monks with a view to winning their votes when the prior, Robert Catton, should receive the preferment which could not long escape his grasping hands.

It is somewhat difficult to make one's way through the tangle of perplexing tales and rumours, complaints and counter complaints, trifling gossip and evident slanders, or at least gross exaggeration, which the report of the 1526 visitation brings before us. There seem to have been at least two parties in the monastery which were animated by very acrimonious feelings against each other. There were two brothers, Thomas and John Sall, who had managed to provoke against themselves deep dislike. The first of them, Thomas, was third prior; the second, John, was precentor and communiarius. The third prior, especially in the absence of the prior, was a person of some importance in a monastery, and the discipline of the place depended very greatly upon his firmness and vigilance. If he were supported by his superiors, the prior and sub-prior, he could keep things together, prevent laxity and enforce the rule in its minutest particulars, he could punish the disorderly, compel the juniors to pursue their studies and the seniors to show in externals at least a good example. But if he were thwarted, his sentences annulled and his orders cancelled, the consequences that would ensue were obvious. Thomas Sall was evidently *not* supported. The prior and sub-prior excused the juniors from the penances imposed upon them and gave ear to the tales and slanders that were going. There were complaints and recriminations on both sides, rather ugly stories they were; but that the tailor's wife should have indulged in familiarities towards Dr. Repps in public, or that the filthy story which Nicholas Fraunsham told against the sub-prior, can have been strictly true, or that, if it had been true, Lopham himself or some one else should have had not a word to say in corroboration, is upon the face of it incredible, and the more so when we remember that Lopham and Fraunsham had joined together in a kind of "round robin" against the sub-prior for his excessive strictness in compelling the juniors to commit the Psalms to memory and to repeat the lessons which were enjoined upon them (p. 198). John Sall was evidently a man of energy and a man of business. The office of precentor involved a great deal of work, and when to this were united the duties of communiarius (who may roughly be described as chief accountant or auditor of the convent) the administrative duties which lay upon him implied that he was fully employed for many hours a day. It was necessary that such a functionary should have his own private office or chamber, and it might often happen that he would be kept at work till late in the night at his books and accounts. John Sall had such a chamber but it was contrary to the rule to have his bed in it. That was suspicious. The juniors made complaints; suggested that he would be safer sleeping in the dormitory, and though they did not venture to bring a charge against the precentor they did hint that *when he was absent* certain evil things had occurred. Moreover, John Sall had an irresistible hankering after fine clothes — there was no denying this. His very *purse* which hung at his girdle was a dainty piece of workmanship: his shoes were a marvel. They had been known to be positively tied with red silk bows.

importance in the diocese of Norwich, and the church of the priory had long been a favourite place with the gentry. In these visitations the report is invariably the same: there are no complaints, no dissensions, nothing to reform. In the report which the *commissioners* made upon Pentney Priory in 1536 it is set down that there were then "religious persons in the house nine, all priests of very honest name, and good, religious persons, who do desire the king's highness to continue and remain in religion, ... and the house in very good and requisite reparacion." The prior, one Robert Codde, had presided over the house for fifteen or sixteen years, and had previously been prior of Bromehill; he became subsequently master of St. Giles's Hospital in Norwich, and survived the suppression just ten years. Of Pentney during the five centuries that it lasted we hear nothing but good reports, the canons of that house kept up their character to the end.

It was in the smaller houses with insufficient revenues that a lower tone and a laxer discipline might be expected to be found. Such were Beeston and Weyburne on the coast, near Cromer, Hempton near Fakenham, and the little priory of Thetford. They were all wretchedly poor, and the inmates were often driven to great shifts to find even the means of livelihood. At Hempton the canons seem to have cultivated their small estate with their own hands. At Weyburne they lived by serving the churches round At Beeston the prior in 1514 seems to have been a man of loose life, but he repented, the school was revived, and, as appears from evidence not produced in these pages, the house had a short gleam of prosperity; but at Thetford things grew from bad to worse, and at the time of the dissolution the convent had sunk down into a *corporation sole*. In none of these houses, at any time during the last century of their existence, could there have been half-a-dozen inmates; as religious institutions they were effete, as educational institutions they were quite useless.

Occupying a middle place between these decayed houses which were really useless, and such a house as that of Pentney, which was doing good work, there were some Augustinian houses where the canons were living a harmless, pleasant life in society, the tone of which depended, as elsewhere, almost entirely upon the character of the prior. Such were Bokenham, Butley (in Suffolk), Hickling and Coxford. We hear no great harm of the inmates, they seem to have lived in community, keeping up a form of religious life, the services in the church duly performed day by day; some sort of educational work, too, going on. The canons were pretty much in the same position as the fellows of colleges at Cambridge or Oxford except that they were rarely men of the world or students; they were, in fact, resident landlords brought into daily intercourse with their tenants, managing their land in the immediate vicinity of their houses, and personally superintending their labourers, easy-going county gentlemen, usually keeping up a school for the neighbourhood, though latterly it seems that this duty had not been as generally observed as in the old days. They were not rich, they were rather bad men of business, and they were almost always suffering from their predecessors having made the churches and the monastic buildings a great deal too large for the income at their disposal. The complaints of the cost of repairs or the need of them are made again and again. Indeed, it is abundantly plain that the smaller monasteries everywhere were suffering from the reckless overbuilding in former times. The consequence was inevitable; the monasteries everywhere, except where the income was derived from some source which supplemented the mere rent or produce of the land, were becoming steadily poorer, and this meant that they had less to offer by way of attraction to the abler men to throw in their lot among them. The names of the inmates of these Augustinian houses, with one exception, indicate that the canons belonged to a class below the gentry at any rate. That one exception was the important priory of Westacre in the valley of the Nar. It was by far the richest Augustinian house in East Anglia, and appears to have been a place of safety for the younger sons of the landed gentry or of the merchants of Lynn and Norwich. In 1514 the names of six or seven prominent Norfolk families are conspicuous in the list of the canons, but here things were in an unsatisfactory state when Bishop Goldwell visited the place on the 11th August, 1494.

Richard Pell had been prior of the house for many years. He seems to have been a weak man and to have left himself very much in the hands of his sub-prior, Edmund Lichfield, who was quite able to manage the house with ability. Lichfield was perhaps inclined to domineer, he certainly was ambitious; he gained for himself the office of prior of Flitcham in 1498, and became titular bishop of Chalcedon and suffragan bishop in the diocese of Norwich in 1500. As sub-prior of Westacre he showed himself a great deal too busy and active; he took the rabbit-warren under his charge, he managed the swannery, he was inclined to tighten the reins of discipline. Of course he had some supporters, but there was a party in the house that made a set against him, and he and his party made a set against the prior. The prior had been remiss; he had so mismanaged the accounts that the school did not pay its expenses; the gentry were charged too little for their boys. The sub-prior had found fault with this, had tried to bring about reforms, to practice economics, but as to anything else being wrong, No! There was no one who had any complaints to urge. Brother Henry Tolle declared he was at peace with most men—with such men for instance as brother Robert Patryk—but charity had its limits, and he was not at peace with Galfridus Swaffham, he could not be at peace with him; not—that is with a safe conscience!

Prior Richard seems to have lived many years after this; he must have remained head of the house till a great age, and when bishop Nicke came on his visitation in 1514 Westacre had by no means recovered from the effects of the old gentleman's inefficiency. The priory was greatly in debt, and the new prior, Richard Clarke, found himself much cramped for want of money. The canons, as usual, looked out for a victim, and, as usual, the victim was the sub-prior. The prior had found John Smyth—a servant or steward of the house—very useful and very necessary in the way of business, and the prior might be reached through Smyth, and certainly through Smyth's wife, for Smyth was a married man. So the sub-prior was dismissed and brother John Spilman was elected in his place, and the obnoxious Smyth was also dismissed. The prior had been brought low and a faction of the house had carried the day. Yet in the midst of all this tittle-tattle there are again no serious complaints or murmurings, and so far as we are permitted to see anything of the inner life of the house it appears to be going on far more creditably and far more seriously than we should have expected. There are younger brethren pursuing their studies at Cambridge. They had not to be sure received the full amount of the exhibition that had been voted, and young Richard Cobb was not able to go to the university at all, for money was short. The service was kept up only too strictly, for as brother Robert Pepyr was the only one of the canons who could play the organ the prior would never grant him leave of absence. There was a library, and rather too easy access to it, and at the usual times the rule of silence was observed, though now and then the rule was broken, and the bishop was prayed to take notice of the fact. In all this there is no evidence of any grave evils. But during the six years that followed, the debts of the house and its difficulties had increased and its reputation had declined. There was a new prior, and he not all that was wanted. The school had come to nothing; the lectures which it seems had been kept up formerly had ceased; there were indeed three of the canons at the University and at least two of the canons in residence were qualified to start the school again, but there were no funds forthcoming; the house was undeniably in a state of sore decay, and the prior was a "sensual person," which may mean anything, but which probably means no more than that he was touchy and irritable. Once more the prior was reached through the sub-prior, who was deposed: and the bishop's visitation was kept open. The priory was to be further dealt with by-and-bye.

When next the bishop visited the house he found things very bad indeed. William Lowthe, the prior of 1520, had disappeared, and so had his successor Thomas Bryggett—a man of distinction at the University and a scholar of some repute. The new prior was William Wingfield of Dunham, and was allied to some of the most influential houses in the county. But the prior was evidently a cipher, and the discipline of the house was bad. The debts were increasing; the reputation of the place was falling; the number of the canons had not been kept up, and worst of all there had been a hideous and revolting scandal among the brethren. Reading between the lines, I cannot resist the impression that the horror and surprise of this frightful business staggered and perplexed the visitors. The bishop or his official had arrived at Westacre on the 1st August; he left the place that same afternoon issuing a few formal injunctions. But the dreadful moral offence was to be dealt with more deliberately. Next day the visitation of Pentney was carried out, and it looks as if some consultation had been held there on the case that had come before the visitors. Certainly, nearly a week passed before the visitation was resumed, though the priory of Coxford, which was next inspected, was not more than half a day's ride from Pentney. What the result was we are not told.

The last visitation of the house does not tell us much, but what is revealed is not very satisfactory. Prior Wingfield had let things go their own way. He had evidently allowed his kindred outside to plunder the priory. One of the Calibuts of Castleacre had recently married a Wingfield—I think a sister of the prior's. Antony Calibut had been granted an annuity, or *corrody* as it was technically called, out of the revenues of the house, and Francis Calibut had been appointed *pincerna*, *i.e.* he had taken a contract to provision the convent, though he was an immoral man and ought not to have shown his face in the house at any time. Moreover, the recent scandal had evidently produced a great effect. Several of the canons of 1526 had deserted the house and the numbers had so seriously declined that the king had recently forced a stranger upon them, and taking alarm at this significant act the convent had elected a batch of five novices to fill up vacancies. The names have all a strange outlandish sound to East Anglian ears; the canons had to look far afield to find candidates for admission to the house. If we could lift the veil, if we could recover the evidence that has perished, or cross-examine witnesses that have been dead for centuries, I doubt not that we should find in the records of the last eighty years of the priory of Westacre the history of the decline and fall of an Augustinian monastery that was doing good work at the close of the fifteenth century, but which, partly from the untoward accidents to which persons and institutions are exposed, partly from the faults of its rulers, partly from the pressure of forces which were at work tending to degrade the tone and to destroy the discipline of all such houses as this—in thirty years had become hopelessly deteriorated. It is difficult to see how such an institution could ever have recovered its character or ever again have become what it had been.

But of all the religious houses in the diocese with which these visitations deal, and with whose condition they make us acquainted, the famous priory of Walsingham seems to have been the most disorderly and demoralized. It is to be wondered at that no historian has ever attempted to write a monograph upon the history of this famous monastery. Erasmus, while ridiculing the superstition on which the place had thriven for generations, and which brought to it a handsome revenue, says expressly that the lives of the canons so far as he had heard were "not much amiss," he even seems to have formed a high opinion of their sincerity and devotion. It is very strange that they should have stood so high in public estimation, and that the great scholar should have heard nothing to their discredit during his visit or afterwards. Bishop Goldwell in 1494 found the place in a very unsatisfactory state; he tried to get some information out of the canons but failed. It was quite certain that things were going on badly but no one dared to speak, and there was nothing for it but to adjourn the visitation and to threaten strong injunctions which might help to correct evils that were more than suspected to exist in the monastery. The prior at this time was John Farewell, and the result of the visitation of his house was that he accepted the rectory of Ryburgh and resigned the more important and lucrative office. Between the visitation of Bishop Goldwell in 1494 and Bishop Nicke in 1514, Walsingham had benefited very largely indeed by bequests and gifts of pilgrims. Henry VII. had ordered by his will that a costly image should be set up in the shrine. Henry VIII. and Queen Catharine had each made a pilgrimage there. Erasmus has left an account of his visit in 1511. In twenty years the number of the canons had nearly doubled. The income from offerings alone was very large indeed.

But the moral and religious state of the community was disgraceful in the extreme. The prior was living a dissolute and scandalous life; he robbed the treasury of money and jewels; he went about in the dress of a layman; he kept a fool to amuse himself and his friends with his buffoonery; he was commonly believed to be keeping up an illicit connection with the wife of one of the servants; he behaved towards his canons with the utmost violence and brutality; and the result was that the canons themselves were a dissipated, noisy, quarrelsome set, among whom the very pretence of religion was hardly kept up; while the very keeper of the sacred shrine, the very man whose reverent demeanour had personally impressed Erasmus three years before, had been absent from matins sixty times in the course of the past year, a heinous offence indeed in the eyes of the religious. Of course the servants were insolent, the boys in the school mutinous, there were evil reports everywhere and not without foundation; for the canons frequented the taverns in the town and worse places, and hawked, and hunted, and occasionally fought, and scaled the walls, and got out of bounds at forbidden hours; some broke into the prior's cellar and stole his wine, and some sat up all night drinking, and rolled into chapel in the early morning and fell asleep and snored. It is a shocking picture and it is quite evident that it is not coloured too highly. The bishop determined on measures of reform, and the prior was compelled to resign.

A new prior was appointed and *new statutes* for the government of the house were drawn up. But here came in the difficulty which so frequently retarded measures of reform. It was not easy to get rid of a recalcitrant member of a religious house, he may be almost said to have held a freehold in his monastery, and if a majority resolved in the rejection of the new statutes the minority however well intentioned were really powerless. Cardinal Wolsey himself had made a pilgrimage to Walsingham in 1517, and there are some indications that in drawing up the new statutes he had been consulted; but the new prior, Richard Vowell, found himself in a nest of hornets, and when the next visitation came round, though the grosser and more flagrant scandals seem to have been got rid of, yet the house had by no means recovered from the effects of those scandals, nor was there by any means concord and harmony among the brethren.

Prior Richard, after this, seems to have managed to reduce his house to something like order, but in 1526 there were no scholars sent up to the university, no pretence of educational work carried on in the priory, no learning among the canons, the numbers had fallen seriously, and there had been what looks suspiciously like a sudden accession of novices in anticipation of the bishop's visitation. Six new canons had been admitted at once, and even so there were not more than twenty-two brethren in the house, all told. Prior Richard continued head of the house till the dissolution, and received a handsome pension at last, but no further revelations of profligacy or disorder have been made—the decencies of life were not again outraged as they had been.

The Colleges in the diocese, as judged by the evidence here presented to us, furnish us with none of those startling pictures which the older and more powerful houses bring before us. It must be confessed, however, that looked upon as institutions to promote holiness of life among the clergy, to foster learning, to advance education or to exhibit a higher ideal of life in action, and so to set before the laity the beauty of holiness as exhibited in the daily walk of the members of these corporations, the colleges, too, had proved a failure. Comparing the reports which have come down to us for these forty years, the impression produced is that the colleges were doing very little good though their inmates were doing no harm. Here, too, it seems that the brethren or fellows were, as a rule, living without reproach. Thompson, Wingfield, and Attleborough Colleges were poor little places, and the fellows were so few that the ritual observances in the church and the looking after their agricultural business outside kept them from idleness and its attendant vices. Sudbury seems to have got into debt before the visitation of 1526 took place, and as usual dissensions and quarrels began, and laxity, too, followed. At Rushworth the fellows were prosperous in Bishop Goldwell's days, but thirty years later they had got into slovenly and negligent ways, and the school had almost come to nothing. In 1532 the school was revived and the boys put under the tuition of no less a personage than Thomas Becon the Reformer, then a young man of twenty, who had but recently taken his B.A. degree. Metyngham College was a place with larger resources than those hitherto noticed. The picture we get of the rollicking life of the place is amusing enough; the dropping the monastic garb and using the regulation gown as a saddle-cloth may provoke a smile; but it is not till 1520 that we hear of any decided impropriety, and when we do hear of it we hear that the discovery of the offence against morals had been immediately followed by an attempt on the part of the master summarily to expel the offender, though it appears that by reason of some informality the validity of the expulsion could not be sustained. The peculiar circumstances which bring the great college of Stoke so prominently before us in the following pages contributed in a great degree to confine the attention of the visitor to the mere financial and strictly legal position of the college, but on the other hand those same circumstances would certainly have acted powerfully in the direction of tale-telling and exaggeration of indiscretions, if there had been any serious instances of moral impropriety to point to and report upon.

There remains only to cast a glance at the evidence which comes before us in these visitations regarding the condition of the Nunneries in the diocese. It must be borne in mind that as in the houses of monks or canons there were very wide differences not only in the rule, the resources and the traditions, but also in the *social standing* of the several houses; so was this very much more the case with the nunneries. It often happened that an ambitious young man would gain admittance to a flourishing monastery with the object of availing himself of such facilities of study as the place afforded. There was perhaps a good library, a scholar of repute whose lectures were worth attending; learning was the fashion of the place, and many students were to be found in the cloister ready to help and guide and encourage research; if a lad showed promise he would be sent to the university; if he returned with a good reputation he might reckon on being employed in one of the many diplomatic missions that were constantly calling for able men to conduct them. Then as now the country parsons were regarded as shelved men: preferment very rarely indeed fell to them; the *Regulars*—that is the members of the religious houses—monopolised all the preferment in the church and a great deal of the preferment in the State that was worth having. There is much greater significance than may appear at first sight in the complaints that are so frequently to be met with in these pages—that there was no schoolmaster for the juniors in this or that monastery. It meant that there was no one to make the young men proficient in speaking, and especially in writing Latin with ease and fluency. A command of Latin was a *sine qua non* to success in life in the cloister or the church. It was absolutely essential that the head even of a small religious house should be able to *use* Latin, not merely to understand it. The monk who was so ignorant that he could not write a letter, keep accounts, maintain a conversation with a stranger or preach a sermon in Latin, had no hope of rising even to office in the monastery, much less had he any hope of preferment outside the walls. But with the cultured and diligent and ambitious young conventual, his career was only beginning—the world was all before him; and such men, so far from regarding the daily routine of services and ceremonial as the end to be content with, rather acquiesced in them and used them as only the means to something more. The conventual *régime* was so much discipline preparatory to a career that might offer itself by-and-bye.

But for the nun, after she had once taken her vows, there was no career, no possibility of a career, there was no future, nothing in this world to hope for. Let her prepare herself for the celestial life if she would—this life had nothing to promise. When a lady had once realised this, or her friends, before they consented to allow her to enter a convent, had realised it for her, it became a question of very great importance—in fact, of vital importance—what the character of the nunnery was to which the girl was going to attach herself for the remainder of her life. Was the abbess a desirable person to be under? *Were the nuns ladies?* Were they the right sort of people to mix with in the parlour, in the cloister, in the dormitory? On the other hand, the lady abbess and her nuns had their point of view also. They did not want to have a plebeian damsel admitted to their *set*, however liberally the wealthy kinsfolk of the young novice might be disposed to deal with the house if she were received without demur. It is obvious that the nunneries would tend to become much more exclusive than the monasteries (using that word here for convenience as a religious house of men only), and that where a nunnery had a reputation as a resort for the daughters of the upper classes, and consequently admission to its precincts had got to be a privilege somewhat jealously guarded, laxity, irregularity, and anything in he nature of scandal, would be seriously prejudicial to the interests of the institution. A nunnery with a bad name would find it hard to recover its character in half a century. A nunnery must be above suspicion.

On the other hand all nunneries certainly could not be the resort of high-born and highly connected women. If there were monasteries and monasteries so emphatically were there nunneries and nunneries. As in our own days, a small school of no repute or a small college "which has gone down," cannot afford to be too particular in admitting applicants. So many a small nunnery, with insufficient resources, burdened with debt, or otherwise in decay, might be willing to admit a novice without questioning too carefully as to her antecedents. Some poor girl, perhaps, had gone astray, the victim of some villanous seducer; overwhelmed with shame and remorse it might be, or cursed it might be by proclivities which were only too apparent, her friends were glad to put her into hiding, and get her kept out of harm's way. Such secrets are as a rule ill-kept, and it would be hard, almost impossible, to con ceal what the outside world knew only too well. It is easy to see how the house which had welcomed the fallen sister might get to be regarded as a place of refuge for others whose sin and shame was matter of notoriety, and it would become extremely difficult for such a house to be looked upon with kindly eyes by outsiders. Not only so, but in such a society the frailty which had betrayed itself at one time might show itself again at another and then . . . .

Thus it may have been with the little nunnery of Crabhouse. In the first half of the fifteenth century there had been a time of great prosperity there, when Joan Wiggenhall was prioress from 1420 to 1444. The good lady had been able from her own resources and by the help of her friends and kindred to carry out some important building operations in her little domain. If she had over-built herself, and if the house had become burdened with debt in consequence, it is only what had happened too frequently elsewhere. It may be that the finances of the house had got into a bad way and the usual results had followed. Be it as it may, when Bishop Nicke came to Crabhouse in 1514 it was reported to him that Agnes Smyth, one of the nuns, had been seduced by one Simon Prentis, who turns out to have been a gentleman living in the parish and owning a considerable estate there. The wretched woman confessed her sin. The child had died. This is absolutely the one solitary instance of immorality which comes before us in all these visitations of the Norfolk nunneries which cover a period of just forty years. Six years later we find that all things were going on well, there was nothing to report.

If the poverty of the nuns at Crabhouse had been a snare to them, the poverty of the nunnery at Thetford was much more notorious. In 1492 there were eleven inmates but everything was going on as it should. Twenty years later the prioress was evidently at her wits end to know how to keep things going. One of the nuns was liable to outbreaks of insanity; the number had fallen short, and it was declared that the prioress was actually intending to admit an entirely ignorant novice, and as though that were not bad enough, that a deaf and dumb woman was to be introduced shortly. That is, the financial condition of the house was desperate, its poverty is complained of again and again, yet the last we hear of the place is that the house was "in good reparation," the nuns were "of good conversation and living," but there was a debt which they seem to have had no means of clearing off; and the moveables, including the very bells, were set down as worth nothing. At the nunnery of Blackborough again we hear the same story. There the prioress excused her not handing in her account to the bishop on the ground that she wished to *save the expense of an auditor;* but the religious life was kept up notwithstanding;

this was in 1514. Eighteen years later, four at least of the old nuns were still alive, but the church was ruinous and they had no means of repairing it. The poor old ladies were still going on in the old round; if the whole place seemed *senio ferme confracta* as they plaintively confessed, so were they. Four years later came the end. There were nine nuns still keeping things going, but the times were too hard for them, they were out of heart, and though they were all "persons of good religious name," yet "they all required their dispensation." Let the king have his way; they might as well go! It is to be observed in passing, that the commissioners' report represent the house as by no means as dilapidated or in such evil case as we should have expected to find it.

The case of Flixton Nunnery offers a curious parallel to much that has already come before us. When Bishop Nicke visited the house in 1514 he found the nuns full of complaints and discontent. Margaret Punder was prioress, a personage of stern and strictly precise character, not apparently sparing herself, and by no means inclined to spare her nuns. She kept them on very short commons. Twice a week they were compelled to put up with nothing more substantial than bread and cheese, a diet the thinness of which was unendurable. The convent was in a condition of almost open rebellion, and the nuns found occasion against her to report evil of her to the bishop. Was it not absolutely forbidden that no nun of that house should speak in private with any man who was not a clerk in holy orders? But the prioress had a kinsman, one John Wells; he may have been a tottering old dotard of ninety from anything that appears to the contrary, but he was a male and a layman. "The prioress has been seen talking to a man and more than once!" cried the nuns, and they shook their chaste heads and looked shocked, "and for such a prioress as that to domineer over us and keep us on bread and cheese! She has flagrantly broken the rule!

Let the lord bishop decide between us!" The lord bishop did consider the case; the nuns were clearly not living happily together; Margaret clearly did not seem to be the right person to keep things straight. It would be better if she retired; and as for John Wells, these talks, and conversations, and private interviews, could not be allowed, he must be got rid of at any rate. So Margaret resigns, and Alice Wright is chosen prioress in her place. But when the bishop came again in 1520 he finds that the new prioress had shown herself just as vigorous a disciplinarian as her predecessor, and the nuns had a story against her too; she too had found it necessary to consult with Richard Carr, a bailiff or steward as we must infer, and the nuns were trying the same game over again. This time the bishop took the prioress's part, Carr must go to avoid the appearance of evil, but the complaints were evidently mere fractious tittle-tattle, and the nuns must obey the head of the house, and submit to her orders. Margaret Punder meanwhile had become an insignificant person with a grievance, but she had not much to complain of. At the next visitation she appears as an ascetic who had given herself wholly to prayer and religious exercises, an ascetic to whom the world, even the little world of the nunnery, was of no concern, and the other nuns were content, and things were going on well; as they were still once more, when in 1532 the curtain is lifted for the last time.

The priory of Carrow—which people will persist in calling Carrow Abbey, though there was but one abbess in East Anglia, and the less said about her the better—the priory of Carrow had always enjoyed a good reputation, and the house had been for long a favourite retreat for the daughters of the Norwich citizens who desired to give themselves to a life of religious retirement. Judging by the names of the nuns which come before us they were just the sort of people we should have expected, and the tone of the place seems to have been good. In 1492 Catherine Segryme was prioress: she too was somewhat of a stern ruler; she too was disposed to limit the allowance of food, and there were bickerings and murmurings. In 1514 Isabella Wigan had succeeded her, and again there is a murmur that the food in the house was dealt out too sparingly, but we hear no whisper of anything worse. Twelve years later the same prioress is in office. There were several of the nuns who had grown old in the house. The sub-prioress had been sixty years there. The names of two others occur in the list of 1492, and declared they had been thirty-eight years "in religion."[a] The good old souls were offended at the *pace* of the chanting in the chapel; they could not keep it up when the Psalms were sung. It had not been so when they were young: there ought to be pauses, slow movements, and times for taking breath. Sister Katherine too found the small beer *too* small; it was thin, and at her time of life she required more generous liquor. Then too there was a merry-making once a year which cost money, and everybody was expected to subscribe to it. At Christmas-time the nuns had an innocent little drama, and their lady friends were invited to witness the performance. Country damsels in the outside world had their May-day festival, and *they* chose a queen of the May. Yonder, too, in the great cathedral, the chorister-boys and the schoolboys had their annual fun when they chose the *boy bishop*, and for one day in the year a young urchin was dressed up in mock pontifical robes and strutted through the long nave with a great procession of youngsters doing him homage. Why should not we the young nuns of Carrow have our Christmas revel? So year by year they dressed up one of their number as their lady abbess—no reflection upon our prioress, observe—for she is *only* a prioress, and

[a] The xxviii years of Margaret Steward on p. 209 is a mistake for xxxviii. She was senior to Katherina Jerves.

the one-day abbess is not going to head a revolt! So the company assembled in the great refectory, smiled and applauded the little play. "But," said sister Johanna—peradventure a mature maiden, a trifle starched and prim—"my lord bishop is requested to observe that this foolery costs money; it is wasteful; we have to ask for subscriptions from our friends to cover the expenses, and some of us don't like it!" Old Bishop Nicke had become a soured old man by this time, he had no heart for merriment or gaiety now. "Let there be no more of this!" he firmly answered. "You nuns talk too much. It behoveth a woman to keep silence in our churches, and as a rule to hold her tongue and speak nothing; let there be no more playing at making abbesses!"—*vocandi causa*, whatever that may mean! Six years pass, and all the dear old ladies are still alive—even sister Anna Marten—she had it seems found the duties of sub-prioress too much for her at last. The infirmary was her place now; sixty-six years "in religion" had she been; she must have entered the nunnery in her girlhood. More than eighty years old was sister Anna. Her time for grumbling and finding fault was gone by. As for sister Johanna, she that got our Christmas revel discontinued. Never! never shall she hold office in the convent. Sister Margaret, however, who found the new-fangled style of music full of haste and breathlessness, she was not to be repressed just yet. As a matter of conscience she really must draw the attention of the visitor to the melancholy fact that some of the younger sisters were guilty of the dreadful impropriety of wearing silk waistbands! Ah! this prioress of ours is getting past her work, the discipline is getting lax. Seven or eight of us are *real* nuns, averaging (say) three-score years of age; but that other half-dozen or so they need being kept in their places. What is wanted is for those vivacious young persons to wait upon us, the seniors of the refectory! Said the bishop: "I agree with this view of yours. Be it enacted that the younger nuns shall wait at table upon the elders!" Then the lord bishop went his way.

There were two nunneries in the county of Suffolk which seems to have been very "close corporations," indeed. There were the Benedictine house of St. Mary and Holy Cross at Bungay, and the more wealthy Augustinian house of St. Mary at Campsey. The nuns at Bungay were clearly ladies whose names indicate that they were not only above plebeian rank but were the daughters of the wealthier gentry. The income of the house was by no means large, and it is probable that as a rule the sisters on their admission made some substantial offering to the funds by way of guarantee for providing for their maintenance. From first to last in all the five visitations of the house that are reported upon during these forty years there is not a single word of complaint, and in 1532 it is expressly said that the house was free from any debt or incumbrance. If it be true that that land is happy which has no history, it is likely to be true too of an institution, and according to that rule the nuns of Bungay may be judged to have lived a quiet and gentle life, blameless and happy. There was no quarrelling, no murmuring. The visitor found nothing to correct, nothing to reprove, and in every case he found all things going on rightly; *that* visitation, at any rate, caused him no anxiety, and he passed on without a word of censure or any hint which indicates that the rule had been broken or the discipline was other than faultless.

The nunnery at Campsey was a much more considerable house, and its revenues much larger. There, too, the sisters were all ladies of birth, children of the old landed gentry in the two counties. The Willoughbys, Jerninghams, Bramptons, Wingfields, Everards, Heydons, and other such families, whose names are historic in East Anglian annals, had daughters among the nuns of Campsey, and it was no small honour to boast of that this or that kinswoman of an ancient stock had once been prioress of Campsey. During the thirty years with which our first five visitations are concerned, the condition of the nunnery was in all respects as free from blame or suspicion as could be desired. When bishop Nicke came to the house in June 1532, the lady prioress was Ela Buttery, probably a descendant of the lords of *Botreaux*, whose barony by this time had been united to the lordship of Hungerford.[a] She had been prioress nearly twenty years, but of late, as it seems, had shown a disposition to austerity and extreme parsimony. Sister Barbara Jerningham had retired from the office of sub-prioress, but she would make no complaints; not so the other nuns. The lady prioress, they said, kept *them* strict enough; the food was disgusting; there was an abominably bad cook; the roast mutton was burnt (*carnes ovinæ assatæ nimium sunt adustæ*, p. 291), they were kept waiting for dinner in a shameful manner. Meanwhile the prioress took very good care of her grand friends when gentlewomen came to see *her*. To be sure the prioress pretended that some of the nuns were too fond of having gossip with the laity, and sister Elizabeth Wingfield, she holding office in the convent too, replied not without asperity that they might be lay *women* but as for lay *men* the thing was impossible. They actually made their confessions in church when all the nuns could spy at them; and as for talking to *men*, the prioress would not let them talk even to a learned graduate of the university unless in the presence of the whole convent! "Pray is this all?" said the bishop. There was silence. There was something wrong in the distribution of pocket-money, let that be corrected. As for the rest, the prioress is counselled to be a trifle less

[a] Her name gave the notaries much trouble. She figures as Ela Betry (p. 36), Ela Booty (p. 133), and Ela Buttery (pp. 219 and 291), from which we infer that it was not a familiar name in Norfolk; she had "come out of the shires," as East Anglians says.

mean, and to amend the bill of fare, and if the cook does not know her work, let her be looked to, it might come to her being sent about her business if so worthy a person as sister Margaret Bacon, she of the mature age of forty-eight, should be kept waiting a whole hour for her dinner, and then be put off with a chop that looked like a cinder. Thereupon the bishop took his leave, dissolved his visitation, and four years later he died. Within six months of that, Campsey Nunnery and every other nunnery in East Anglia had been pillaged, the spoilers had their scramble, and there were no more houses to visit. For good or evil the monasteries were suppressed and their inmates turned out into the cold to face the cruel world from which they had vowed to retire, but which would not leave them alone.

This is not the place for comment upon the policy of that revolution with which the contents of this volume can hardly be said to be directly concerned. Not even yet, in my judgment, has the time come for writing the history of the Suppression. I believe that until now not a single report of any monastic visitation, by any English bishop, has been printed; but I trust that others will follow; there must be many such records elsewhere. The archives of Lincoln contain many of these reports, and I doubt not that in other diocesan muniments, sooner or later more of these will be discovered. The Premonstratensian abbeys, though exempt from episcopal supervision, were inspected at regular intervals, and there is at least one important collection of the *comperta* which were the result of these visitations, that is only waiting for an editor to make it public property. The more such documents are examined the better: if the evidence is damnatory, let the truth be told. Even though it should appear that every religious house in England was a hell upon earth, and every monk or nun was steeped in the foulest depths of vice and wickedness; we may be staggered and confounded by the sad, and dreadful, and inexplicable exposure, but must needs accept it, though henceforth in speechless shame and horror we shall be compelled to allow that this human nature of ours is a thousand times more base and degraded than we had hitherto allowed ourselves to believe. If, on the other hand, the additional evidence that time may discover for us shall prove no more than that which this volume makes us acquainted with, we shall have to take a different view from that which hitherto has been the popular view. Then it may happen that we shall be forced to confess that in the sixteenth century there were creatures in common form, who exhibited as shocking examples of truculent slander, of gratuitous obscenity, of hateful malignity, as can be found among the worst men of any previous or succeeding age; but we shall have to look for them, not within the cloisters, but outside them, among the robbers, not among the robbed.

It remains for me to add a word on what may be called the literary history of this volume. It was during a visit to the Bodleian in 1884 that I came by mere chance, as we phrase it, upon the first visitation printed in this volume. I could not but be struck by what then appeared to me its unique value, and I thought then of getting it printed in the Papers of the Norfolk Archæological Society. On my mentioning the subject, however, to Mr. F. W. Jackson, of Worcester College, he set to work systematically to hunt for any other visitations of the same kind that might be lying hid among the huge collection which represents the lifelong and very successful depredations which so diligent and enthusiastic an explorer and appropriator as Tanner had it in his power to make. Tanner started in life as a fellow of All Souls, and became successively chancellor of Norwich, prebendary of

Ely, archdeacon of Norfolk, canon of Christ Church, and bishop of St. Asaph. He married a daughter of Bishop Moore, the great bibliomaniac of the eighteenth century, and while he was archdeacon of Norfolk, David Wilkins was archdeacon of Suffolk, and Humphrey Prideaux was dean of Norwich Cathedral. Few men have had such splendid opportunities for pursuing research. No man ever availed himself of them with more sublime impartiality. He appears to have been strongly impressed with the conviction that a man's right to any document in manuscript is in direct proportion to his power of deciphering it, and his faculty of estimating its value. Accordingly, wherever he went he levied tribute; and he may be described as the most magnificent literary buccaneer the world has ever seen. It need hardly be said that his collection is especially rich in MSS. which concern the diocese of Norwich. But the very magnitude and miscellaneous character of that huge assemblage of original documents makes it extremely difficult to find one's way about it without a very careful scrutiny of the catalogue, and it was only by going through that volume page by page that Mr. Jackson found out the other visitations which are here presented to the reader. The originals are in a fair state of preservation; of course they were *removed* from the archives of the bishop of Norwich. When the Council of the Camden Society first did me the honour of entrusting their transcripts to my care, I vaguely thought of editing them in a very elaborate manner. Alas! life is so short that I had to be content with a very humble way of doing the work, and even so I am very dissatisfied indeed with the result, though I am not going to let the critics know why I am so. If a man knows his own shortcomings why should he sound a trumpet before himself in the market-place and bid the wicked world rejoice over him and his sins, negligences, and ignorances?

The Latin of these visitations is very unequal; sometimes it is ludicrously odd. Surely the clerks or notaries were not *quite* as ignorant as occasionally one is tempted to believe them. Was it that they took down the *ipsissima verba* of some stammering canon who was shaky in his grammar, or some young monk who had been unfortunate in the schoolmaster of his monastery?

The spelling of the names is wonderful. I tried more than one experiment in the hope of restoring the right orthography, or what I thought was the right; but I gave them up as quite hopeless. Let those who love to guess riddles and make out puzzles try to bring order out of that chaos which the index has at any rate put into alphabetical order. Perhaps the great phonetic laws will help them.

Some will be annoyed by the want of explanatory notes. If I had allowed myself the luxury of adding them I know not where I should have stopped. I soon found this; and thereupon I followed the rule which the editors of the Chronicles, printed in the Rolls series, are subject to; and I left everything unexplained. I am not sure that the members of the Camden Society will be much the worse, and the outside public has no right to complain.

THE VISITATION OF BISHOP GOLDWELL,

A.D. 1492.

VISITATION OF NORWICH PRIORY.

[Tanner MS. 100, fol. 28.]
(Bodl. Libr.)

VISITATIO ordinaria generalis Reverendi in Christo patris et domini JACOBI, Dei et apostolicæ sedis gratia Episcopi Norwicensis, per eum in ecclesia sua cathedrali Norwicensi personaliter exercita sequitur in hunc modum.

A.D. 1492, Friday, 5 October.

Die Veneris, viz. quinto die mensis Octobris anno Domini millesimo quadringentesimo nonagesimo secundo consecrationisque ejusdem reverendi patris anno vicesimo primo. Idem reverendus pater ad dictam ecclesiam suam cathedralem Norwicensem, visitationis suæ hujusmodi exercendi gratia, personaliter accedens extra portam occidentalem ejusdem ecclesiæ a priore et toto capitulo solenni cum processione fuit receptus, et exinde responsorio SUMMÆ TRINITATI a cantore incepto, vexillo sanctæ crucis ante eos in aiere erecto, campanis etiam pulsantibus organisque psallentibus summum usque ad altare venit. Ubi, precibus immortali Deo porrectis ac solenni benedictione sua astantibus impensa, ad statim domum capitularem una cum Priore et capitulo ac disertissimis viris MAGISTRIS NICHOLAO GOLDWELLE archidiacono Norwici, THOMA SHENKWYN legum Doctore Officiali consistorii episcopalis Norwicensis, HENRICO FALKE decretorum Doctore, Correctore sive ejus commissario generali, et me JOHANNE APHOWELL publico, auctoritatibus apostolica et imperiali notario, actorum scriba per dictum reverendum

Bishop James Goldwell begins his Visitation in person.

patrem in hac parte assumpto, ingressus est. Ubi verbo Dei per MAGISTRUM FRAMYNGHAM, SUPPRIOREM, ad tunc proposito, mox religiosus vir WILLELMUS, PRIOR ipsius ecclesiæ cathedralis, coram dicto reverendo patre ibidem personaliter comparuit et quasdam litteras originales citatorias et inhibitorias sigillo ejusdem reverendi patris, ut apparuit, sigillatas quæ apud registrum remanent una cum scedula, nomina et cognomina citatorum continenti dictis litteris annexa, realiter exhibuit. Quibus palam et publice per me notarium supradictum de mandato prædicti reverendi patris perlectis, dicto quoque Priore cæterisque commonachis et confratribus omnibus et singulis prædictæ ecclesiæ cathedralis Norwicensis preconizatis et personaliter comparentibus, juramento etiam canonicæ obedientiæ prædicto reverendo patri per dictum priorem nomine suo ac nomine confratrum suorum omnium et singulorum ejusdem ecclesiæ cathedralis commonachorum præstito, litterisque ejusdem prioris per quas titulum in ipsa ecclesia cathedrali se habere prætendit non ostensis sed protestatus est de ostendendo eas congruis loco et tempore.

The Visitation continued by his officials.

Præfatus reverendus pater in negotio visitationis suæ prædictæ legittime procedens examinationem confratrum et commonachorum ejusdem ecclesiæ cathedralis suæ Norwicensis dictis MAGISTRO NICHOLAO GOLDWELLE THOMÆ SHENKWYN et HENRICO FALK divisim commisit, et commissarios suos in ea parte vivæ vocis oraculo specialiter sic deputavit, compoto quoque dicti prioris de et super administratione exhibito etiam et ostenso. Idem reverendus pater et commissarii sui antedicti dictum priorem et aliquos commonachos ejusdem domus de et super statu ipsius ecclesiæ cathedralis tam in spiritualibus quam in temporalibus secrete et singillatim examinaverunt. Et tunc dictus reverendus pater de consensu supradicti prioris et majoris partis capituli visitationem suam hujusmodi continuavit usque ad horam secundam post meridiem ejusdem diei Veneris inclusive.

Qua quidem hora secunda adveniente dictus reverendus pater ad supradictam domum capitularem una cum prædictis commissariis suis personaliter accessit, ubi quibusdam cæteris commonachis et confratribus ejusdem ecclesiæ cathedralis Norwicensis per ipsum reverendum patrem et dictos commissarios suos de et super statu ejusdem domus item examinatis prædictus reverendus pater in præsentia majoris partis capituli et eorum consensu expresso, continuavit visitationem suam hujusmodi ibidem usque in diem Sabbati extunc proxime sequentis inclusive.

6th to 8th Oct. 1492.

In quo die Sabbati adveniente in dicta domo capitulari, cæteris aliis commonachis per prædictum reverendum patrem et commissarios suos antedictos de et super statu domus supradictæ secrete et singillatim examinatis, idem Reverendus Pater in præsentia majoris partis capituli et eorum consensu dictam visitationem suam continuavit usque ad et in diem lunæ extunc proxime sequentis, reservata sibi potestate alios commonachos ejusdem ecclesiæ cathedralis in die dominica etiam examinandi. Quorum omnium et singulorum prioris et commonachorum comperta hic subsequenter inseruntur.

Report upon the Visitation.

In primis quod Tertius Prior est indiscretus in correctionibus.

Item quod mulieres pernoctant infra cepta monasterii contra statuta ejusdem ac religionis norman.

Item quod jocalia monasterii venduntur et officium sacristæ deterioratur in centum marcis.

Item quod non servatur debitum silentium in choro claustro et dormitorio.

Item quod singula officia non distribuuntur singulis quia DOM. DIONISIUS habet in manibus suis officia Comunarii, Elemosinarii, Infirmarii, Pietenciarii et proventus eorundem et est Magister Hospitalis Sancti Pauli de Normannys.

Item quod magister altaris non jacet in ecclesia et hoc est in magnam periculum ecclesiæ et contra antiquam consuetudinem ejusdem. (fol. 28 b.)

Item quod subsacrista profundit prodigaliter pecunias suas et vadit extra monasterium de nocte et sedet cum sissore et ejus uxore extra tempus debitum. Et quod prædictus sissor et ejus uxor habitant infra cepta monasterii in magnum scandalum ejusdem.

Item quod certa jocalia, per DOMINAM DE BLAKENEY beatæ Mariæ in summo altari data, alienantur per sacristam.

Item quod in infirmaria male servatur et infirmi ibidem pessime tractantur.

Item quod dictus DIONISIUS servat ad proprium usum unum gardinum cum croco. Quod quidem gardinum ex antiquo pertinuit Conventui pro herbis.

Item quod pensiones cantariarum de Harpyngham, Wakeryng, et Tye non solvuntur.

Item laici sedent in mensa cum commonachis et confratribus.

Item chorus non servatur a commonachis decenter.

Item quod commonachi sedent et ambulant infra ecclesiam et cepta ejusdem et nimium fabulantur cum mulieribus inhonestis et cum eis quæ sunt malæ famæ.

Item quod commonachi non habent ignem sufficientem tempore brumali.

Item quod portæ et hostia monasterii non clauduntur de nocte.

Item quod commonachi non sunt ad studium litterarum inventi in universitate Oxoñ et hoc in magnum scandalum et dispendium monasterii.

Injunctions following upon the Report.

De et super quibus omnibus et singulis, INJUNCTIONES dicti reverendi patris sequuntur in hæc verba.

JACOBUS Dei et apostolicæ sedis gratia. Episcopus Norwicensis religiosis viris priori et capitulo ecclesiæ nostræ cathedralis Norwicensis salutem gratiam et benedictionem.

Cum in visitatione nostra nuper apud vos in dicta ecclesia nostra cathedrali Norwicensi per nos personaliter exercita, nonnulla reformatione ac correctione digna comperimus quæ sub dissimulatione, oculis conniventibus, irreformata et incorrecta preterire non possumus, subsequentes Injunctiones ex nostro pastorali officio in hiis scriptis cum *vox cito perit dimissa per aurem* sub verborum sequentium serie damus ac facimus.

In primis quia ambitionem coelum non patiebatur ut in primo angelo, decet ut a sancta religione (quae in humilitate fundatur) omnis elationis ac ambitionis ardor se moveatur, Injungendo statuimus ac statuendo Injungimus (reducendo[a] hanc sponsam nostram sanctam ecclesiam Norwicensem ac fratres in ea Deo famulantes ad cunabula primæ fundationis) omnia statuta ac ordinationes facta et ordinata per Priorem præmortuum[b] et seniores tempore regiminis sui, vel per quoscunque alios in ecclesia nostra Cathedrali prædicta in observantia regulari servientes, sive in choro sive extra, per quæ Priori seu alicui alteri tribuebatur reverentia quæ Episcopis solum debebatur (ut in attendentia præcentoris, quæ solum facienda est Episcopo, ac depositione capiciorum vocationeque hujus nominis Patris et hujusmodi) cassavimus annullavimus et irritavimus, prout tenore præsentium irritamus cassamus et annullamus, mandantes in virtute sanctæ obedientiæ et sub pœna contemptus quod talia de cætero non attemptentur.

Nec Magistri noviciorum præsentes vel futuri qui eos in regulari disciplina instructuri sunt alio modo eos instruant quam eo modo quo ipsi instructi erant ex consuetudine antiqua ab ecclesiæ fundatione, hanc novam doctrinam penitus removentes et annullantes.

Monemus insuper primo secundo et tertio ac peremptorie omnes et singulos dictarum ordinationum seu statutorum (si sic mereantur vocitari) inventores, quatenus infra tres dies a tempore publicationis præsentium quorum unum pro primo, secundum pro secundo, ac tertium pro tertio et peremptorio termino, ea a libris in quibus scribuntur faciant abradi et deleri, alioquin culpa mora et negligentia eorum intervenientibus exnunc prout extunc et extunc prout exnunc eos excommunicamus in hiis scriptis.

Item quia dignus est operarius mercede Injungimus quatenus serviatur fratribus, tam in refectorio quam in aula et alibi, in

[a] *i.e.* for the bringing back.

[b] The previous Prior was John Bonewell, who died 27 Sept. 1488. But it is doubtful whether the reference is to him, and not rather to the days of Prior John Heverlond [1436-1453], in whose time a fierce quarrel went on between the Convent and the Bishop with regard to the submission due from the Prior to the Bishop.

numero ferculorum et bonitate et potu, præsertim singulis majoribus festis et vigiliis, sicut antiquitus fieri consuevit.

Item ordinamus quod fratres qui solent assignari ad missas tabulatas assignentur ad cantarias et non alii nisi aliud fundatio cantariæ exigit et requirit.

Item quia ex subita et insperata remotione priorum manualium [*sic*] multociens tam removendus prior quam prioratus grave patitur dispendium, statuendo injungimus ut de cætero ante sex annorum tempus nullus prior removeatur nisi causa subsit legittima, per priorem nostrum Norwicensem et majorem partem seniorum et saniorum approbanda. Et si dubitetur an causa remotionis sit legittima seu rationabilis, consulatur Episcopus antequam talis prior removeatur. Illos autem seniores in casu praemisso haberi volumus quibus ordo susceptae religionis senioritate defert.

Item statuendo injungimus ut præsidentes, secundum sanctorum patrum sanctiones, fratres infirmos in infirmaria diligenter indies visitent ac necessaria, juxta qualitatem infirmitatis, in esculentis et poculentis faciant ministrari ac secundum numerum infirmorum
(fol. 29.) servientes pro custodia eorum per Priorem deputentur ne fratres infirmi ob carentiam custodum pereant.

Item cum ultima voluntas pro lege servatur, præ oculis semper habentes quod sumus ultimarum voluntatum defensores, districte injungimus vobis ut singulæ fundationes obituum et cantariarum decedentium, omni remoto obstaculo, serventur secundum vim formam et effectum primariæ fundationis eorundem, sicut sacrorum canonum poenas volueritis evitare. In contravenientes gravissimas censuras fulminabimus, absolutionem et relaxationem earundem nobis specialiter reservantes.

Item, quia non est arandum in bove et asino, ut fratres in suis refectionibus semoveantur a consortiis laicorum, injungimus quod fratres qui non servant refectorium sedeant refectionis tempore in Infirmaria ubi quietius possint intendere contemplationi devotae[a] communicationi et sacræ scripturæ lectioni.

[a] douete, MS.

Item statuta et Injunctiones recolendæ memoriæ DOMINI WILLELMI BATEMAN prædecessoris nostri, alias in visitatione sua facta, præsertim de mulieribus infra cepta monasterii non pernoctandis nec suspecte introducendis, monemus[a] et volumus quod in suo robore permaneant et vigore.

Item, quod cum sacrorum canonum statuta singula officia sint singulis committenda personis, statuimus et statuendo injungimus quod nullus commonachus dictæ ecclesiæ nostræ cathedralis ad plura officia dicti prioratus de cætero admittatur, sicut pœnam transgressionum canonum volunt evitare.

Item ut omnis infamia imperitiæ amoveatur a sponsa nostra et virtutes per doctrinam crescant, in virtute sanctæ obedientiæ et sub poena contemptus districte injungimus ut duo monachi et confratres, ad studium apti, ad universitatem Oxon. mittantur studii gratia, in loco vestro, infra cepta collegii GLOWCESTER COLAGE vulgariter nuncupati, ad hoc deputato permansuri cum subrogatione aliorum cum contingat eos ex justa causa removeri, qua in re illustrabitur ecclesia nostra cathedralis, infamia procul pelletur et avaritia eorum, qui locum vestrum ibidem quibusdam ut asseritur illicitis mediis conantur usurpare, legittime debet refrenari.

Item injungimus ut nullus fratrum querelam faciat seu litiget cum alio fratre super compertis seu detectis in nostra visitatione sed pacifice alius alium sustineat et supportet sub poena suspensionis a divinis. Et ut præmissa firmitatem habeant sigillum nostrum præsentibus apposuimus.

Datæ in manerio nostro de Hoxne xxvij die mensis Aprilis anno 27 April, 1493.
Domini millesimo CCCC nonagesimo tertio et nostræ consecrationis anno vicesimo primo.

[a] mnomus, MS.

Names of the Prior and forty-five Monks.

Nomina Prioris et Commonachorum hic sequuntur.

Dompnus Willelmus Spynke Prior,

Johannes Methuin (?)
Rogerus Framyngham
Simon Lynne
Thomas Bowre
Edmundus Derham
Simon Folkarde
Dionisius Hyndolveston
Nicholaus Bardeney
Willelmus Lynne
Simon Bylney
Willelmus Caly
Simon Norwich
Willelmus Salle
Ricardus Norwich
Thomas Hoo
Johannes Hempstede
Thomas Swaffham
Johannes Attylburgh
Willelmus Bakynsthorp
Nicholaus Bedyngham
Johannes Colchestyr
Walterus Burnham
Johannes Sybelyce
Johannes Lakenham
Willelmus Castelacr
Robertus Yernemuth
Willelmus Manuell
Robertus Walsyngham
Thomas More
Johannes Norwich
Reginaldus Boston
Johannes Felmyngham
Willelmus Bexwell
Robertus Boyce
Stephanus Sutton
Robertus Staleham
Robertus Mutford
Willelmus London
Galfridus Aylysham
Georgius Hengham
Thomas Pellys
Radulphus Sybelyce
Robertus Catton
Henricus Langrake
Ricardus Chatreys.

The Visitation to be continued.

Et continuata fuit ista visitatio de consensu prioris et capituli usque ad et in vicesimum quartum diem mensis Novembris ex tunc proxime sequentis et ab illo die usque in diem Mercurii proxime post sinodum Paschæ extunc proxime sequentem.

VISITATION OF THE CARNARY AT NORWICH.

Visitatio generalis ordinaria Reverendi in Christo patris et Domini JACOBI, Dei et apostolicæ sedis gratia Episcopi Norwicensis in domo sive carnaria infra cepta ecclesiæ cathedralis Norwicensis personaliter exercita, sequitur in hunc modum. (fol. 30.)

In nomine Domini Amen. Die Sabbati viz. sexto die mensis Octobris anno Domini millesimo CCCC nonagesimo secundo consecrationisque ejusdem reverendi patris anno vicesimo primo. Idem reverendus pater ad dictam carnariam visitationis suæ hujusmodi exercendæ causa, declinans ad ostium australe[a] dictæ carnariæ a magistro sive custode ejusdem, cum ceremoniis in ea parte consuetis, honorifice receptus fuit. Ubi et ad quando coram præfato Reverendo patre in hujusmodi inquisitionis negotio procedente, in præsentia MAGISTRI HENRICI FALK Decretorum Doctoris dicti reverendi patris commissarii generalis, MAGISTRI THOMÆ WOTTON in legibus Baccallaurii consistoriique episcopalis Norwicensis testium examinatoris, et mei JOHANNIS APHOWELL publici, auctoritatibus apostolica et imperiali, notarii actorumque processus infrascripti a dicto reverendo patre scribæ assumpti, comparuit personaliter DOMINUS RADULPHUS PULVERTOFT, MAGISTER sive Custos dictæ Carnariæ, et tactis per eum sacris scripturis corporaliter eidem reverendo patri et successoribus suis canonice intrantibus necnon et ejus officiariis canonicæ obedientiæ juramentum præstitit, titulumque per quem jus in eadem Carnaria se habere pretendit realiter exhibuit et compotum ostendit. Mox vero de et super statu ejusdem domus examinatus dicit quod dicta domas erat fundata super quinque sacerdotibus cum uno sacerdote principali qui fuit vocatus *Magister* sive *Custos*, et tunc ad eorum sustentationem Prior et Conventus ecclesiæ cathedralis Norwicensis solvebant annuatim eidem carnariæ xxij

6 October, 1492.

The Master shows his accounts.

[a] There was only one entrance to the Carnary, viz. the South Porch, which still remains.

marcas, et Abbas ac conventus Sancti Benedicti de Hulmo solvebant annuatim dictæ carnariæ viginti marcas in pecunia numerata. Super quibus ostendebat ibidem evidentias sufficientes in dicta carnaria remanentes.

Dicit ulterius quod MAGISTER ROBERTUS IPSWELL QUONDAM CUSTOS sive Magister dictæ carnariæ fecit multa mala eidem carnariæ tempore suo, quia habuit ex una cista ibidem xxli: et alia jocalia que adhuc non restituit.

Injunctions upon the Report.

Dicit ulterius quod dicta carnaria in redditibus et possessionibus vix habet nunc dierum[a] ad congruam et convenientem sustentationem unius honesti capellani. Et tunc præfatus reverendus pater in[j]unxit eidem domino Radulpho Pulvertoft magistro antedicto quatenus integrum inventarium omnium et singulorum bonorum mobilium prædictæ carnariæ fideliter conficeret et illud quam primo commode potuerit prædicto reverendo patri exhiberet. Et idem reverendus pater ad tunc visitationem suam hujusmodi ibidem dissolvit reservata sibi potestate injunctiones in præmissis faciendi et dictum dominum Radulphum Magistrum antedictum ad observationem earundem quandocumque compellendi.

VISITATION OF THE COLLEGE OF ST. MARY IN THE FIELDS, NORWICH.

Visitatio generalis ordinaria reverendi in Christo patris et domini Jacobi, Dei et apostolicæ sedis gratia Episcopi Norwicensis in ecclesia collegiata sive capella beatæ Mariæ de Campis in Norwico personaliter exercita, sequitur in hunc modum: *In nomine Domini*
Oct. 1492. *Amen.* Die lunæ viz. octavo die mensis Octobris anno Domini millesimo CCCC nonagesimo secundo consecrationis que ejusdem reverendi patris anno vicesimo primo præfatus reverendus pater ad

[a] *Now o' days.*

dictam ecclesiam collegiatam visitationis suæ hujusmodi exercendæ gratia accedens, a magistro et concanonicis dictæ ecclesiæ collegiatæ solenni cum processione fuit receptus, peractisque aliis cæremoniis in ea parte consuetis domum capitularem una cum magistro et concanonicis ac MAGISTRO HENRICO FALK Decretorum Doctore commissarioque suo generali, ac MAGISTRO JOHANNE BULMAN actorum scriba in hac parte mox ingressus est. Ubi verbo Dei proposito, adstatim DOMINUS JOHANNES NEELL, MAGISTER sive custos ejusdem ecclesiæ collegiatæ, coram præfato reverendo patre in hujusmodi inquisitionis negotio procedente personaliter comparuit et quasdam litteras certificatorias originales sigillo communi dictæ ecclesiæ collegiatæ, ut apparuit, sigillatas una cum quadam scedula in qua nomina et cognomina citatorum sunt inserta eisdem litteris annexa de et super executione mandati præfati reverendi patris ipsam visitationem concernentis, quæ quidem litteræ certificatoriæ originales apud registrum remanent, realiter exhibuit, quibus ibidem publice perlectis et dictis magistro et concanonicis (fol. 30 b.) præconizatis ac personaliter comparentibus, tituloque dicti magistri quem in dicta ecclesia collegiata se habere prætendit exhibitio ac fideli compoto ostenso, juramentisque canonicæ obedientiæ præstitis dicto quoque magistro ac concanonicis omnibus et singulis de et super statu ejusdem ecclesiæ collegiatæ secrete et singillatim examinatis; Quia dictus reverendus pater non invenit ibidem ad tunc plura reformatione digna ideo dictam visitationem suam pro tunc dissolvit salva tamen sibi potestate certas injunctiones conficiendi et dictos magistrum ac concanonicos ad observantiam earundem compellendi quotiens et quando sibi visum fuerit oportere.

Nomina et Cognomina Magistri et Concanicorum prædictorum.

Names of the Master, seven Prebendaries, and six Conduct Fellows.

MAGISTER JOHANNES NEEL magister sive custos ibidem
MAGISTER NICHOLAUS GOLDWELLE cancellarius.
MAGISTER RADULPHUS DANYELL precentor.
MAGISTER ROBERTUS CALTON thesaurarius.
MAGISTER ROBERTUS APHOWELL præbendarius magnæ missæ.

MAGISTER JOHANNES BULMAN præbendarius missæ beatæ Mariæ.

MAGISTER THOMAS WOTTON præbendarius missæ matutinalis.

MAGISTER PAULUS GEYTON præbendarius missæ capitularis.

Nomina conductorum inibi celebrantium.

DOMINUS ANDREAS IBRY celebrans pro animabus JOHANNES WYNGENHALE et Matildæ Hynde.

DOMINUS JOHANNES KAA celebrans pro anima Willelmi Sedeman.

DOMINUS NICHOLAUS DERHAM celebrans pro anima Willelmi Rees.

DOMINUS JOHANNES MARCHALE celebrans pro anima Katarinæ Kyrby.

DOMINUS WILLELMUS BRIGHT celebrans pro anima Bartholomei Applyard.

DOMINUS NICHOLAUS KEFAS celebrans pro anima Edmundi Bokenham.

VISITATION OF THE HOSPITAL OF ST. GILES, NORWICH.

Visitatio generalis ordinaria reverendi in Christo patris et DOMINI JACOBI, Dei et apostolicæ sedis gratia EPISCOPI NORWICENSIS in hospitali Sancti Egidii in Norwico per eum personaliter (fol. 31.) exercita, sequitur in hunc modum.

In nomine Domini Amen. Die Martis viz. nono die mensis Octobris anno Domini millesimo CCCC nonagesimo secundo consecrationisque ejusdem reverendi patris anno vicesimo primo. (9 Oct. 1492.) Idem reverendus pater ad dictum hospitale suæ diocesis Norwicensis visitationis hujusmodi exercendi causa, declinans ad portam occidentalem ecclesiæ prædicti hospitalis ob omnibus et singulis confratribus ejusdem solenni cum processione fuit receptus. Et exinde summum usque altare, campanis pulsantibus organisque psallentibus ac dictis fratribus responsorium SUMMÆ TRINITATI cantantibus, pervenit ubi, precibus immortali Deo devote perfusis aliisque ceremoniis in ea parte ut moris est peractis, suam benedictionem episcopalem astantibus humiliter impendit.

Et ad statim domum capitularem ipsius hospitalis una cum dictis confratribus ac MAGISTRO HENRICO FALK, legum doctore ac commissario generali ejusdem reverendi patris, et me JOHANNE APHOWELL, publico auctoritatibus apostolica et imperiali notario actorumque scriba in hac parte assumpto, necnon MAGISTRO THOMA WOTTON, in legibus baccallario, ingressus est. Et verbo Dei in medium proposito, quidam ROBERTUS GODFREY ejusdem loci confrater procuratorem MAGISTRI OLIVERI DYNHAM ejusdem hospitalis magistri se prætendens personaliter comparuit, sed nullum procuratorium exhibuit nec ostendit titulum quem dictus magister in eodem hospitali habere prætendit, litteras tamen certificatorias sigillo communi sigillatas de et super executione mandati dicti reverendi patris in ea parte dedit. Et ipse idem ROBERTUS GODFREY una cum JOHANNE DOWE, JOHANNE HECKAR, GEORGIO VYRLY, et WILLELMO HADENHAM, capellanis ejusdem hospitalis confratribus juramentum canonicæ obedientiæ præstitit et sic cæteri confratres præstiterunt. Et tunc dictus reverendus pater omnes et singulos confratres supradictos de et super statu ejusdem hospitalis secrete et singillatim examinavit per quam examinationem compertum est prout sequitur.

Names of the Chaplains.

In primis quod magister hospitalis est absens et non residet juxta statuta hospitalis et propter ejus absentiam domus vexatur placitis et aliis injuriis plus satis.

Report of Visitation.

Et quia præfatus reverendus pater plura reformanda non invenit ideo dictam visitationem ad tunc ibidem dissolvit reservata sibi potestate injunctiones faciendi et dictum magistrum ad earundem observantiam compellendi.

VISITATION OF NORMAN'S HOSPITAL, NORWICH.

Visitatio generalis ordinaria Reverendi in Christo patris et domini JACOBI, DEI ET apostolicæ sedis gratia EPISCOPI NORWICENSIS in domo de Normannys in Norwico per eum personaliter exercita, sequitur in hunc modum: *In nomine Domini Amen.* Die

Oct. 1492. Martis viz. nono die mensis Octobris anno Domini millesimo cccc nonagesimo secundo consecrationisque ejusdem reverendi patris anno vicesimo primo. Dictus reverendus pater ad dictam domum, visitationis suæ exercendæ causa, declinavit ubi hujusmodi de causa a magistro sive custode et sororibus humiliter receptus fuit. Deinde domum capitularem sive capellam infra eandem domum una cum dicto custode et sororibus ac Magistris HENRICO FALKE decretorum doctore THOMA WOTTON in legibus baccalluario, et me JOHANNE APHOWELLE publico auctoritatibus apostolico et imperiali notario actorumque scriba in hac parte assumpto, ingressus est. Et verbo Dei proposito ad statim comparuit dictus Custos et litteras certificatorias de et super executione mandati dicti reverendi patris in ea parte exhibuit canonicam quoque obedientiam nomine

No accounts given in. suo ac omnium sororum suarum præstitit. Titulum non ostendit nec compotum fecit. Ipsum quoque custodem et omnes sorores per se ipsum et commissarios suos, viz. dictos Magistros Henricum Falke et Thomam Wotton, examinavit et examinari fecit. Per quam quidem examinationem compertum est prout sequitur.

Report. *In primis* compertum est quod stipendia non solvuntur sororibus tempore debito et hoc quia redditus domus sæpenumero sunt a retro non solutæ.

Item quod stipendia sunt multotiens a retro non soluta aliquando per viij septimanas aliquando per decem.

(fol. 31 b.) *Item* compertum est quod nulla admittatur soror in domum nisi solvat decem marcas vel ultra quæ est contra fundationem domus.

Nomina Magistri et Sororum integrarum et dimidiarum.

DIONISIUS HYNDOLVESTON magister sive custos.

Names of the Master and Sisters.

MARGARETA GRENE
ISABELLA SAMMYS
KATERINA BEKHAM
MATILDA PURGOLD
KATARINA COSSEY
MARGARETA DYNN
ISABELLA HEDE
MARGARIA MUNK
} Integræ sorores.

AGNES JULYAN
ISABELLA DAVY
ALICIA COKE
KATERINA KELYNG
KATERINA WHYTE
SIBELLA HAWNYS
BEATRIX ANGELL
} Dimidiæ sorores.

Et tunc præfatus reverendus pater de consensu Magistri sive Custodis ac sororum omnium et singularum, dictam suam visitationem in statu quo est continuavit usque in crastinum Sancti Clementis proxime futurum.

[Half-page blank.]

VISITATION OF CARROW NUNNERY.

Visitatio ordinaria generalis Reverendi in Christo patris et Domini JACOBI Dei et apostolicæ sedis gratia *Episcopi Norwicensis* in prioratu ecclesiæ regularis sive conventualis domus monialium de Carhow suæ diocesis Norwicensis personaliter exercita sequitur in hunc modum: *In nomine Domini Amen.* Die Mercurii viz. (fol. 32.)

10 Oct. 1492. decimo die mensis Octobris anno Domini millesimo CCCC nonagesimo secundo consecrationisque ejusdem reverendi patris anno vicesimo primo. Idem reverendus pater ad dictum prioratum visitationis suæ hujusmodi exercendæ gratia personaliter accedens, extra portam occidentalem ejusdem prioratus a Priorissa et commonialibus solenni cum processione fuit receptus, et exinde Responsorio *Summæ Trinitati* a Cantore incepto, vexillo sanctæ Crucis ante eos in aiere erecto, campanis etiam pulsantibus, summum usque ad altare venit, ubi precibus immortali Deo porrectis ac solenni benedictione sua astantibus impensa, ad statim domum capitularem una cum Priorissa et commonialibus ac disertissimis viris Magistris NICHOLAS GOLDWELLE ARCHIDIACONO NORWICI, THOMA WOTTON in legibus Baccallaurio et me JOHANNE APHOWELL publico auctoritatibus apostolica et imperiali notario[a] actorumque scriba in hac parte assumpto, ingressus est.

Ubi verbo Dei in medium proposito, ad statim comparuit personaliter religiosa mulier DOMINA KATARINA SEGRYME PRIORISSA, et litteras certificatorias sigillo communi sigillatas de et super executione mandati dicti reverendi patris in ea parte dedit titulumque exhibuit compotumque non ostendit juramento quoque canonicæ obedientiæ eidem reverendo patri per dictam Priorissam nomine suo ac nomine consororum suarum omnium et singularum præstito. Et tunc dictus reverendus pater dictam Priorissam et sorores suas omnes et singulas de et super statu ejusdem domus secrete et singillatim examinavit. Per quam quidem examinationem compertum est prout sequitur.

No accounts given in.

Report. *In primis* compertum est quod sorores modernæ sunt astrictæ ad viij panes et hoc est valde parum pro decem sororibus pro tota die, et quod Priorissa reciperet familiares bonæ famæ et honestæ et quod fiat inventarium de bonis prioratus sic quod una pars inventarii remaneat cum priorissa et altera pars cum sororibus.

Item quod mali servientes Priorissæ fecerunt magnum dampnum in bonis prioratus.

[a] notorio, MS.

Item quod Priorissa magis confidit et majorem fiduciam habet in quadam Margareta Knyght, quæ jam est extra locum, quam in aliis sororibus ejusdem loci quia dum fuit in domo fecit multa mala domui et ideo quod est ad commodum domus quod illa non revocatur.

Item quod Priorissa est nimis credula aliquibus sororibus et sic generatur magna discordia inter sorores.

Item quod multotiens in domo est una caristia panis contra honestatem loci.

Nomina Priorissæ et Commonialium. Names of the Prioress and twelve Nuns.

Domina Katarina Segryme, Priorissa
Domina Cecelia Ryall, Suppriorisssa

Domina Margareta Folkard
Domina Anna Martyn
Domina Johanna Grene
Domina Maria Whyght
} Professæ.

Domina Agnes Sherman
Domina Margeria Carhowe
Domina Margeria Wellys
Domina Margareta Clerke
} Professæ.

Domina Margareta Steward
Domina Margeria Wodehows
Domina Katerina Jerveys
} Non professæ.

Et tunc dictus reverendus pater dictam suam visitationem pro (fol. 32 b.) tunc in pace dissolvit, reservata sibi potestate injunctiones faciendi et dictam Priorissam et commoniales ad observantiam earundem compellendi.

[One-third page blank.]

VISITATION OF ST. FAITH'S PRIORY.

Visitatio generalis ordinaria reverendi in Christo patris et DOMINI JACOBI, Dei et apostolicæ sedis gratia Episcopi Norwicensis in prioratu SANCTÆ FIDIS virginis per eum personaliter exercita, sequitur in hunc modum:

In nomine Domini Amen. Die Jovis viz. undecimo die mensis
11 Oct. 1492. Octobris anno Domini millesimo CCCC nonagesimo secundo consecrationisque ejusdem reverendi patris anno vicesimo primo. Idem reverendus pater ad dictum prioratum suæ diocesis Norwici visitationis hujusmodi exercendæ causa, declinans ad portam borealem prioratus prædicti a Priore et commonachis omnibus et singulis solenni cum processione receptus est. Et exinde summum usque altare, campanis pulsantibus organisque psallentibus ac dictis Priore et commonachis Responsorium SUMMÆ TRINITATI cantantibus, pervenit. Ubi precibus immortali Deo perfusis aliisque ceremoniis in ea parte ut moris est peractis, suam benedictionem episcopalem astantibus humiliter impendit. Et ad statim domum capitularem dicti prioratus una cum priore et commonachis omnibus et singulis ac magistris NICHOLAS GOLDWELLE ARCHIDIACONO Norwici, HENRICO FALKE Decretorum Doctore et me JOHANNE AP-HOWELL publico, auctoritatibus apostolica et imperiali notario actorumque scriba a dicto reverendo patre in hac parte assumpto, ingressus est. Et verbo Dei in medium proposito, mox religiosus vir JOHANNES RYSLE, Prior, et litteras certificatorias de et super executione mandati dicti reverendi patris in ea parte dedit, titulum non exhibuit, compotumque ostendit, juramento quoque canonicæ obedientiæ eidem reverendo patri per dictum Priorem nomine suo et nomine commonachorum et confratrum suorum omnium et singulorum præstito, dictus reverendus pater prædictum Priorem et commonachos de et super statu ejusdem domus secrete et singillatim examinavit. Per quam quidem examinationem compertum est prout sequitur.

In primis compertum est quod melius esset pro fratribus sedere in infirmaria quam in aula propter instructionem juniorum et quod omnia officia domus sunt in manibus Prioris et quod pincerna est indiscretus in officio suo quia non ministrat necessaria confratribus sed differt ultra tempus. (fol. 33.) Report.

Item quod servi domus sunt Magistri, et confratres sunt subjecti et recipiunt de anno xxiiij[s] et non plus, et quod pincerna subtrahit a confratribus quod deberent habere pro amicis quando veniunt, et quod ædificia patiuntur ruinam magnam, et Prior servat sub custodia sua ordinalia et non permittit confratres habere ea, et quod necessarium est pro junioribus quod sit magister grammaticalis infra domum, et quod fiat inventarium jocalium et aliarum rerum domus.

Item quod libri qui solebant esse in libraria modo sunt cerati in quadam cista ita quod nulli perficiunt.

Item quod esset expediens quod Prior haberet secum unum de confratribus quando transit ad videndum maneria domus. Et quod ordinale quod fratres habent in choro est ita corruptum quod juniores non intelligunt qualiter dicerent officium.

Item quod secreta capituli revelantur laicis.

Item quod Supprior non facit debitas correctiones præsertim in loco debito sed solet redarguere eos coram laicis.

Item quod confratres non habent aquam in claustro ideo datur eis materia vagandi.

SEQUUNTUR INJUNCTIONES SUPER PRÆMISSIS.

In primis præfatus reverendus pater injunxit eis quod, citra festum Paschæ proximum futurum, provideatur de magistro grammaticali nfra prioratum ad informandum confratres. Injunctions.

Item quod novum ordinale ponatur in sacristaria, quod modo est in manibus Prioris, ut confratres possint habere recursum ad videndum qualiter debeant dicere officium.

Item quod secreta capituli non revelentur laicis.

Item quod Prior faciat inventarium jocalium vestimentorum et aliorum utensilium domus et quod ostendatur confratribus.

Nomina Prioris et Commonachorum.

Names of the Prior and eight Monks.

Dompnus JOHANNES RYSLE, Prior
Dompnus ROBERTUS JILLE, Supprior
Dompnus THOMAS ANYELL
Dompnus THOMAS RUDELESHAM
Dompnus JOHANNES SWENYNGTON
Dompnus THOMAS NORWICH
Dompnus JOHANNES CARTER
Dompnus WILLELMUS ATWODE
Dompnus WILLELMUS FAKENHAM

Et tunc dictus reverendus pater dictam suam visitationem pro tunc ibidem dissolvit, reservata sibi potestate alias injunctiones conficiendi et dictos Priorem et conventum ad observanciam earundem compellendi quotiens et quando sibi visum fuerit oportere.

VISITATION OF WYMONDHAM ABBEY.

(fol. 33 b.) Visitatio generalis ordinaria reverendi in Christo patris et domini Jacobi, Dei et apostolicæ sedis gratia episcopi Norwicensis, in monasterio de Wymondham personaliter exercita, sequitur in hunc modum:

In Dei nomine Amen. Die Sabbati viz. tertio decimo die mensis
13 Oct. 1492. Octobris anno Domini millesimo cccc nonagesimo secundo, consecrationisque ejusdem reverendi patris anno vicesimo primo. Idem reverendus pater ad dictum monasterium de Wymondham suæ dioccesis Norwicensis visitationis hujusmodi exercendæ causa, declinans ad portam orientalem ejusdem monasterii ab Abbate et

commonachis suis omnibus et singulis solenni[a] cum processione receptus est, et exinde summum usque altare, campanis pulsantibus organisque psallentibus ac dictis Abbate et commonachis responsorium[b] *summæ Trinitati* cantantibus, pervenit. Ubi precibus immortali Deo perfusis aliisque caeremoniis in ea parte ut moris est peractis, suam benedictionem episcopalem astantibus humiliter impendit. Et ad statim domum capitularem dicti monasterii una cum Abbate et commonachis omnibus et singulis ac Magistris NICHOLAS GOLDWELLE ARCHIDIACONO Norwici, HENRICO FALKE Decretorum Doctore et me JOHANNE APHOWELL publico, auctoritatibus apostolica et imperiali, notario actorumque scriba a dicto reverendo patre in hac parte assumpto, ingressus est.

Et verbo Dei in medium proposito, mox religiosus vir JOHANNES, ABBAS ejusdem monasterii litteras certificatorias de et super executione mandati dicti reverendi patris in ea parte dedit, titulum exhibuit compotumque ostendit, juramento quoque canonicæ obedientiæ eidem reverendo patri per dictum Abbatem nomine suo et nomine commonachorum et confratrum suorum omnium et singulorum præstito. Dictus reverendus pater prædictos Abbatem et commonachos de et super statu ejusdem monasterii secrete et singillatim examinavit. Per quidem examinationem compertum est prout sequitur.

In primis compertum est quod divina officia morose celebrantur. Report.

Item quod monachi emunt et vendunt tanquam mercatores contra religionem.

Item quod muræ monasterii per circuitum non bene reparantur.

Item quod monachi venantur cum canibus et aucibus contra jura.

Item quod post primam, fratres consequantur cum secularibus in australi parte ecclesiæ.

The discipline bad; the buildings out of repair; no accounts kept; everything going wrong.

Item quod confratres non sunt in claustro horis consuetis.

Item quod fratres nolunt recipere indumenta a camerario, sed pecunias.

[a] coleni, MS. [b] respensoriū, MS.

Item quod refectorium non custoditur.

Item quod ædificia dormitorii et infirmarii non reparantur,

Item quod quidam fratres exeunt claustrum ad recreationem sine licentia Abbatis.

Item quod constitutiones Benedicti non leguntur in capitulo.

Item quod fratres non expendunt pecunias ad usum monasterii sed ad usum proprium.

Item quod fratres non exercent se in studiis litterarum sed sunt otiosi.

Item quod Abbas non fecit compotum neque ostendit confratribus per multos annos.

14 Oct. 1492. Tunc vero quartodecimo die mensis Octobris anno Domini et loco suprascriptis comparuerunt personaliter, coram dicto reverendo patre, JOHANNES ABBAS monasterii de Wymondham prædicti et ejusdem loci conventus inter quos ita convenit.

The Abbot compelled to give up the administration of affairs.

Quod quidem DOMNUS WILLELMUS BATELL ejusdem loci commonachus haberet administrationem bonorum temporalium dicti monasterii usque festum Sancti Michaelis Archangeli ex tunc proxime sequentem, ac diutius quamdiu dictis Abbati et conventui placuerit omnia onera eidem monasterio incumbentia subeundo et supportando et de fideliter solvendo præfato Abbati unam annuam pensionem spiritualem viginti marcarum legalis monetæ Angliæ, et cum hoc dictus Abbas habebit manerium de Downham Hall sub modo et forma ac conditionibus quibus Johannes Nele nuper habuit, solvendo eidem monasterio pro illo manerio iiij libras annuatim. Quæ quidem iiij libræ extrahi debent ex pensione dicti Abbatis, et dictus Abbas percipiet qualibet septimana pro se et tribus familiaribus sibi servientibus ex dicto monasterio xviij castæ de optimo pane et iiij castæ de Trencherd breede, xviij lagenas servitæ et qualibet die unum ferculum ad prandium et aliud ferculum ad coenam meliora quam iiij[or] monachi habent in aula, et aliud ferculum non tam bonum pro suis familiaribus quamdiu jacet infra monasterium prædictum. Et si dictus Abbas jaceat apud Downham Halle percipiet panem, servitiam, et alia esculenta prout supra dicitur cum salcia-

(*sic*). Particulars of agreement between the Abbot and convent.

(fol. 34.)

mentis sicut cæteri monachi habent in monasterio, una cum candelis, focalibus, tam pro camera quam pro coquina, ac alia sibi necessaria ex sumptibus Cellerarii vehenda. Et si dictus Abbas jaceat extra monasterium et extra Downeham Halle apud Norwicum, vel in alio loco honesto ubicunque sibi placuerit, percipiet de dicto cellerario qualibet septimana pro pane servitia ac aliis esculentis, pro se et tribus familiaribus suis, quinque solidos ac pro pietantia, focalibus, candelis et aliis sibi superius concessis, quolibet die iiij^or^ denarios hoc est in tota septimana vij solidos et iiij denarios solvendos per mensen vel per unum terminum ad libitum Abbatis. Insuper dictus Abbas habebit tres servientes et unusquisque eorum percipiet de dicto monasterio sive cellerario xx solidos cum liberatura eorum annuatim. Et dictus Abbas habebit iiij^or^ equos cum frenis, sellis et ferrationibus, ex sumptibus dicti monasterii per cellerarium supportandis. Et dictus Abbas habebit expensas suas quandocumque equitat pro necessariis monasterii vel si defendat monasterium in curiis spiritualibus et temporalibus pro bonis monasterii recuperandis vel defendendis.

Et tunc dictus reverendus Pater in præsentia Abbatis et conventus et de eorum consensu continuavit dictam suam visitationem usque in diem Lunæ inclusive et deinde usque in diem Martis, quo die adveniente dominus injunxit eis sub poena excommunicationis quod nullus alterum diffamare præsumat: et tunc continuavit dictam suam visitationem in præsentia totius conventus et de eorum consensu usque ultimum diem Maii ex tunc proxime sequentis:

Nomina Abbatis et Commonachorum.

Names of the Abbot and ten Monks.

JOHANNES KYRTELYNG Abbas
DOMPNUS HENRICUS BURNHAM
DOMPNUS ROBERTUS NORWICH
DOMPNUS WILLELMUS BATAYLL
DOMPNUS RICARDUS TAILOUR
DOMPNUS JACOBUS ELMHAM
DOMPNUS JOHANNES BYNHAM
DOMPNUS JACOBUS WYMONDHAM
DOMPNUS JOHANNES RICHERE
DOMPNUS WILLELMUS BARNARD

VISITATION OF BOKENHAM PRIORY.

(fol. 34 b.) Visitatio generalis ordinaria reverendi in Christo patris et domini JACOBI, Dei et apostolicæ sedis gratia Episcopi NORWICENSIS in Prioratu de Bokenham per eum personaliter exercita, sequitur in hunc modum: *In Dei nomine Amen.* Die Martis viz. sexto decimo
16 Oct. 1492. die mensis Octobris anno Domini millesimo cccc nonagesimo secundo, consecrationisque ejusdem reverendi patris anno vicesimo primo, &c.[a] *Mox* religiosus vir JOHANNES PRIOR comparuit personaliter litteras certificatorias sigillo communi ejusdem domus sigillatas quæ apud registrum remanet de et super executione mandati dicti reverendi patris in ea parte dedit titulumque exhibuit, compotumque non ostendit, &c.[a] Et tunc dictus reverendus pater dictum Priorem et concanonicos suos omnes et singulos de et super statu ejusdem prioratus secrete et singillatim examinavit. Per quam quidem examinationem compertum est prout sequitur.

Report. Complaints against the Prior.

In primis compertum est quod Prior non ostendit statum domus confratribus semel in anno sicut de jure tenetur.

Item quod non est perfecta caritas inter confratres. Item quod non deservitur conventui diebus jejeunalibus competenter in piscibus. Item quod Prior est nimis partialis.

Item quod Prior in gravibus negotiis non petit consilium de confratribus sed facit omnia ex proprio capite. Item quod Prior impignoravit unam crateram deauratam quæ valet octo marcis per aestimationem.

Item quod si aliquis confratrum sit infirmus non habebit aliquem ad serviendum sibi in infirmaria sed compelletur ad aulam.

Item quod Prior tradidit androchiam[b] suam ad firmam ad magnum detrimentum domus.

[a] The usual formal matter will not be printed from this point unless it contains something that deserves notice.

[b] The word is quite plain in the MS. though *androchia* means a *dairy-maid*. The proper word for a dairy is *androchiarium*.

Item quod confratres non servant refectorium nisi in quadragesima et adventu, neque custodiunt debitum silentium in claustro et in choro.

Item quod cibaria pro confratribus in coquina non sunt bona neque honesta.

Item quod domus et muræ prioratus sunt ruinosæ.

Item quod quædam Isabella Warner venit multotiens suspiciose ad prioratum et est vehemens suspitio inter eam et Dominum Thomam Bevyrley Suppriorem.

Nomina Prioris et Concanicorum.

Names of the Prior and even Canons.

Dñs JOHANNES, Prior
Dñs THOMAS BEVERLEY
Dñs THOMAS FYNCHAM
Dñs RICARDUS CLEY
Dñs HENRICUS LYCHEFELDE

Dominus JOHANNES BOKENHAM
Dominus RICARDUS BOKENHAM
Dominus JOHANNES QWALLEY

Et tunc dictus reverendus pater in præsentia Prioris et conventus et de eorum consensu continuavit dictam suam visitationem usque in diem Mercurii ex tunc proximum futurum inclusive. Quo die adveniente dictus reverendus pater, in præsentia dictorum Prioris et conventus ac de eorum consensu, continuavit dictam suam visitationem usque nonum diem Julii extunc proxime sequentis inclusive.

VISITATION OF HICKLING PRIORY.

Visitatio generalis ordinaria [Magistri NICHOLAI] GOLDWELLE in legibus baccallaurii archidiaconi Norwici commissarii reverendi in Christo patris et domini JACOBI, Dei et apostolicæ sedis gratia Epis- (fol. 35.)

copi Norwicensis in prioratu de Hikelyng per dictum commissarium personaliter exercita, sequitur in hunc modum: *In Dei nomine*
23 Oct. 1492. *Amen.* Die Martis viz. vicesimo tertio mensis Octobris anno Domini millesimo CCCC nonagesimo secundo consecrationisque ejusdem reverendi patris anno vicesimo primo, &c.

Mox religiosus vir THOMAS GREGGS, Prior, comparuit personaliter et litteras certificatorias, sigillo officii sui ut apparuit sigillatas quæ apud registrum remanent de et super executione mandati dicti reverendi patris eidem commissario in ea parte dedit, titulum non exhibuit, compotumque ostendit, &c. Per quam quidem examinationem compertum est prout sequitur.

Report.

Complaints against the Prior.

(fol. 35 b.)

In primis compertum est quod servientibus domus male solvuntur stipendia. Item quod solebant esse olim in ecclesia tres lampades ardentes et nunc vix servatur unus.

Item quod altaria non habent indumenta necessaria. Item quod servitur confratribus in esculentis et poculentis nimis parce.

Item quod Prior non facit reparationes in vestimentis ecclesiæ. Item quod confratres non habent ignem sufficentem tempore brumali.

Item quod necessaria non sunt ministrata confratribus in infirmaria quando sunt infirmi.

Item quod Prior non ostendit statum domus coram confratribus.

Item quod Robertus Sutton de licentia Prioris deservit Curae de Hanworth ad duos annos integros, et quod Prior est nimis rigorosus contra eum in correctionibus nec habuit perfectam caritatem erga eum sine causa rationabili.

Item quod Prior non vult solvere Domino Roberto Wymondham confratri pensionem presbiteralem sed novicialem ad annum.

Nomina Prioris et Concanicorum.

Names of the Prior and eight Canons.

THOMAS GREGGS, Prior

RICARDUS HYKELYNG
JOHANNES DENYS
ROBERTUS SUTTON
HENRICUS BOKENHAM

} Professi.

THOMAS NORWICH
ROBERTUS WYMONDHAM } Professi.
HENRICUS ALDERFORD
THOMAS BOTON nondum professus.

Et tunc dictus commissarius in præsentia Prioris et conventus dictam visitationem pro tunc in pace dissolvit, reservata potestate injunctiones faciendi et dictos Priorem et conventum ad earundem observanciam compellendi.

VISITATION OF INGHAM PRIORY.

Visitatio generalis ordinaria Magistri NICHOLAI GOLDWELLE (fol. 36.)
in legibus baccallaurii archidiaconi Norwici commissarii reverendi in Christo patris et domini Jacobi, Dei et apostolicæ sedis gratia Episcopi Norwicensis, in prioratu de Ingham, per dictum commissarium personaliter exercita, sequitur in hunc modum: *In Dei nomine Amen.*
Die Martis viz. vicesimo tertio die mensis Octobris anno Domini 23 Oct. 1492.
millesimo cccc nonagesimo secundo consecrationisque ejusdem reverendi patris anno vicesimo primo, &c.

Mox religiosus vir Frater THOMAS CATFELD, Prior. comparuit personaliter et litteras certificatorias sigillo communi ejusdem domus ut apparuit sigillatas, quæ apud registrum remanent de et super executione mandati dicti reverendi patris eidem commissario in ea parte dedit, titulum non exhibuit compotumque ostendit, juramento quoque canonicæ obedientiæ eidem reverendo patri coram dicto commissario per dictum Priorem nomine suo ac nomine confratrum suorum omnium et singulorum præstito. Et tunc dictus commissarius Nothing requires mending.
dictum Priorem et confratres suos omnes et singulos de et super statu ejusdem Prioratus secrete et singillatim examinavit. Et quia dictus commissarius non invenit ibidem ad tunc plura reformatione digna ideo dictam visitationem pro tunc ibidem in pace dissolvit.

Names of the Prior and six Canons.

Nomina Prioris et Confratrum.

FRATER THOMAS KATFELD, Prior FRATER JOHANNES LUDHAM, Sacrista FRATER WILLELMUS NORWICH FRATER ROBERTUS RYSTON FRATER JOHANNES INGHAM	Professi.
FRATER WILLELMUS NORWICH FRATER NICHOLAUS INGHAM	Non professi.

[Quarter page blank.]

VISITATION OF COXFORD PRIORY.

(fol. 36 b.) Visitatio generalis ordinaria Magistri Nicholai Goldwelle in legibus baccallaurii archidiaconi Norwici, commissarii reverendi in christo patris et domini Jacobi, Dei et apostolicæ sedis gratia Episcopi Norwicensis in prioratu DE COXFORD per dictum commissarium personaliter exercita, sequitur in hunc modum: *In nomine Domini Amen.* Die Veneris viz. die Animarum anno Domini millesimo
2 Nov. 1492. cccc nonagesimo secundo consecrationisque ejusdem reverendi patris anno vicesimo primo, &c.

Mox religiosus vir HENRICUS, Prior, comparuit personaliter et litteras certificatorias sigillo officii ut apparuit sigillatas quæ apud registrum remanent de et super executione mandati dicti reverendi patris eidem commissario in ea parte dedit, titulum exhibuit compotumque ostendit, &c.

Report. *In primis* compertum est quod infirmaria non est aperta pro confratribus infirmis. Et quod refectorium est satis frigidum ad sedendum ibidem in prandio.

Item quod esset ad utilitatem domus habere magistrum grammaticalem ad docendum juniores grammaticam. Et quod confratres non habent recreationes honestas.

Nomina Prioris et Canonicorum. Names of the Prior and seven Canons.

HENRICUS, Prior
ROBERTUS DEREHAM, Supprior
JOHANNES HERVY
JOHANNES NYTYNGGALE
RICARDUS CREYKE
THOMAS NORWICH
WILLELMUS KETYLSTON
JOHANNES LYNNE

Et tunc quia dictus commissarius non invenit ibidem ad tunc plura reformatione digna, Ideo dictam visitationem ibidem in pace dissolvit, reservata potestate certas injunctiones conficiendi et dictos Priorem et conventum ad observantia earundem compellendi quotiens et quando sibi visum fuerit oportere.

VISITATION OF PENTNEY PRIORY.

Visitatio generalis ordinaria Magistri NICHOLAI GOLDWELLE, in (fol. 37.) legibus baccallaurii archidiaconi Norwici, commissarii reverendi in Christo patris et Domini Jacobi, Dei et apostolicæ sedis gratia Episcopi Norwicensis, in prioratu de Penteney per dictum commissarium personaliter exercita, sequitur in hunc modum: *In nomine Die Amen.* Die Mercurii viz. septimo die mensis Novembris anno Domini millesimo quadringentesimo nonagesimo 7 Nov. 1492. secundo consecrationisque ejusdem reverendi patris anno vicesimo primo, &c.

Mox religiosus vir RADULPHUS MEDILTON, Prior, comparuit personaliter et litteras certificatorias sigillo officii sui ut apparuit sigillatas, quæ apud registrum remanent, de et super executione mandati dicti reverendi patris eidem commissario in ea parte dedit, titulum exhibuit, compotumque ostendit, &c.

Nothing requires mending.

Et quia commissarius antedictus non invenit ibidem ad tunc plura reformatione digna ideo dictam visitationem ibidem in pace dissolvit.

Nomina Prioris et Concanonicorum.

Names of Prior and seventeen Canons.

RADULPHUS MEDILTON, Prior
Dñs JOHANNES LYNCOLN, Supprior
Dñs ROBERTUS DALLYNG.
Dñs SIMON HELYNGTON
Dñs THOMAS NORWICH
Dñs PETRUS HALLEY
Dñs JOHANNES WYRMEGEY
Dñs JOHANNES LYNNE
Dñs JOHANNES WODBRYGGE
Dñs THOMAS WYRMEGEY
FRATER JOHANNES FELTWELL
FRATER JOHANNES ORWELL
Dñs ROBERTUS GEYTON
Dñs ROGERUS TACLYSTON
FRATER THOMAS POWDYCH
FRATER RICARDUS WATTON
FRATER JOHANNES BROWDYCH
FRATER JACOBUS REYNOM

VISITATION OF THOMPSON COLLEGE.

(fol. 37 b.)

Visitatio generalis ordinaria Magistri NICHOLAI GOLDWELLE in legibus baccallaurii archidiaconi Norwici, commissarii reverendi in Christo patris et domini Jacobi, Dei et apostolicæ sedis gratia Episcopi Norwicensis, in ecclesia collegiata sive cantaria de Thomston per dictum commissarium personaliter exercita, sequitur in hunc modum, &c. *In nomine Domini Amen.* Die Sabbati viz. decimo die mensis Novembris anno Domini millesimo cccc nonagesimo secundo consecrationisque dicti reverendi patris anno vicesimo primo, &c. 10 Nov. 1492.

Quidam dominus Johannes Joys ejusdem loci confrater, procuratorem Magistri Ambrosii Ede ejusdem ecclesiæ collegiatæ Custodis sive magistri se prætendens, personaliter comparuit sed nullum procuratorium exhibuit nec ostendit titulum quem dictus Magister in eadem ecclesia collegiata sive cantaria habere prætendit, sed ostendit fundationem ejusdem cantariæ, juxta quam ordinatur per fundatorem quod sint quinque capellani cum uno Magistro, qui quidem Magister recipiet annuatim xij marcas et quilibet confrater xj marcas. Et compotum sive integrum inventarium ejusdem ecclesiæ [non] ostendit litteras tamen certificatorias sigillo communi sigillatas de et super executione mandati dicti reverendi patris in ea parte dedit. Et ipse idem dominus Johannes Joys una cum domino Johanne Pepyr, juramentum canonicæ obedientiæ præstitit. Et tunc dictus commissarius supradictos confratres de et super statu ejusdem ecclesiæ collegiatæ sive cantariæ secrete et singillatim examinavit. Et quia dictus commissarius plura reformanda non invenit ideo dictam visitationem ad tunc ibidem in pace dissolvit.

The original Foundation Deed produced.

No reform needed.

Nomina Magistri et Consociorum.

Magister Ambrosius Ede, Magister sive Custos.
Dñs Johannes Joys,
Dñs Johannes Pepyr,
Dñs Willelmus Cowper non comparuit quia vacat studio litterarum in universitate Oxoñ.

Names of the Master and three Brethren.

Visitation of Thetford Priory.

(fol. 38.) Visitatio generalis ordinaria Magistri Nicholai Goldwelle, in legibus baccallaurii archidiaconi Norwici commissarii reverendi in Christo patris et domini Jacobi, Dei et apostolicæ sedis gratia Episcopi Norwicensis, in prioratu canonicorum regularium Thetford per dictum commissarium personaliter exercita, sequitur in hunc modum:

12 Nov. 1492. *In nomine Domini Amen.* Die Lunæ viz. duodecimo die mensis Novembris anno Domini millesimo cccc nonagesimo secundo consecrationisque dicti reverendi patris anno vicesimo primo, &c.

Mox religiosus vir Reginaldus, Prior, comparuit personaliter et litteras certificatorias sigillo communi ejusdem domus ut apparuit sigillatas, quæ apud registrum remanent, de et super executione mandati dicti reverendi patris eidem commissario in ea parte dedit, titulum exhibuit compotumque non ostendit, &c.

No reform needed. Et quia commissarius antedictus non invenit ibidem ad tunc plura reformatione digna ideo dictam visitationem ibidem in pace dissolvit.

Nomina Prioris et Concanicorum.

Names of the Prior and seven Canons.

Reginaldus, Prior,
Dñs Johannes Aleyn, Cellerarius,
Dñs Willelmus Bryggs
Dñs Nicholaus Slyte
Dñs Ricardus Dybney
Dñs Ricardus Mors
Dñs Willelmus Emmeth
Dñs Thomas Wiseman absit in cella vocata capella Sancti Laurencii Londoñ diocesi.

VISITATION OF THETFORD NUNNERY.

Visitatio generalis ordinaria Magistri NICHOLAI GOLDWELLE in legibus baccalaurei archidiaconi Norwici commissarii reverendi in Christo patris et domini Jacobi, Dei et apostolicæ sedis gratia, Episcopi Norwicensis in prioratu monialium apud Thetford per dictum commissarium personaliter exercita, sequitur in hunc modum: *In nomine Domini Amen.* Die Lunæ viz. duodecimo die mensis Novembris anno Domini millesimo CCCC nonagesimo secundo, consecrationisque dicti reverendi patris anno vicesimo primo, &c.

(fol. 38 b.)

12 Nov. 1492.

Mox religiosa mulier DOMINA JOHANNA EGHTON, Priorissa, comparuit personaliter et litteras certificatorias de sigillo communi ejusdem domus ut apparuit sigillatas, quæ apud registrum remanent de et super executione mandati dicti reverendi patris in ea parte dedit, titulumque exhibuit, compotumque non ostendit juramento quoque canonicæ obedientiæ præfato reverendo patre coram dicto commissario per dictam Priorissam nomine suo ac nomine consororum suarum omnium et singularum præstito. Et tunc dictus commissarius dictam Priorissam et consorores omnes et singulas de et super statu ejusdem domus secrete et singillatim examinavit. Et quia commissarius antedictus non invenit ibidem ad tunc plura reformatione digna ideo dictam visitationem ibidem in pace dissolvit.

No reform needed.

Nomina Priorissæ et Commonialium.

Names of the Prioress and ten Nuns.

Dña JOHANNA EGHTON, Priorissa
Dña MARGARETA BUKKE
Dña ELIZABETH MONTNEY
Dña ALIONORA BARDWELLE
Dña KATERINA METHWOLD
Dña ELIZABETH HANGREFORD
Dña SARA FROST
} Professæ.

Dña Katerina Grene Dña Maria Bardwelle Dña Katerina Kyng Dña Elizabeth Othe	Non professæ.

Visitation of Trinity Priory, Ipswich.

(fol. 39.) Visitatio generalis ordinaria Magistri Nicholai Goldwelle in legibus baccalaurei archidiaconi Norwici commissarii reverendi in Christo patris et domini Jacobi, Dei et apostolicæ sedis gratia, Episcopi Norwicensis, in prioratu Sancti Trinitatis Gippswici per dictum commissarium personaliter exercita sequitur in hunc modum:

22 Jan. 149⅔. *In nomine Domini Amen.* Die Martis viz. vicesimo secundo die mensis Januarii anno Domini millesimo cccc nonagesimo secundo, consecrationisque ejusdem reverendi patris anno vicesimo primo, &c

Mox religiosus vir Ricardus, Prior, comparuit personaliter et litteras certificatorias sigillo officii sui ut apparuit sigillatas, quæ apud registrum remanent, de et super executione mandati dicti reverendi patris in ea parte dedit titulumque exhibuit compotumque ostendit, &c.

No reform needed. Et quia commissarius antedictus non invenit ibidem ad tunc plura reformatione digna, ideo dictam visitationem ibidem in pace dissolvit.

Names of the Prior and six Canons. *Nomina Prioris et Concanonicorum.*

Richardus, Prior Dñs Johannes Yppyswich Dñs Robertus Moore Dñs Johannes Page Dñs Willelmus Wyntre	Professi.
Dñs Johannes Smyth Dñs Thomas Smyth	Non professi.

Visitation of St. Peter's Priory, Ipswich.

Visitatio generalis ordinaria Magistri Nicholai Goldwelle in legibus baccalaurei archidiaconi Norwici commissarii reverendi in Christo patris et domini Jacobi, Dei et apostolicæ sedis gratia, Episcopi Norwicensis in prioratu Sancti Petri Gippswici per dictum commissarium personaliter exercita, sequitur in hunc modum: *In nomine Domini Amen.* Die Mercurii viz. vicesimo tertio mensis Januarii anno Domini millesimo quadringentesimo nonagesimo secundo, consecrationisque dicti reverendi patris anno vicesimo primo, &c. (fol. 39 b.) 23 Jan. 149⅔.

Mox religiosus vir Johannes, Prior, comparuit personaliter et litteras certif[icatorias].

[At this point of the MS. the record breaks off abruptly. The next page begins with a Report of the Visitation by the Bishop of the Deanery of Norwich, held in St. Peter's Church, on Monday, 8th October, 1492. As this portion of the MS. has nothing to do with the monasteries, and is moreover very barren of interest, it has not been thought advisable to print it. The next four pages are so faint as to be almost illegible.]

Visitation of the Nunnery of Campsey.

Visitatio generalis ordinaria reverendi in Christo patris et domini Jacobi, Dei et apostolicæ sedis gratia, Episcopi Norwicensis, per Magistrum Nicholaum Goldwelle commissarium suum ad infrascripta sufficienter et legitime deputatum in prioratu monialium de Campessey per dictum commissarium personaliter exercita, sequitur in hunc modum: *In nomine Domini Amen.* Die Jovis viz. vicesimo quarto die mensis Januarii anno Domini millesimo CCCC nona- (fol. 43.) 24 Jan. 1492.

Dña KATERINA GRENE
Dña MARIA BARDWELLE
Dña KATERINA KYNG
Dña ELIZABETH OTHE
} Non professæ.

VISITATION OF TRINITY PRIORY, IPSWICH.

(fol. 39.) Visitatio generalis ordinaria Magistri NICHOLAI GOLDWELLE in legibus baccalaurei archidiaconi Norwici commissarii reverendi in Christo patris et domini Jacobi, Dei et apostolicæ sedis gratia, Episcopi Norwicensis, in prioratu Sancti Trinitatis Gippswici per dictum commissarium personaliter exercita sequitur in hunc modum:

22 Jan. 149$\frac{2}{3}$. *In nomine Domini Amen.* Die Martis viz. vicesimo secundo die mensis Januarii anno Domini millesimo CCCC nonagesimo secundo, consecrationisque ejusdem reverendi patris anno vicesimo primo, &c

Mox religiosus vir RICARDUS, Prior, comparuit personaliter et litteras certificatorias sigillo officii sui ut apparuit sigillatas, quæ apud registrum remanent, de et super executione mandati dicti reverendi patris in ea parte dedit titulumque exhibuit compotumque ostendit, &c.

No reform needed. Et quia commissarius antedictus non invenit ibidem ad tunc plura reformatione digna, ideo dictam visitationem ibidem in pace dissolvit.

Names of the Prior and six Canons. *Nomina Prioris et Concanonicorum.*

RICHARDUS, Prior
Dñs JOHANNES YPPYSWICH
Dñs ROBERTUS MOORE
Dñs JOHANNES PAGE
Dñs WILLELMUS WYNTRE
} Professi.

Dñs JOHANNES SMYTH
Dñs THOMAS SMYTH
} Non professi.

VISITATION OF ST. PETER'S PRIORY, IPSWICH.

Visitatio generalis ordinaria Magistri NICHOLAI GOLDWELLE in legibus baccalaurei archidiaconi Norwici commissarii reverendi in Christo patris et domini Jacobi, Dei et apostolicæ sedis gratia, Episcopi Norwicensis in prioratu Sancti Petri Gippswici per dictum commissarium personaliter exercita, sequitur in hunc modum: *In nomine Domini Amen.* Die Mercurii viz. vicesimo tertio mensis Januarii anno Domini millesimo quadringentesimo nonagesimo secundo, consecrationisque dicti reverendi patris anno vicesimo primo, &c. (fol. 39 b.) 23 Jan. 1492.

Mox religiosus vir JOHANNES, Prior, comparuit personaliter et litteras certif[icatorias].

[At this point of the MS. the record breaks off abruptly. The next page begins with a Report of the Visitation by the Bishop of the Deanery of Norwich, held in St. Peter's Church, on Monday, 8th October, 1492. As this portion of the MS. has nothing to do with the monasteries, and is moreover very barren of interest, it has not been thought advisable to print it. The next four pages are so faint as to be almost illegible.]

VISITATION OF THE NUNNERY OF CAMPSEY.

Visitatio generalis ordinaria reverendi in Christo patris et domini Jacobi, Dei et apostolicæ sedis gratia, Episcopi Norwicensis, per Magistrum NICHOLAUM GOLDWELLE commissarium suum ad infrascripta sufficienter et legitime deputatum in prioratu monialium de Campessey per dictum commissarium personaliter exercita, sequitur in hunc modum: *In nomine Domini Amen.* Die Jovis viz. vicesimo quarto die mensis Januarii anno Domini millesimo CCCC nona- (fol. 43.) 24 Jan. 1492.

gesimo secundo, consecrationisque dicti reverendi patris anno vicesimo primo, &c.

Mox religiosa mulier Priorissa dictæ domus comparuit personaliter et litteras certificatorias sigillo communi ejusdem domus ut apparuit sigillatas, quæ apud registrum remanent, de et super executione mandati dicti reverendi patris præfato commissario in ea parte dedit titulum exhibuit compotumque, &c.

No reform needed.

Et tunc dictus commissarius dictas Priorissam et commoniales omnes et singulas de et super statu ejusdem domus secrete et singillatim examinavit. Et quia præfatus commissarius non invenit ibidem ad tunc plura reformatione digna ideo dictam visitationem in pace dissolvit.

Names of the Prioress and twenty Nuns.

Nomina Priorissæ et Commonialium.

Dña KATERINA [blank]
Dña KATERINA BABYNGTON, Suppriorissa
Dña MARIA CASTELACRE
Dña ISABELLA SPYLMAN
Dña ANNA MORTIMER
Dña MARGARETA NORWICH
Dña ELIZABETH WILLIAMSON [?]
Dña BARBARA JERNYNGH[AM]
Dña KATERINA SHULDHAM
Dña ELIZABETH PORTENALE [?]
Dña ANNA HERVY [?]
Dña MARGARETA FEWELL
Dña ANNA BLANERHASETT
Dña PETRONILLA FULMERSTON
Dña ELA BETRY [?
Dña ALICIA COKE
} Confessæ.

Dña ELIZABETH EVERARD
Dña ISABELLA JENNEY
Dña ISABELLA NORWICH
Dña MARGARETA HARMAN
} Non confessæ.

Visitation of the Priory of Snape.

Visitatio generalis ordinaria reverendi in Christo patris et domini (fol. 43 b.)
Jacobi, Dei et apostolicæ sedis gratia, Episcopi Norwicensis per
Magistrum Nicholaum Goldwelle commissarium suum ad infrascripta sufficienter et legitime deputatum, in prioratu de Snape
per dictum commissarium personaliter exercita, sequitur in hunc
modum: *In nomine Domini Amen.* Die Veneris viz. xxv die mensis 25 Jan. 149$\frac{2}{3}$.
Januarii anno Domini millesimo cccc nonagesimo secundo, consecrationisque dicti reverendi patris anno vicesimo primo, &c.

Mox religiosus vir Franciscus, Prior, comparuit personaliter et litteras certificatorias sigillo communi ejusdem domus ut apparuit sigillatas, quæ apud registrum remanent, de et super executione mandati dicti reverendi patris præfato commissario in ea parte dedit titulum exhibuit, compotumque ostendit, &c.

Et quia præfatus commissarius non invenit ibidem ad tunc plura No reform
reformatione digna ideo dictam visitationem in pace dissolvit. needed.

Visitation of Attleburgh Priory.

Visitatio generalis ordinaria reverendi in Christo patris et domini (fol. 44.)
Jacobi, Dei et apostolicæ sedis gratia, Episcopi Norwicensis per
Magistrum Nicholaum Goldwelle commissarium suum ad infrascripta sufficienter et legitime deputatum, in prioratu de Attle-
burgh per dictum commissarium personaliter exercita, sequitur in
hunc modum: *In nomine Domini Amen.* Die Lunæ viz. xxviij die 28 Jan. 149$\frac{2}{3}$.
mensis Januarii anno Domini millesimo cccc nonagesimo secundo,
consecrationisque dicti reverendi patris anno vicesimo primo, &c.

Mox religiosus vir Johannes Newton, Prior, comparuit per-

Names of the Prioress and nine Nuns.

Nomina Prioris et Commonialium.

DOMINA ELIZABETH STEPHYNSON, Priorissa
Dña MARGARETA DALMERSTON [?]
Dña ALICIA SCOT
Dña AGNES PARMAFAY
Dña ELIZABETH CLERE
Dña KATERINA BACTON [?]
Dña JOHANNA MODYS
Dña ANNA PAGE
Dña MARGARETA BELLE
Dña MARIA LUFDAY.

VISITATION OF THE BENEDICTINE PRIORY OF EYE, SUFFOLK.

(fol. 46 b.)

Visitatio generalis ordinaria reverendi in Christo patris et domini Jacobi, Dei et apostolicæ sedis gratia, Episcopi Norwicensis per Magistrum NICHOLAUM GOLDWELLE commissarium suum ad infrascripta sufficienter et legittime deputatum, in prioratu de Eye per dictum commissarium personaliter exercita, sequitur in hunc modum :

5 Feb. 1493.

In nomine Domini Amen. Die Martis viz. quinto die mensis Februarii anno Domini millesimo CCCC nonagesimo tertio, consecrationisque ejusdem reverendi patris anno vicesimo primo, &c.

No reform needed.

Mox religiosus vir dominus RICARDUS NORWICH, Prior, comparuit personaliter et litteras certificatorias sigillo officii sui ut apparuit sigillatas, quæ apud registrum remanent, de et super executione mandati dicti reverendi patris eidem commissario in ea parte dedit titulumque exhibuit ac compotum ostendit, &c.

Nomina Prioris et Commonachorum. Names of the Prior and nine Monks.

Dompnus RICARDUS NORWICH, Prior
Dompnus WILLELMUS THAWAYTS
Dompnus JOHANNES BELYNGTRY [?]
Dompnus JOHANNES STOKE
Dompnus JOHANNES EYE
Dompnus RICARDUS EYE
Dompnus JOHANNES CAROWE
Dompnus ROBERTUS EYE
Dompnus ROBERTUS WYLBEY
Dompnus ADAM RYSYNG

VISITATION OF THE COLLEGE OF SUDBURY.

Visitatio generalis ordinaria reverendi in Christo patris et (fol. 47.)
domini Jacobi, Dei et apostolicæ sedis gratia, Episcopi Norwicensis per Magistrum GOLDWELLE commissarium suum ad infrascripta sufficienter et legitime deputatum, in collegio Sudbury per dictum commissarium personaliter exercita, sequitur in hunc modum: *In nomine Domini Amen.* Die Veneris, viz. octavo die mensis Februarii anno 8 Feb. 1493.
Domini millesimo cccc nonagesimo tertio, consecrationisque ejusdem reverendi patris anno vicesimo primo, &c.

Mox venerabilis vir MAGISTER THOMAS ALEYN, MAGISTER SIVE CUSTOS, comparuit personaliter et litteras certificatorias sigillo officii sui ut apparuit sigillatas, quæ apud registrum remanent, de et super executione mandati dicti reverendi patris eidem commissario in ea parte dedit titulumque exhibuit *ac compotum ostendit*, &c. No reform needed.

Nomina Magistri et Consociorum. Names of the Master and eight Fellows.

MAGISTER THOMAS ALEYN, Magister sive Custos
Dñs JOHANNES WAYTE
Dñs THOMAS KERVER

Dñs ROBERTUS PERSON
Dñs JOHANNES HUTTON
Dñs JOHANNES DYSON
Dñs WILLELMUS QWYNTYN
Dñs NICHOLAUS PERFEY
Dñs EGIDIUS REDE

VISITATION OF STOKE COLLEGE.

(fol. 47 b.) Visitatio generalis ordinaria reverendi in Christo patris et Domini Jacobi, Dei et apostolicæ sedis gratia, Episcopi Norwicensis per Magistrum NICHOLAUM GOLDWELLE commissarium suum ad infrascripta sufficienter et legitime deputatum, in decanatu Sancti Johannis Baptistæ de Stoke juxta Clare per dictum commissarium personaliter exercita, sequitur in hunc modum: *In nomine Domini*
9 Feb. 149⅔. *Amen.* Die Sabbati viz. nono die mensis Februarii anno Domini millesimo cccc nonagesimo secundo, consecrationisque ejusdem reverendi patris anno vicesimo primo, &c.

No reform needed.

Mox reverendus pater RICARDUS EDNAM, DEI GRATIA BANGORENSIS EPISCOPUS, DECANUS, comparuit personaliter et litteras certificatorias sigillo officii sui ut apparuit sigillatas, quæ apud registrum remanent, de et super executione mandati dicti reverendi patris eidem commissario in ea parte dedit, titulumque exhibuit ac compotum ostendit, &c.

Nomina Decani et Canonicorum.

Names of the Dean and other members of the Foundation.

RICARDUS EDNAM,[a] Dei gratia Bangorensis Episcopus, ecclesiæ prædictæ DECANUS.

MAGISTER RICARDUS SKYPTON, prebendarius primi stalli ex parte boreali.

[a] He paid the fees at Rome for admission to his Bishopric 21st Jan. 1465. He was probably consecrated abroad, resigned in 1494, and died 1496. (Mazière Brady's *Episcopal Succession* and Hardy's *Le Neve*.)

It was this prelate who gave to the Cathedral of Bangor in 1485 the famous Pontifical which may still be seen there. (Maskell's *Monumenta Ritualia*, Vol. i. p. cxxxii.

MAGISTER JOHANNES EDNAM, prebendarius secundi stalli ex parte australi.

DOMINUS RICARDUS CHAUNTRE, prebendarius secundi stalli ex parte boreali.

MAGISTER JOHANNES BULMAN, prebendarius tertii stalli ex parte australi.

DOMINUS JOHANNES TURNOUR, prebendarius tertii stalli ex parte boreali.

MAGISTER RICARDUS COVLOND, prebendarius quarti stalli ex parte australi.

Nomina Vicariorum collegii prædicti.

MAGISTER THOMAS NORYS
DOMINUS JOHANNES WALBANKE
DOMINUS ROBERTUS SAME

Nomina Conductorum.

DOMINUS JOHANNES GRENE
DOMINUS WILLELMUS ESTENEY

Nomina Clericorum et Virgarii. (fol. 48.)

WILLELMUS HELVY
HENRICUS TURNOUR
JOHANNES SENNE
THOMAS MORYS
THOMAS BARTON
JOHANNES MORYS
HUGO TURNOUR, Virgarius

Nomina Choristarum.

REGINALDUS RYSBY
JOHANNES BARRY
WILLELMUS SMYTTHE
THOMAS HOOKYN
THOMAS ELYS.

Visitation of Ixworth Priory.

Visitatio generalis ordinaria reverendi in Christo patris et domini Jacobi, Dei et apostolicæ sedis gratia, Episcopi Norwicensis per Magistrum Nicholaum Goldwelle commissarium suum ad infrascriptum et sufficienter et legitime deputatum, in prioratu de Ixworth per dictum commissarium personaliter exercita sequitur in
13 Feb. 149⅔. hunc modum: *In nomine Domini Amen.* Die Mercurii viz. tertio decimo die mensis Februarii anno Domini millesimo cccc nonagesimo secundo, consecrationisque ejusdem reverendi patris anno vicesimo primo, &c.

Mox religiosus vir Frater Godwinus Bury, Prior, comparuit personaliter et litteras certificatorias sigillo officii sui ut apparuit sigillatas, quæ apud registrum remanent, de et super executione mandati dicti reverendi patris in ea parte dedit titulumque exhibuit ac compotum ostendit, &c.

No reform needed. Et tunc commissarius ante dictus præfatos Priorem et canonicos de et super statu ejusdem domus secrete et singillatim examinavit. Et quia præfatus commissarius non invenit ibidem ad tunc plura reformatione digna, ideo dictam visitationem in pace dissolvit.

Nomina Prioris et Canonicorum.

Names of the Prior and fourteen Canons.

Dñs Godwinus Bury, Prior
Dñs Clemens Wysbech, Supprior
Dñs Johannes Byrd
Dñs Johannes Warwik
Dñs Thomas Bonde
Dñs Thomas Dysney
Dñs Johannes Amy
Dñs Johannes Crystey
Dñs Matthew Bury
Dñs Johannes Gerard
} Professi.

Dñs JOHANNES BUTTELER
Dñs RICARDUS ALRYCH
Dñs NICHOLAUS WRYGHT
Dñs [blank] WARWYK
} Non professi.

VISITATION OF METYNGHAM COLLEGE.

Visitatio generalis ordinaria reverendi in Christo patris et domini JACOBI, Dei et apostolicæ sedis gratia, episcopi Norwicensis in collegio beatæ Mariæ de Metyngham per eum personaliter exercita sequitur in hunc modum: *In nomine Domini Amen.* Die Martis viz. xviij° die mensis Junii anno Domini millesimo cccc nonagesimo tertio, consecrationisque ejusdem reverendi patris anno vicesimo primo. Idem reverendus pater, ad dictum collegium suæ diocesis Norwici visitationis suæ hujusmodi exercendæ causa, declinans ad portam occidentalem ejusdem collegii, a magistro et omnibus et singulis ejusdem loci confratribus solenni cum processione fuit receptus. Et exinde summum usque ad altare campanis pulsantibus organisque psallentibus ac dictis Magistro et confratribus responsorium summæ Trinitati cantantibus pervenit. Ubi precibus immortali Deo devote perfusis aliisque cæremoniis in ea parte ut moris est peractis, suam benedictionem episcopalem astantibus humiliter impendit. Et ad statim domum capitularem ipsius collegii una cum dictis Magistro et confratribus ac Magistro NICHOLAO GOLDWELLE archidiacono Norwici et me THOMA SEUYCLE publico, auctoritate apostolica et imperiali, notario actorumque scriba a dicto reverendo patre in hac parte assumpto est ingressus. Et verbo Dei in medium proposito, quidam RICARDUS BRAUNCHE, MAGISTER SIVE CUSTOS DICTI COLLEGII, comparuit personaliter et litteras certificatorias sigillo communi ejusdem domus ut apparuit sigillatas, quæ apud registrum remanent, de et super executione mandati dicti reverendi patris in ea parte dedit titulumque exhibuit ac compotum ostendit, &c.

(fol. 48 b.)

18 June, 1493.

Report of the Visitation.

Great laxity and want of discipline.

Per quam quidem examinationem compertum est prout sequitur.

In primis compertum est quod socii solvunt jejunium cotidie cum carnibus ante prandium et non veniunt simul sed singillatim in magnum dispendium collegii.

Item quod socii habent plures canes venaticos quam sunt necessarii contra statuta collegii.

Item quod socii veniunt in choro et ad mensam aliquando in togis curtis sine capitiis et non utuntur capis suis clausis.

Item quod aliqui eorum alienant capitia sua vel de hujusmodi capitiis faciunt vestes pro sellis suis.

Item quod post meridiem pincernaria non bene servatur quia post horam quartam singulis diebus usque ad horam octavam in nocte socii et extranei continue bibunt in magnum dispendium collegii.

Item quod mulieres veniunt pro *le goddys good* et tunc sub eo colore habent unam lagenam cervisiæ et dant pincernæ tria ova et sic collegium deterioratur.

Item quod socii non utuntur togis unius sectæ coloris et facturæ secundum statuta domus. Etiam quod statuta collegii volunt quod omnes socii debent jacere in una domo tamen non faciunt.

Item quod servientes furantur victualia et dant illis qui habitant in villa.

Item quod in diebus festivis et aliis plures extranei sedent in aula ad mensam et nescitur unde sunt et non tantum in aula sed in aliis locis, in detrimentum collegii.

Item quod capæ de serico indigent reparatione et etiam quando præstantur capiunt magnum dampnum et propterea bonum esset si non præstarentur.

Item quod uxores servientium intrant collegium comedentes et bibentes ibidem victualia etiam secum portantes extra collegium.

Item quod Magister sive Custos facit superfluas expensas in reparationibus. Ac etiam idem Magister capas de serico portat usque Bungey et alibi.

(fol. 49.) *Item* quod unum *le Deyre* est inventum apud Woodard de expensis collegii quod nunquam fuit ante tempora istius Custodis sive Magistri qui nunc est.

Item quod socii ad invicem non servant caritatem sed aliquando rixantur.

Item quod servientes faciunt magnas expensas in pistrino et pandoxatorio necnon *in androchia* apud Woodard in quo loco mulieres ibidem habent cotidie in qualibet refectione unum potellum cervisiæ. Et in qualibet pandoxatione iiij lagenas cervisiæ. Et capiunt panem sine licentia officiarii quantum volunt cum aliis victualibus.

Item quod pincerna male respondit sociis et vilipendit eos.

Item quod rustici postquam comederunt in mane, bini et bini capiunt secum lagenam cervisiæ et duos panes ad minus cotodie.

Item quod bonus ballivus faceret multa bona in collegio sed ipse qui jam existit est incontinens et malæ dispositionis.

Nomina Magistri et Sociorum.

Names of the Master and eleven Fellows.

RICARDUS BRAUNCH, Magister sive Custos
Dñs JOHANNES DALYSON
Dñs WILLELMUS SOSHAM
Dñs RICARDUS WEYBREDE
Dñs WILLELMUS SKYNNER
Dñs GALFRIDUS MARCHAUNT
Dñs THOMAS HARPELE
Dñs RICARDUS SESELY
Dñs JOHANNES WURRE
Dñs JOHANNES WARDE
Dñs WILLELMUS PENTENEY
Dñs JOHANNES DEY

VISITATION OF FLIXTON NUNNERY.

Visitatio generalis ordinaria reverendi in Christo patris et domini Jacobi, Dei et apostolicæ sedis gratia, Episcopi Norwicensis in prioratu de Flyxton suæ diocesis Norwicensis per eum personaliter (fol. 49 b.)

exercita sequitur in hunc modum: *In nomine Domini Amen.* Die
20 June, 1493. Jovis viz. vicesimo die mensis Junii anno Domini millesimo CCCC nonagesimo tertio, consecrationisque ejusdem reverendi [patris] anno vicesimo primo, &c.

Et mox comparuit personaliter religiosa mulier DOMINA ELIZABETH VYRLY, Priorissa, et litteras certificatorias sigillo communi ejusdem domus sigillatas, quæ apud registrum remanent, de et super executione mandati dicti reverendi patris in ea parte dedit titulum non exhibuit neque compotum ostendit, &c.

Et tunc dictus reverendus pater præfatas Priorissam et consorores omnes et singulas de et super statu ejusdem domus secrete et singillatim, &c. Per quam quidem examinationem compertum est prout sequitur.

Report. The Nuns attend the parish church, and why.

In primis compertum est quod sorores non habent missam in prioratu sed vadunt ad ecclesiam parochialem quia presbyter earum fregit brachium suum ita quod non potest celebrare.

Nomina Priorissæ et Commonialium.

Names of the Prioress and five Nuns.

Dña ELIZABETH VYRLY, Priorissa
Dña MARGARETA CAUSTON, Suppriorissa
Dña ALICIA SPENSER
Dña HELENA UPTON
Dña ALICIA LAXFELD
Dña MATILDA NOON

Et quia præfatus reverendus pater non invenit ibidem ad tunc plura reformatione digna ideo dictam visitationem suam pro tunc ibidem in pace dissolvit reservata sibi potestate injunctiones faciendi et eas ad observantiam earundem compellendi quotiens et quando sibi visum fuerit oportere.

VISITATION OF THE PRIORY OF WESTACRE.

Visitatio ordinaria reverendi in Christo patris et domini Jacobi, Dei et apostolicæ sedis gratia, Episcopi Norwicensis in prioratu de Westacre per eum personaliter exercita sequitur in hunc modum: *In nomine Domini Amen.* Die Lunæ viz undecimo die mensis Augusti anno Domini millesimo CCCC nonagesimo quarto consecrationisque ejusdem reverendi patris anno vicesimo secundo, idem reverendus pater ad dictum prioratum visitationis suae hujusmodi exercendæ gratia declinans, ad portam occidentalem ejusdem prioratus a Priore et omnibus et singulis ejusdem loci concanonicis solenni cum processione fuit receptus. Et exinde summum usque ad altare venit campanisque pulsantibus ac dictis Priore et concanonicis responsorium Summæ Trinitati cantantibus pervenit. Ubi precibus immortali Deo devote perfusis aliisque caeremoniis in ea parte ut moris est peractis suam benedictionem episcopalem astantibus humiliter impendit. Et ad statim domum capitularem ipsius prioratus una cum dictis Priori et concanonicis, &c.

(fol. 50.)

11 Aug. 1494.

Et verbo Dei per dictum Magistrum HENRICUM FALKE in medium proposito quidam DOMINUS RICARDUS PALLE, Prior dicti prioratus, comparuit personaliter et litteras certificatorias sigillo officii sui ut apparuit sigillatas, quæ apud registrum remanent, de et super executione mandati dicti reverendi patris in ea parte dedit titulumque exhibuit compotumque ostendit, &c.

Per quidem examinationem compertum est prout sequitur.

Report.

Dissensions among the Monks, and other evils.

In primis compertum est quod Prior non habet mandata sua observata in tantum quod si voluerit aliquid habere Frater EDMUNDUS, Supprior et Frater WILLELMUS MASSYNGHAM negant.

Item quod si dictus Prior vadit peregrinatum nihil sibi detur pro expensis suis.

Item quod Frater EDMUNDUS LICHEFELD et Frater WILLELMUS MASSYNGHAM habent administrationem temporalium dicti prioratus.

Item quod Prior et alius Frater dicti domus solebant audire compotum celerariorum in quolibet mense.

Item quod Frater ROBERTUS PATRYK et GALFRIDUS BLAKE otio vacant et non applicant se ad aliquod studium sed plures faciunt rixas inter fratres.

Item quod Frater HENRICUS TOLLE non potest concordare sana conscientia cum Magistro GALFRIDO apud Massyngham sed bene concordaret cum Fratre ROBERTO PATRYK. Quia Magister GALFRIDUS est in magno debito et propterea non potest solvere partem suam de Massyngham Et etiam non est quietus neque pacificus et plura expendit.

The sons of the gentry in the school do not pay their expenses.

Item quod multi sunt pueri generosi in domo de quibus non percepit Prior quomodo pro eorum mensa solvitur.

Item quod familiares et servientes sunt admissi per Suppriorem et non per Priorem.

Item quod Supprior non observat missas ad quas tenetur viz. missam beatæ Mariæ et missam capitularem.

The Sub-Prior insolent and insubordinate.

Item quod dictus Supprior non facit debitam reverentiam Priori.

Item quod dictus Supprior occupat se circa temporales et non vivit sicut religiosus quia habet ad firmam quemdam fundum cuniculorum prope capellam Sancti Thomæ.

Item quod dictus Supprior occupat aquas prope prioratum et ad prioratum pertinentes et mittit in eas cignos quos donat generosis et aliis ubi vult et nihil reddit prioratui de eisdem.

Item quod Supprior habet interdum verba contumeliosa contra Priorem et quosdam confratres in tantum quod quidam recesserunt a monasterio ob ipsius sævitiam et quod molestum se ostendit erga Fratrem ROBERTUM PATRYK.

(fol. 50 b.)

Item quod Supprior et dominus WILLELMUS MASSYNGHAM administrarunt bona spiritualia et etiam temporalia domus et non fecerunt compotum et ultra.

Item quod dictus Supprior administravit in officio celerariatus per triennium et nihil attulit in thesaurarium per totum illud tempus. Et dum Magister GALFRIDUS erat in eodem officio cum adjutorio Prioris in iiij[or] annis attulit in thesauriam C. marcas et tamen infra illud tempus collegerunt decimam pro Domino Rege et etiam solverunt decimam.

Item quod nullus famulus est deputatus in refectorio ad serviendum fratribus nec in infirmaria nisi infirmarius et si ipse non ministraret eis necessaria nullus est qui faceret.

Nomina Prioris et Concanonicorum.

Names of the Prior and nineteen Monks.

RICARDUS PALLE, Prior
EDMUNDUS LICHEFELD, Supprior
JOHANNES DAMYAN
GALFRIDUS SWAFFHAM
WILLELMUS MASSYNHAM
JOHANNES LYNNE, Præcentor
HENRICUS TOLLE
ROBERTUS PATRYK
THOMAS SHULDHAM, Sacrista
GALFRIDUS BLAKE
THOMAS OXBURGH est in studio Cantabrigiæ
SIMON CLERKE
THOMAS WALSYNGHAM
THOMAS VICARY
JOHANNES GERNEYS
ROBERTUS CAMBRIGGE
WILLELMUS SYMPETZ
WILLELMUS DALE
JOHANNES MARTYN
JOHANNES MEKE

Et tunc dictus reverendus pater in præsentia Prioris et conventus et de eorum consensu continuavit dictam suam visitationem usque in diem Martis inclusive et deinde usque in diem Mercurii inclusive. Quo die Mercurii adveniente præfatus reverendus pater post nonnullas communicationes de et super reformatione domus in præsentia dictorum Prioris et totius conventus continuavit dictam suam visitationem usque ad Synodum Paschæ ex tunc proxime futurum.

VISITATION OF THE COLLEGE OF WINGFIELD, SUFFOLK.

(fol. 51.) Visitatio ordinaria reverendi in Christo patris et domini Jacobi, Dei et apostolicæ sedis gratia, Episcopi Norwicensis in collegio de Wyngefeld per eum personaliter exercita sequitur in hunc modum:

27 Sept. 1493. *In nomine Domini Amen.* Die Veneris viz. xxvij° die mensis Septembris anno Domini millesimo cccc lxxxxiii° consecrationisque ejusdem reverendi patris anno xxj°. Idem reverendus pater ad dictum collegium suæ diocesis Norwicensis visitationis suæ exercendæ causa declinans, ad portam borealem ejusdem collegii a Magistro et consociis ejusdem collegii omnibus et singulis solenni cum processione fuit receptus. Et exinde summum usque ad altare campanis pulsantibus organisque psallentibus ac dictis Magistro et confratribus responsorium Summæ Trinitati cantantibus pervenit. Ubi precibus immortali Deo devote perfusis aliisque cæremoniis in ea parte ut moris est peractis suam benedictionem episcopalem astantibus humiliter impendit. Et ad statim domum capitularem ejusdem collegii est ingressus. Quidam MAGISTER WILLELMUS BAYNARD Magister sive Custos ejusdem collegii comparuit personaliter et litteras certificatorias sigillo officii sui ut apparuit sigillatas, quæ apud registrum remanent, de et super executione mandati ejusdem reverendi patris in ea parte dedit titulumque exhibuit compotumque ostendit, &c.

Per quam quidem examinationem compertum est prout sequitur.

Report of Visitation. The school neglected.

In primis compertum est quod ordinatio et statuta non leguntur inter confratres.

Item quod Magister est nimis remissus in correctionibus.

Item quod conduceret aliquem ad docendum grammaticam confratribus.

Names of the Master and Fellows.

Nomina Magistri et Confratrum.

WILLELMUS BAYNARD, Magister sive Custos
Dñs WILLELMUS RUSHAM } Consocii.
Dñs JOHANNES MALE
Dñs ROBERTUS CONY

Dñs Richardus Hart
Dñs Thomas Herryson
Dñs Lodowicus Bradley
Dñs Willelmus Baron } Conducti.

Et quia præfatus reverendus pater non invenit ibidem ad tunc plura reformatione digna igitur dictam visitationem suam pro tunc ibidem in pace dissolvit reservata sibi potestate injunctiones faciendi et eos ad observantiam compellendi quotiens et quando sibi visum fuerit oportere.

Visitation of Butley Priory.

Visitatio ordinaria reverendi in Christo patris et domini Jacobi, (fol. 51 b.) Dei et apostolicæ sedis gratia, Episcopi Norwicensis in prioratu beatæ Mariæ de Buttley suæ diocesis Norwicensis per eum personaliter exercita sequitur in hunc modum: *In nomine Domini Amen.* Die Jovis viz. decimo die mensis Julii anno Domini millesimo 10 July, 1494. cccc nonagesimo quarto, consecrationisque ejusdem reverendi patris anno vicesimo secundo, &c. Et verbo Dei in medium proposito quidam dominus Thomas, Prior dicti prioratus, comparuit personaliter et litteras certificatorias sigillo officii sui ut apparuit sigillatas, quæ apud registrum remanent, de et super executione mandati dicti reverendi [patris] in ea parte dedit titulumque exhibuit compotumque ostendit, &c. Per quam quidem examinationem compertum est prout sequitur.

In primis quod confratres ad utilitatem domus concesserunt Priori suo xiij s. iiij d. de stipendiis eorum, nunc petunt restitutionem.

Item quod secundum consuetudinem religionis Prior puniet The Prior rules at his own pleasure. delictum majorem [*sic*] cum consensu seniorum quod non facit sed punit ad libitum suæ propriæ voluntatis.

Item quod utensilia pertinentia ad infirmariam restituantur sicut olim consueverunt ad custodiendum infirmos.

Item quod Prior assignaverit vel limitaverit alicui confratri dictæ domus aliquam cameram tamen propter levem displicentiam [*sic*] nunc idem Prior aufert ab eis eandem cameram quod fieri non debet.

Item quod plures sunt accessus generosorum virorum in prioratu maxime consanguinitatis et affinitatis Prioris in magnum detrimentum domus.

No schoolmaster.

Item quod confratres non habent præceptorum ad docendum eos grammaticam.

Item quod Prior non ostendit statum domus coram confratribus suis nec habet celerarium nec aliquem alium officiarium qui scit statum domus aut occuparet tempore infirmitatis suæ.

Names of the Prior and fourteen Canons.

Nomina Prioris et Concanonicorum.

Dominus Thomas Framyngham, Prior
Dominus Robertus Hotost, Supprior
Dominus Henricus Thirlowe est absens
Dominus Johannes Flete alias Fraston
Dominus Willelmus Woodbrygge
Dominus Johannes Denston
Dominus Radulphus Lakeman
Dominus Walterus Bawdesey
Dominus Thomas Orford
Dominus Thomas Bungey
Dominus Willelmus Bevyrley
Dominus Johannes Nedam
Dominus Laurentius Cretyngham
Dominus Robertus Thetford
Dominus Johannes Mendeham

Injunctions promised.

Et tunc dictus reverendus pater non invenit ibidem ad tunc plura reformatione digna ideo dictam suam visitationem pro tunc ibidem in pace dissolvit reservata potestate certas injunctiones faciendi et dictos Priorem et concanonicos ad observantiam eorundem compellendi quotiens et quando sibi visum fuerit oportere.

VISITATION OF BESTON PRIORY.

Visitatio ordinaria reverendi in Christo patris et domini Jacobi, (fol. 52.) Dei et apostolicæ sedis gratia, Episcopi Norwicensis in prioratu de Beston juxta mare suæ diocesis Norwicensis per eum personaliter exercita sequitur in hunc modum: *In nomine Domini Amen.* Die Lunæ viz. xxv die mensis Augusti anno Domini millesimo 25 Aug. 1494 CCCC nonagesimo quarto, consecrationisque ejusdem reverendi patris anno vicesimo secundo. Idem reverendus pater ad dictum prioratum personaliter accedens visitationis suæ exercendæ gratia ad portam occidentalem ejusdem prioratus a Priore et aliis presbyteris solenni cum processione receptus fuit. Et exinde responsorio Summæ Trinitati a cantore cantorum incepto vexillo sanctæ crucis ante eos in aiere erecto campanis etiam pulsantibus usque summum ad altare venit.[a] Ubi precibus immortali Deo porrectis ac solenni benedictione sua astantibus impensa, ad statim domum capitularem una cum Priore ac Magistro NICHOLAO GOLDWELLE archidiacono Norwici et me ROGERO KENT publico auctoritate apostolica notario actorumque scriba a dicto reverendo patre in hac parte assumpto est ingressus.

Quidam JOHANNES POTY, Prior, comparuit personaliter et litteras certificatorias sigillo communi ejusdem prioratus ut apparuit sigillatas, quæ apud registrum remanent, de et super executione mandati dicti reverendi patris in ea parte dedit titulumque exhibuit ac compotum pro tempore suo ostendit, &c.

[a] It is observable that at the visitation of this little Priory the clergy of the neighbourhood (*aliis presbyteris*) joined in the procession, that there was no organ in the church, and no sermon. The chapter-house was their place of meeting.

Report.

There was only one Canon besides the Prior, and he a non-resident.

Et tunc dictus reverendus pater præfatum Priorem de et super statu ejusdem domus secrete examinavit et dicit quod non habet aliquos confratres in domo præter dominum THOMAM TAVERNER qui absens est a prioratu absque causa legitima et sine licentia sua. Etiam dicit quod prædecessor suus non fecit compotum dicti domus toto tempore suo.

Et tunc dictus reverendus pater injunxit præfato Priori quod tam cito fieri potest habeat duos confratres ad essendum secum in dicto domo.

Injunctions of the Bishop.

Item quod faciat verum compotum annuatim dicti prioratus.

Et sic dictus reverendus pater dictam suam visitationem pro tunc ibidem in pace dissolvit reservata sibi potestate alias injunctiones faciendi et dictum Priorem ad observantiam earundem compellendi quotiens et quando sibi visum fuerit oportere.

VISITATION OF WABURN PRIORY.

(fol. 52 b.)

25 Aug. 1494.

Visitatio ordinaria reverendi in Christo patris et domini Jacobi, Dei et apostolicæ sedis gratia, Episcopi Norwicensis in prioratu de Waburn suæ diocesis Norwicensis per eum personaliter exercita sequitur in hunc modum: *In nomine Domini Amen.* Die lunæ viz. xxv° die mensis Augusti anno Domini millesimo CCCC nonagesimo quarto, consecrationisque ejusdem reverendi patris anno vicesimo secundo, &c.

Quidam DOMINUS CLEMENS, Prior dicti prioratus comparuit personaliter et litteras certificatorias sigillo officii sui ut apparuit sigillatas, quæ apud registrum remanent, de et super executione mandati dicti reverendi patris in ea parte dedit titulumque exhibuit ac compotum ostendit, &c.

Report of Visitation.

Per quam quidem examinationem compertum est prout sequitur. *In primis* compertum est quod DOMINUS ROBERTUS COKER servat curæ de Estbekham. Et quod ecclesia de Waburn aliquando servitur per Priorem aliquando per confratrem.

Item quod confratres solebant recipere xx s. pro salario sed Prior non solvit domino WILLELMO WYLLYAMSON concanonico salarium suum.

Nomina Prioris et Concanonicorum — Names of the Prior and three Canons.

DOMINUS CLEMENS, Prior
DOMINUS ROBERTUS COKE
DOMINUS ROBERTUS WILLYAMSON

Et tunc dictus reverendus pater non invenit ibidem ad tunc plura reformatione digna ideo dictam visitationem pro tunc ibidem in pace dissolvit reservata potestate certas injunctiones faciendi et dictos Priorem et concanonicos ad observantiam earundem compellendi quotiens et quando sibi visum fuerit oportere.

VISITATION OF ST. MARY'S PRIORY, WALSINGHAM.

Visitatio ordinaria reverendi in Christo patris et domini Jacobi, Dei (fol. 53.)
et apostolicæ sedis gratia, Episcopi Norwicensis in prioratu ecclesiæ regularis sive prioratus beatæ Mariæ de Walsyngham suæ diocesis Norwicensis per eum personaliter exercita sequitur in hunc modum: *In nomine domini Amen* Die Lunæ viz. primo die mensis Sep- 1 Sept. 1494.
tembris anno Domini millesimo cccc lxxxxiiij^to^ consecrationisque ejusdem reverendi patris anno vicesimo secundo. Idem reverendus pater ad dictum prioratum visitationis suæ hujusmodi exercendæ gratia personaliter accedens ad portam occidentalem ejusdem Prioratus a Priore et concanonicis omnibus et singulis solenni cum processione fuit receptus. Et exinde responsorio Summæ Trinitati a cantore incepto, vexillo sanctæ crucis ante eos in aiere erecto, campanis etiam pulsantibus, summum usque ad altare venit. Ubi precibus

immortali Deo porrectis ac solenni benedictione suæ astantibus impensa ad statim domum capitularem, una cum Priore et concanonicis ac Magistris NICHOLAO GOLDWELLE archidiacono Norwici, BARTHOLOMÆO NORTHERN in utroque jure baccalaurei et me THOMA SENYCLE notario publico actorumque scriba a dicto reverendo in hac parte assumpto est ingressus.

Ubi verbo Dei per Magistrum HENRICUM FALKE legum doctorem ad tunc proposito, mox religiosus vir JOHANNES, Prior ipsius ecclesiæ regularis, coram dicto reverendo patre ibidem personaliter comparuit et quasdam litteras certificatorias de et super executione mandati dicti reverendi patris, quæ apud registrum remanent, sigillo officii sui ut apparuit sigillatas una cum scedula nomina et cognomina citatorum continente dictis litteris annexa, realiter exhibuit. Quibus palam et publice per me notarium supradictum de mandato prædicti reverendi patris perlectis dictis quoque Priore cæterisque concanonicis et confratribus singulis dictæ ecclesiæ regularis præconizatis et personaliter comparentibus, juramento etiam canonicæ obedientiæ prædicto reverendo patri et successoribus suis canonice intrantibus, per dictum Priorem nomine suo ac nomine confratrum suorum omnium et singulorum ejusdem ecclesiæ regularis præstito, litterisque ejusdem Prioris per quas titulum in ipsa ecclesia regulari sive prioratu de Walsyngham se habere prætendit ostensis, compoto quoque dicti Prioris de et super administratione exhibito etiam et ostenso, . . . dictus reverendus pater præfatos Priorem et concanonicos de et super statu ejusdem domus secrete et singillatim examinavit. Per quam quidem examinationem compertum est prout sequitur.[a]

Report of the Visitation.

In primis compertum est quod confratres quando vadunt extra septa monasterii non simul vadunt prout tenentur.

The Prior is afraid to say all he knows.

Item quod Prior non audet ostendere statum domus coram omnibus confratribus prout deberet facere quia quidam fratrum volunt tunc illud revelare ad extra.

[a] It has been thought best to print this matter in full though there is very little departure from the usual formal language of such documents.

Item quod compotus domus debeat fieri per cellerarium et alios officiarios in quolibet termino.

Item quod panis et servitia in domo satis bene poterit emendari.

Item quod statuta religionis debent legi semel in mense sed non sunt. Et quod Prior non est indifferens quia audit unam partem et non alteram.

The Prior said to be partial.

Item quod FRATER ALANUS AYLESHAM revelat secreta religionis et maxime delicta fratrum laicis et etiam conqueritur de fratribus Priori ita quod inquietat fratres.

Tale-telling.

Item quod confratres non habent Magistrum in domo ad docendum eos grammaticam.

No Schoolmaster.

Item quod Frater WILLELMUS NORWICH propter duos fratres viz. Fratrem THOMAM CRANEWORTH et Fratrem ALANUM AYLESHAM non potest obtinere benevolentiam Prioris, ita quod poterit habere ordinem sacerdotii, in tantum quod ipse patiebatur incarcerationem per plures septimanas. *Item* incarcerationes fiunt eo quod Prior velit eos habere fratres [*sic*].

William Norwich is prevented from being ordained Priest by the Prior.

Item quod servientes vilipendent fratres et vocant eos fatuos si petant ab eis aut potum vel victualia quando veniunt eorum parentes aut benefactores.

Insolence of the servants.

Nomina Prioris et Concanonicorum.

Names of the Prior and sixteen Canons.

Dñs JOHANNES [blank], Prior
Dñs JACOBUS THORNHAGGE, Supprior
Dñs THOMAS CRANEWORTH
Dñs ROBERTUS LYNGGE
Dñs ALANUS AYLESHAM
Dñs RICARDUS WATERDEN
Dñs EDMUNDUS WARHAM
Dñs THOMAS GRYMESTON
Dñs THOMAS BINGHAM, Cellerarius
Dñs JOHANNES WALSYNGHAM
Dñs THOMAS CREYKE
Dñs WILLELMUS LOWCHE

Dñs Willelmus Houghton
Dñs Christoforus Barsham
Dñs Robertus Parker
Dñs Thomas Styffekeye
Dñs Willelmus Norwich

Injunctions deferred.

Et tunc dictus reverendus pater non invenit ibidem ad tunc plura reformatione digna ideo dictam suam visitationem pro tunc ibidem in pace dissolvit reservata potestate certas injunctiones faciendi et dictos Priorem et conventum ad observantiam earundem compellendi quotiens et quando sibi visum fuerit oportere.

Visitation of St. Benet's at Holme Abbey.

(fol. 54.) Visitatio ordinaria reverendi in Christo patris et domini Jacobi, Dei et apostolicæ sedis gratia, Episcopi Norwicensis in monasterio Sancti Benedicti de Hulmo suæ diocesis Norwicensis per eum personaliter exercita sequitur in hunc modum: *In nomine Domini*
15 Sept. 1494. *Amen.* Die lunæ viz. quinto decimo die mensis Septembris anno Domini millesimo ccccIxxxxiiij^{to}, consecrationisque ejusdem reverendi patris anno vicesimo secundo, &c. Ubi verbo Dei per dictum Magistrum Henricum Falke ad tunc proposito, mox religiosus vir Dompnus Robertus Cubitt, Abbas ejusdem monasterii, coram dicto reverendo patre ibidem comparuit personaliter, &c. Litteris que ejusdem Abbatis per quas titulum in eodem monasterio se habere prætendit ostensis compoto quoque dicti Abbatis de et super administratione bonorum anni præteriti exhibitio etiam et ostenso, &c.

Et tunc dictus reverendus pater præfatos Abbatem et commonachos de et super statu ejusdem monasterii secrete et singillatim examinavit. Per quam quidem examinationem compertum est prout sequitur.

Report of Visitation.

In primis compertum est quod elemosinarius fideliter solvat annuatim infirmariæ C s. pro sustentatione infirmorum prout semper fieri consuevit.

Item quod sacrista tenetur facere pietantiam confratribus citra festum purificationis beatæ Mariæ pro memoriali in obitu Abbatis Aylesham vel dare cuilibet confratri iiij d. et hoc anno nec habuerunt pietantiam neque pecunias.

Item quod hostia dormitorii non sunt clausa sed seculares intrant die et nocte perturbando confratres. Laxity of discipline in the dormitory.

Item quod multotiens confratres deficiunt lumen in dormitorio ad quod tenetur sacrista.

Item quod non est horologium in monasterio in defectu sacristæ.

Item quod confratres non servant debitum silentium in choro. In the choir.

Item quod confratres sunt superonerati in recitationibus psalterii et hympnarii canticorum sanctoralium et temporalium. Ita quod non habent tempus ad studiendum et non est ex regula Sancti Benedicti sed ex statuto loci. No time for study.

Item quod Prior non est in claustro ad videndum recitationem historiæ quando habent propriam historiam, et novitii non recitant nec informantur in defectu Prioris. The Prior absent from recitations.

Item quod Subcellerarius non præparat noviciis repastum matutinum cotidie prout semper fieri consuevit.

Item quod non reddit se indifferentem in vocatione confratrum per signa, quando deberent sedere in aula pro refectione. quia aliqui non fuerunt vocati per vij vel viij septimanas. The Sub-cellarer complained of.

Item quod juvenes confratres sunt inobedientes superioribus loquendo eis verba contumeliosa cum eos merito reprehendunt. The younger brethren are saucy to the elders.

Item quod dñs JOHANNES JEKKYS camerarius dum erat Magister altaris beatæ Mariæ debebat C s. quando dimisit officium quos nondum solvit. John Jekkys owes money to the Convent.

Item quod THOMAS WHYTFELD serviens in refectorio habet verba contumeliosa confratribus et non servit eis debite in officio sed quandoque denegat eis necessaria et debita sua.

Item quod servientes monasterii habent verba contumeliosa erga confratres. The servants are insolent.

Item quod confratres non habent præceptorem ad instruendum eos in grammatica. No School-master.

The stock of the cellarer's manors has disappeared.

Item quod ad officium cellerarii pertinent tria maneria in quibus erant catalla viz. in ovibus v C, et vaccis xxiiij cum aliis implementis et jam non sunt aliqui istorum pertinentes ad dictum officium.

The previous Abbot complained of.

Item quod Abbas prædecessor istius Abbatis destruxit omnia implementa pertinentia ad officium elemosinarii.

The Abbey jewels in pawn and cannot be recovered.

Item quod quidam ROBERTUS WHYNBAROW de Norwico habet plura jocalia dictæ domus sibi impignorata et non vult reddere quia dicit quod spoliatus fuit de hujusmodi jocalibus.

Item quod olim consuetum erat quod jocalia domus debeant poni in thesaurario et quia hoc non erat observatum ideo dominus Abbas prædecessor Abbatis moderni jocalia prædicta impignoravit et nescitur quibus hominibus.

The last Abbot had given a vicarage house to a relation of his own.

Item quod dominus Abbas prædecessor istius Abbatis dedit cuidam consanguineo suo ad usum suum, unam domum bene ædificatam pertinentem vicariæ Sancti Petri de Houghton[a] et ipse asportavit hujusmodi domum.

Item quod quidam dominus WILLELMUS BARKER deservit curæ de Houghton predictæ qui valde impatiens est cum parochianis ibidem, et etiam idem dominus WILLELMUS erat clericus vicecomitis ante susceptionem sacrorum ordinum et scripsit indictamenta et alia exercuit propter quæ efficitur irregularis.

Item quod nemo est assignatus ad officium infirmariæ.

Item quod olim confratres habebant unam lecturam in infirmaria, illis monachis qui ibidem commedunt carnes, tempore recreationis.

No mention of Sir John Fastalf.

Item quod non est aliqua memoria JOHANNIS FASTALFF militis in mortilogio qui erat malefactor[b] magnus hujus monasterii.

The Abbot has too many servants.

Item quod dominus Abbas habeat pauciores famulos quam habet, quia aliqui eorum non sunt necessarii.

The Evidences and Court Rolls.

Item quod SALMAN subsenescallus habet evidentias monasterii apud Honyng in domo sua propria. *Item* quod rotulæ curiarum non irrotulantur in pergamino.

[a] Hoveton or Hofton in Tunstead Hundred. The whole parish belonged to St. Benet's Abbey.

[b] *Sic* in MS. surely a blunder for *benefactor*. See *Paston Letters*, ed. Gairdner, vol. i. pp. 448 and 464.

Item quod HOLKHAM emit certas terras pro cantaria et obitu suo. Et quod terræ hujusmodi sint in manibus magistri altaris et non in manibus alterius, propter ruinam et destructionem in domibus pertinentibus dictæ terræ, dummodo sint hujusmodi terræ in manibus alienorum.

Item quod nullus monachus qui commedit in aula vadat ante prandium sine licentia superioris.

Nomina Prioris et Commonachorum.

Names of the Abbot and twenty-three monks.

DOMINUS ROBERTUS, Abbas,
DOMINUS JOHANNES BALY, Prior
DOMINUS THOMAS HEMMYSBY, sacrista
DOMINUS JOHANNES SQUYER, cellerarius
DOMINUS JOHANNES JEKKES, camerarius
DOMINUS ROGERUS SPARWELL, cellerarius Abbatis
DOMINUS EDMUNDUS SHARHAWE, hostillarius
DOMINUS JOHANNES KYRKHAM, præcentor (fol. 55.)
DOMINUS WILLELMUS WHYTFELD, elemosinarius
DOMINUS JOHANNES BLAKDAM, refectorarius
DOMINUS WILLELMUS FOREST, magister cellarii
DOMINUS WILLELMUS USSHER, subprior
DOMINUS JOHANNES RYSYNG, pietantiarius
DOMINUS WILLELMUS CURTEYS
DOMINUS JOHANNES REDYNG, capellanus Abbatis
DOMINUS THOMAS ROSE, succentor
DOMINUS ROBERTUS CAUNTEBRYGGE, subcellerarius
DOMINUS ROBERTUS ORMYSBY, subsacrista [absens de licentia Prioris cum avunculo] *in margin.*
DOMINUS JOHANNES CAPS
DOMINUS ROBERTUS COWPER
DOMINUS JOHANNES BENETT
DOMINUS JOHANNES DYLHAM
DOMINUS WILLELMUS SKARLETT.

Et tunc dictus reverendus pater post nonnullas communicationes cum dictis Abbate et commonachis de et super reformatione habitas, dictam suam visitationem pro tunc ibidem in pace dissolvit reservata potestate injunctiones faciendi et dictos Abbatem et conventum ad observantium earundem compellendi quotiens et quando sibi visum fuerit oportere.

[Two-thirds of page and next page blank.]

II.

THE VISITATION OF BISHOP RICHARD NICKE,

A.D. 1514.

[Tanner MS. 210, fol. 1.]
(Bodl. Libr.)

Liber visitationis ordinariæ Monasteriorum ac Prioratuum Religiosorum, per Reverendum in Christo Patrem et Dominum DOMINUM RICARDUM NICKE permissione divina Norwicensem Episcopum, actualiter exercitæ anno Domini millesimo quingentesimo xiiii et consecrationis dicti Reverendi Patris anno xiiii, regni verum excellentissimi principis Henrici octavi anno sexto.

ARRANGEMENTS FOR THE VISITATION.

Progressus visitationis reverendi in Christo patris et domini DOMINI RICARDI permissione divina Norwicensis Episcopi per eum actualiter exercitæ.

Die Jovis, videlicet xxvii die mensis Aprilis, inchoando in ecclesia cathedrali Norwicensi.

Junii. Lunæ 12 die, dominus equitabit ad collegium de Sudburio ibidem pernoctando.

Die Martis, xiii die mensis Junii, in collegio de Sudburio visitando ibidem die prædicto, in ecclesia Sancti Petri de Sudburio visitando decanatum ibidem. Et in nocte ibidem.

Martis 13 die, visitabit collegium de Sudburio et eodem die visitabit decanatum Sudburio in ecclesia Sancti Petri ibidem, pernoctando ibidem.

Die Mercurii, videlicet xiiii die mensis Junii, in ecclesia de Clare pro decanatu ejusdem. Et ibidem in prandio pernoctando in collegio de Stooke et ibidem toto die sequente videlicet in festo corporis Christi.

Stoke by Clare.

Die Veneris, videlicet xvi die mensis Junii, visitando collegium de Stoke, et nocte apud Bury.

Forneham Martin.

Die Sabbati, videlicet xvii die mensis Junii, in ecclesia parochiali de Forneham Martini visitando decanatus de Thedwerstie et Thingo pernoctando apud Ixworth, et die sequente moram ibidem faciendo, videlicet dominica.

[Opposite this entry are marginal notes of 14, 15, 16 June.]

Ixworth.

Die Lunæ, videlicet xix die mensis Junii, apud Ixworth visitando prioratum ibidem et eodem die in ecclesia parochiali de Ixworth pro decanatu de Blakebourne.

Brandon Ferry.

Die Martis, videlicet xx die mensis, Junii, in ecclesia parochiali de Brandonfery pro decanatu de Fordeham. Et post meridiem in prioratu de Bromehill visitando eundem ibidem, pernoctando in prioratu monachorum Thetford.

Bromhill.

Thetford Priory.

Die Mercurii, videlicet xxi die mensis Junii, in prioratu de Thetford canonicorum visitando prioratum ibidem.

St. Peter's, Thetford, and the Nunnery.

Die Jovis, videlicet xxii die mensis Junii, in ecclesia parochiali Sancti Petri de Thetford pro decanatu ejusdem et visitando moniales ibidem pernoctando apud Russeheworth.

Rushworth College.

Die Veneris, in vigilia Sancti Johannis Baptistæ videlicet xxiii die mensis Junii, in collegio de Russhworth visitando idem ibidem.

Die Sabbati, videlicet xxiiii die mensis Junii, festo Nativitatis Sancti Johannis Baptistæ in collegio de Tompston et dominica ibidem. Visitando idem collegium pernoctando ibidem et dominica in eodem loco vel cum Domino Thoma Bedingfeld. Thomson College.

Die Lunæ, videlicet xxvi die mensis Junii, in ecclesia parochiali de Tompstoune visitando decanatum de Brecles et post prandium collegium de Tompstone, pernoctando apud Attilborowe cum magistro collegii. Breccles Deanery.

Die Martis, videlicet xxvii die mensis Junii, in ecclesia parochiali de Attilburghe pro decanatu de Roklonde, eodem· visitando die collegium ibidem, pernoctando in prioratu de Bokenham. Attleborough and the College.

Die Mercurii in vigilia Apostolorum Petri et Pauli, videlicet xxviii die mensis Junii, in prioratu de Bokenham visitando eundem, et nocte apud Wymondham et ibidem die sequente, videlicet in festo Apostolorum Petri et Pauli. Buckenham Priory.

Die Jovis, videlicet xxix die mensis Junii, visitabit monasterium de Wymondham et pernoctabit et ibidem die sequenti videlicet in festo Sancti Petri. Wymondham Abbey.

Die Veneris, videlicet ultimo die mensis Junii, in ecclesia parochiali de Wymondham visitando decanatus de Humliyerd et de Depwade et villam de Wymondham et post prandium visitando monasterium ibidem. Wymondham Town.

Dic Sabbati, videlicet primo die mensis Julii, in ecclesia parochiali de Estderham prandendo cum vicario pro decanatu de Hengham, et nocte apud Suth Acre cum Rectore, et ibidem die dominica prandendo et cœnando cum rectore de Sowth Acre. East Dereham.

Die Lunæ, videlicet tertio die mensis Julii, in ecclesia parochiali de Southacre visitando decantus de Craenwich pernoctando cum priore de Castilacre. Southacre.

Die Martis, videlicet iiii die mensis Julii, in ecclesia parochiali de Castilacre pro decanatu de Brisley et Toftes et nocte apud Westacre. Castleacre Church.

Die Mercurii, videlicet quinto die mensis Julii, visitando prior-

Westacre Priory. atum de Westacre. Et post meridiem prioratum de Massingham Magna per commissarium et nocte apud Westacre.

Pentney Priory. Die Jovis in vigilia Trans: SANCTI THOMÆ, videlicet sexto die mensis Julii, apud Penteney visitando prioratum ibidem et nocte ibidem. Et per totum diem sequentem videlicet in festo Blackburgh Nunnery. Sancti Thomæ, visitando interim domum monialium de Blakeborow per commissarium. *Interrogetur Dominus an . . . in festo Sancti Thomæ post meridiem velit equitare usque [ad] Dereham.*

West Dereham Church. Deanery Fincham. Die Sabbati, videlicet viii die mensis Julii, in ecclesia parochiali de Westderham pro decanatu de Fyncham et nocte ibidem in monasterio et die sequenti videlicet dominica.

Bishops Lynn. Die Lunæ, videlicet decimo die mensis Julii, apud Lenne Episcopi in ecclesia Sanctæ Margaretæ pro libertate villæ ejusdem. Et eodem die, inter equitandum, visitando domum monialium de Crabhowse per commissarium.

South Lynn. Die Martis, videlicet undecimo die mensis Julii, in ecclesia parochiali Omnium Sanctorum de South Lenne pro decanatu de Lenne pernoctando ibidem in prioratu.

Rudham Church. Flitcham Priory. Die Mercurii, videlicet duodecimo die mensis Julii, in ecclesia parochiali de Rudham pro decanatibus de Burncham et Hicham et nocte apud Cokkesforth, visitando prioratum de Flicham inter equitandum.

Coxford Priory. Die Jovis, videlicet tertio-decimo die mensis Julii, in prioratu de Cokkesforth visitando eundem, et post meridiem de Hempton pernoctando apud Walsingham et ibidem die sequente.

Walsingham Deanery. Die Veneris, videlicet quarto decimo die mensis Julii, in ecclesia parochiali de Walsingham pro decanatu ejusdem. Et nocte in prioratu ibidem.

Walsingham Priory. Die Sabbati, videlicet quinto decimo die mensis Julii, visitando prioratum de Walsingham nocte ibidem et per diem sequentem videlicet dominicam.

Holt Deanery. Die Lunæ, videlicet xvii die mensis Julii, in ecclesia parochiali de Holt pro decanatu de Holt, pernoctando apud Thorneage vel Bynham.

Die Martis, videlicet decimo octavo die mensis Julii, in prioratu de Beiston, eundo per Wabourne prandendo ibidem et pernoctando apud Beiston. Beeston and Wabourne Priories.

Die Mercurii, videlicet xix die mensis Julii, in ecclesia parochiali de Crowmer pro decanatu de Reppes [prandendo cum vicario] et nocte apud Ingham. Cromer Church.

Die Jovis, videlicet vicesimo die mensis Julii, visitando prioratum de Ingham et nocte apud Hiklyng. Ingham Priory.

Die Veneris, videlicet xxi die mensis Julii, in ecclesia parochiali de Hikling pro decanatu de Waxstone et post meridiem prioratum ibidem, pernoctando in [monasterio Sancti Benedicti]. Hickling Church.

Die Sabbati, in festo Beatæ Mariæ Magdalenæ, videlicet xxii die mensis Julii, in monasterio Sancti Benedicti visitando monasterium pernoctando ibidem et die sequenti, videlicet in festo Sancti Jacobi. St. Benet's Abbey.

Die Lunæ, videlicet xxiiii die mensis Julii, visitando monasterium Sancti Benedicti et pernoctando ibidem et die sequente, videlicet in festo Sancti Jacobi, equitando post meridiem ad prioratum de Jernemuth. Yarmouth Priory.

Die Mercurii, videlicet xxvi die mensis Julii, in ecclesia parochiali de Jernemuth visitando decanatus de Flegge cum Yarnemuth et nocte ibidem. Yarmouth Church.

Die Jovis, videlicet xxvii die mensis Julii, in prioratu Sancti Olavi pro decanatu de Luthinglond et prioratu, pernoctando ibidem. St. Olave's Priory.

Die Veneris, videlicet xxviii die mensis Julii, in prioratu de Blithborow visitando decanatum de Dunwic et prioratum post meridiem, pernoctando apud Leiston. Blythburgh Priory.

Die Sabbati, videlicet xxix die mensis Julii, in ecclesia conventuali de Snape pro decanatu de Orforde et prioratu ibidem, pernoctando apud Butley et ibidem per totum diem sequentem videlicet dominicam. Snape Priory. Butley Priory.

Die Lunæ, videlicet ultimo die mensis Julii, visitando prioratum de Butley et nocte apud Campsey. Butley Priory.

Campsey Nunnery.

Die Martis, videlicet primo die mensis Augusti, visitando domum monialium de Campsey pernoctando apud Wodbrigge.

Woodbridge Church.

Die Mercurii, videlicet secundo die mensis Augusti, in ecclesia parochiali de Wodbrigge pro decanatibus de Willford et Loose pernoctando in prioratu Sanctæ Trinitatis Gipwici.

Trinity Priory Ipswich.

Die Jovis, videlicet tertio die mensis Augusti, in ecclesia conventuali Sanctæ Trinitatis Gipwici visitando prioratum, eodem die in ecclesia parochiali Sanctæ Mariæ ad turrim pro decanatibus de Gipwico et Samforde.

St. Peter's, Ipswich.

Die Veneris, videlicet iiii die mensis Augusti, in ecclesia conventuali Sancti Petri Gipwici pro decanatibus de Carleforde et Colncis. Et post prandium ad prioratum ibidem pernoctando.

Needham Market.

Die Sabbati, videlicet quinto die mensis Augusti, in capella de Nedeham Market pro decanatibus de Bosner et Clerdone, pernoctando apud Hoxne.

Hoxne Church.

Die Lunæ, videlicet vii die mensis Augusti, in ecclesia parochiali de Hoxne pro decanatu ibidem, moram faciendo ibidem tempore messium et vindimiarum, et interim poterit dominatio vestra visitare loca propinqua videlicet collegium de Winkefelde, prioratum de Eye, prioratum de Rudlingfelde, prioratum de Flixtone, etc. Limitatio dierum pendet arbitrio dominationis vestræ, expedit tamen ut præfigantur ad progressum perficiendum.

Further arrangements left open.

Post tempus messium dominatio vestra visitabit decanatum de Redenhall in capella de Harlestone et die sequente in ecclesia parochiali Sancti Jacobi de South Elmham vel ecclesia de Flixtone, pro decanatibus de Southe Elmham et Wainforde, pernoctando apud Metingham visitando collegium die sequenti et prioratum domus monialium de Bungay. Et die sequenti in ecclesia parochiali de Lodne pro decanatu de Brooke. Et nocte sequenti apud Norwicum, ibidem visitando ecclesiam cathedralem, collegium de Campis, Hospitale Sancti Ægidii, Magistrum Carnariæ, Normannos, Hildebrondes et hospitale Beatæ Mariæ Magdalenæ, ac decanatus de Norwico et Taverham, in ecclesia Sancti Petri in foro Norwicensi vel in capella palatii, decanatum de Bloofeld in ecclesia de Thorppe

Episcopi vel Bloofeld, prioratum Sanctæ Fidei necnon decanatus de Ingworth et Sparham in ecclesia de Heidon vel Woddalling pernoctando cum vicario ibidem, interim visitando prioratum de Monte Gaudii revertendo ad Norwicum et visitando prioratum domus monialium de Carrowe. Et poterit dominatio vestra visitare decanatus de Hertismere et Stow in ecclesia parochiali de Eya, propter vicinitatem loci, tempore messium vel post regressum a Norwico usque Hoxne.

Visitation of Norwich Priory.

Visitatio ordinaria reverendi in Christo patris et domini Domini Ricardi Nicke permissione divina Norwicensis Episcopi jure suo ordinario in ecclesia sua cathedrali Sanctæ Trinitatis Norwicensi die Jovis, videlicet xxvii die mensis Aprilis, anno Domini 27 April, 1514. millesimo quingentesimo xiiii, indictione secunda pontificatus sanctissimi in Christo patris et domini domini Leonis hujus nominis decimi anno secundo per venerabilem virum Magistrum Thomam Hare legum doctorem ejusdem reverendi patris vicarium in spiritualibus generalem ac commissarium in hac parte sufficienter et legitime deputatum, vice et auctoritate dicti reverendi patris inchoata.

Hora capitulari consueta idem venerabilis vir Magister Thomas Hare vicarius et commissarius antedictus, domum capitularem ecclesiæ cathedralis prædictæ ingressus est, convocatis congregatis et circumsedentibus priore et commonachis ejusdem ecclesiæ. Religiosus vir Dominus Willelmus Reppis, sacræ theologiæ professor commonachus et sacrista dictæ ecclesiæ, verbum Dei latino sermone proposuit sub hoc themate. *Expurgate vetus fermentum.* Exhibito subsequenter certificatorio realiter nomina et cognomina omnium et singulorum commonachorum et confratrum, in quadam scedula eidem annexa conscripta, continente. Eodemque publice de mandato dicti domini vicarii generalis et commissarii per me THOMAM GODSALVE notarium publicum ipsius reverendi patris registrarium principalem perlecto, declarataque per eundem vicarium generalem et commissarium tam latino quam vulgari sermone causa adventus sui, expositis capitulis super quibus essent inquirendi et examinandi. Idem venerabilis vir vicarius generalis et commissarius antedictus priores cellarum tunc præsentes decrevit post meridiem examinandos. Et monuit eos, videlicet priores de Yarnemuth, Hoxne et Alby, ad subeundum examen hora prima post meridiem ipso eodem loco videlicet in domo capitulari antedicto. Quaquidem hora adveniente idem dominus vicarius generalis et commissarius domum capitularem reingrediens supradictos priores secrete et singillatim examinavit et inquisivit ut sequitur.

The Prior of the cell of Yarmouth's deposition.

DOMPNUS HENRICUS LANGRAKE prior cellæ de Yarnemutha Magna inquisitus de statu monasterii nescit deponere quia raro est præsens.

De statu cellæ suæ de Yarnemutha interrogatus dicit quod competenter se habet in reparationibus nec oneratur ære alieno. Et annuatim reddit compotum, juxta consuetudinem, coram priore et auditoribus.

De ceteris inquisitus nescit deponere certitudinaliter quia plerumque est absens.

The Prior of Alby.

DOMPNUS JOHANNES LAKENHAM prior cellæ de Alby inquisitus et examinatus de statu monasterii essentialibus religionis et observatione divini cultus, refert se ad præsentes quia raro est præsens. Dicit tamen quod quando accedit ad monasterium tædet eum videre accessum suspectum juvencularum in claustrum hostiariam et infirmariam.

Dicit præterea inquisitis quod non reddidit compotum anno ultimo elapso sed paratus est reddere ut dicit.

Dicit insuper quod cella sua de Alby oneratur ære alieno ad præsens in summa decem librarum.

Examinatus præterea quam pensionem annuam solvit monasterio; dixit quod solveret quinque libras, sed cellerarius habet mariscum pertinentem eidem cellæ in exonerationem hujusmodi pensionis. (fol. 8.)

Dicit etiam quod januæ cellæ et domus brasii patiuntur ruinam et deformitatem.

DOMPNUS THOMAS PELLYS prior de Hoxne examinatus de statu monasterii dicit quod credit quod essentialia religionis observantur, tamen sæpe est absens sed credit quod monasterium oneratur ære alieno sed nescit summam. The Prior of Hoxne.

Item dicit inquisitus quod nullam reddit pensionem monasterio sed tantum portionem exhibitioni scolaris in universitate.

DOMPNUS GEORGIUS HENGHAM prior de Lenne dicit quod parum novit de statu domus quia raro est præsens. The Prior of Lynn.

Dompnus vicarius generalis injunxit prædictis prioribus quod restituant munimenta originalia pertinentia cellis reponenda in thesaurio monasterii citra festum Michaelis proximum, et interim conscribant in libris suis copias eorundem. The Vicar-General's Injunctions.

DOMPNUS ANDREAS RYNGLAND dicit quod numerus confratrum non perimpletur quia deberent esse LX confratres et sunt in præsenti nisi xxxviii. Number of the monks has fallen short.

Item quod non debite deservitur cantariis secundum fundationem earum.

Item quod non habent ludi litterarii magistrum. No schoolmaster.

DOMPNUS THOMAS WALSHAM dicit quod tertius prior partialiter corrigit confratres. (fol. 8 b.)

Item quod non habent recreationes solitas.

DOMPNUS WILLELMUS EBY concordat cum RINGLAND quoad numerum confratrum solitum. Various complaints.

Item dicit quod non habent pensiones debite.

Item quod juniores domus non habent notitiam de proventubus et emolumentis nec qualiter expenduntur.

Item quod DOMPNUS FRANCISCUS NORWICH non est obediens religioni neque præpositis.

The juniors neglected.

DOMPNUS NICHOLAUS BEDINGHAM firmarius dicit quod confratres juniores mittuntur ad cellas antequam sint instructi in divinis officiis vel in aliis necessariis.

Item quod mulieres suspiciosæ frequentant accessus ad cameram hostillarii.

DOMPNUS JOHANNES CAMBRIDGE refectuarius dicit quod DOMPNUS RADULPHUS SYBLE dixit priorem furtive cepisse sigillum commune pro sigillatione præsentationis ecclesiæ beatæ Mariæ in Marisco.

Laxity in discipline.

Item quod DOMPNUS STEPHANUS DERSHAM non debite observat scolas sed utitur aliis artibus.

Item quod dictus DOMPNUS STEPHANUS et DOMINUS THOMAS LEMAN non utuntur habitu solito.

(fol. 9.)

DOMPNUS RICARDUS CHATHOUSE dicit quod divinum servitium non debite observatur per confratres et præcipue per suppriorem et tertium priorem.

Item quod non deservitur cantariis secundum fundationem earum et præcipue cantariæ DOMINI WALTERI dudum Norwicensis Episcopi.

Item quod utuntur le Frokkes de le worstede contra ordinem religionis.

Robert Worsted informed against.

DOMPNUS JOHANNES MARTYN dicit quod DOMPNUS ROBERTUS WORSTED procreavit prolem ex quadam muliere parochiæ Sancti Benedicti vel Margaretæ in Norwico.

Item interrogatus de statu domus dicit quod est oneratum ære alieno.

DOMPNUS FRANCISCUS NORWICHE dicit ut in papiro.

DOMPNUS HUGO NORWICHE succentor dicit quod quando aliqui confratrum sunt infirmitate infecti compelluntur summas missas celebrare ipsorum infirmitate non obstante.

(fol. 9 b.)

The Prior glanced at.

DOMPNUS JOHANNES SALL dicit quod DOMPNUS RADULPHUS SYBLYS dixit domino priori quod ille furtive subtraxit sigillum commune et quod sigillavit quandam præseutationem ecclesiæ parochialis Sanctæ Mariæ in Marisco.

Item quod penitentiarii non sunt discreti quia nesciunt discernere lepram a lepra.

Item interrogatus de statu domus dicit quod non est onerata ære alieno ultra summam xl. li.

Item quod domus et ædificia cellæ de Alby maximam patiuntur ruinam. Et quod prior ibidem nullum reddit compotum.

Item quod DOMPNUS JOHANNES SYBLYS prior Sancti Leonardi non reddidit compotum officii hospitalis Sancti Pauli.

Item quod duo orrea, culpa sua, collapsa sunt ad terram.

Item quod supprior, BEDINGHAM et RADULPHUS SYBLYS sunt suspecti cum uxoribus servientium supprioris, Willelmi Bevy parochiæ Sancti Petri de Mancroft et [ ] Peogeon.

Suspicions entertained against some of the brethren.

DOMPNUS WILLELMUS WYNGFELD dicit quod deberent esse lx confratres et sunt nisi xl.

Item quod prior Sancti Leonardi reddit compotum suum in papiro et non in pergameno.

Item quod dictus prior non est circumspectus aut diligens in officio.

(f. 10.)

DOMPNUS WILLELMUS BOXWELL supprior dicit quod officiarii non reddiderunt compotum per biennium elapsum et ideo ignoratur status monasterii.

The Sub-Prior tells how the monastery is in evil case.

Item quod prior Sancti Leonardi, DOMINUS RADULPHUS SIBLYS, et hostilarius sunt inobedientes priori.

Item dicit quod RADULPHUS SYBLYS dixit publice in domo capitulari nuper quod quædam præsentatio ecclesiæ Beatæ Mariæ in Maresco erat sigillata furtive sigillo communi.

Item in hostiaria solent confratres saltare, favore hostilarii, tempore nocturno usque ad nonam.

Item quod in cella Leonardi fuerint sæpe verba conviciosa, opprobriosa et diffamatoria inter moram facientes ibidem.

Item dicit quod monasterium in nonnullis locis videlicet ecclesia, dormitorio, domo capitulari patitur ruinam in tectura plumbea. Et quod recepta in officio sacristæ non sufficiunt ad reparationem defectuum ibidem.

Item quod ROBERTUS WORSTED monachus suscitavit prolem ex ancilla in civitate.

Item quod maneria patiuntur ruinam præsertim Ormesby.

Item quod cella de Alby culpa prioris ibidem patitur deformitatem et ruinam. Et credit quod oneraturære alieno præter necessarias expensas.

The third Prior gives a worse account of the state of affairs

DOMPNUS JOHANNES SHILTON tertius prior inquisitus de statu monasterii dicit quod oneratur ut credit in CC marcis sed nescitur certitudo, quia officiarii non reddunt compotum et sunt multum negligentes.

Item dicit quod DOMINUS JOHANNES SYBLEYS nuper magister Normannorum permiset ejus negligentia duo orrea pertinentia officio prostrari ad terram et sic eadem reliquit ad manus successoris.

Item quod officium gardinarii maximam patitur ruinam culpa et incuria dicti DOMINI JOHANNIS SYBLEYS, ortolani, adeo ut oves et cetera animalia communem habent accessum et introitum in hujusmodi officium.

Item quod oves pascuntur in prato claustri in nocumentum confratrum.

Item quod mulieres accessum habent suspectum in monasterium ad infirmarium.

Dicit etiam quod quilibet confratrum absque aliqua excusatione compellitur celebrare missam ad summum altare pro cursu suo licet fuerit infirmus.

(fol. 11.)

COMPERTA IN ECCLESIA CATHEDRALI.

Evidentiæ cellarum non remanent infra præcinctum monasterii.

Monachi non student postquam fuerint promoti ad sacerdotium.

Amici monachorum accedunt ad cameras suas et non ad locum propter hoc deputatum, videlicet parluram infra infirmariam.

Dompnus Willelmus Harridaunce est capellanus domini prioris, subcellerarius ac custos cellæ cervisiarii et minus debite exercet officia cellerarii.

Prior Sancti Leonardi permittit omnia pertinentia officio suo pati ruinam et nullam facit reparationem.

Camerarii non solvuntur monachis feodū ad summam viii s.

Prior Sancti Leonardi est ortulanus sive gardinarius et non fungitur officio.

Monachi non habent præceptorem ad instruendum eos in grammatica sed tantum bis in septimana per Magistrum Wheteacre.

Dominus Johannes Sall præcentor non solvit pensionem confratribus.

Campana in dormitorio est fracta.

Dompnus Willelmus Winkfeld histrionis modo jactitat et vilipendit confratres.

Vasa argentea amissa nunquam revocantur in examinatione inventariorum.

Suspectæ mulieres accedunt ad monasterium.

Uxor Roberti famuli supprioris est suspecta cum eodem.

Nonnulli confratrum utuntur camisiis lineis, et longis caligis clausis et præsertim Dominus Johannes Sall.

Religio et castitas non observantur, culpa supprioris, qui præbet malum exemplum.

Numerus monachorum non est completus.

Tertius prior non equaliter punit delicta sed partialiter.

Dompnus Franciscus Norwiche non est obediens et est inceptor litium inter commonachos.

Multi confratrum juniorum mittuntur ad cellas antequam sunt informati in religione et litteratura.

Suspectæ mulieres accedunt domum hostilarii.

Dompnus Stephanus Dersham non observat scolas nec (fol. 11 b.)
utitur habitu juxta antiquam consuetudinem.

Item DOMPNUS THOMAS LEMAN similiter non utitur habitu consueto.

Divinum servitium diurnum et nocturnum minus debite observatur, culpa supprioris et iii^{tii} prioris.

Item non deservitur debite Cantariæ Episcopi WALTERI.

Item monachi utuntur le Frokkes de worsted contra religionem.

Prior Sancti Leonardi consumit bona prioratus.

DOMPNUS ROBERTUS WORSTED suscepit prolem ex quadam soluta in Norwico.

Infirmi compelluntur celebrare, non obstante eorum infirmitate.

Penitentiarii ecclesiæ cathedralis non sunt discreti ad illud officium.

Cella de Alby est in magna ruina et oneratur gravitur ære alieno.

Prior Sancti Leonardi non reddidit compotum de officio magistri hospitalis Sancti Pauli quia duo orrea erant prostrata negligentia ejusdem prioris tunc magistri ibidem.

Supprior et BEDINGHAM sunt suspecti de incontinentia cum uxore servi supprioris uxore Willelmi Bevy et cum uxore Pigeon.

Officiarii non reddiderunt compotum de eorum officiis per biennium et igitur ignoratur status monasterii.

Item commonachi saltant in hostiaria.

Item in cella Sancti Leonardi oriuntur et fiunt rixæ et dissentiones cum verbis opprobriosis.

(fol. 12.) Ecclesia dormitorium et domus capitularis patiuntur ruinam.

Maneria patiuntur ruinam.

Cella de Alby oneratur in x. li. ex confessione prioris.

Monasterium est indebitatum in CC marcis.

Injunctiones factæ per Reverendum in Christo Patrem et dominum, dominum Ricardum permissione divina Norwicensem episcopum v^to die mensis Septembris anno Domini 1514.

In primis dominus injunxit prioribus cellarum sub pœna privationis sive revocationis eorum ab eorum cellis, quod restituant omnes evidentias originales pertinentes eorum cellis et eas concernentes et reponant in thesaurario monasterii citra festum Michaelis proximum ibidem remansuras.

Priors of Cells to bring their evidence into the monastery.

Item injunxit priori ecclesiæ cathedralis quod ammoveret priorem Sancti Leonardi ab ejus officio. Et quod deinceps non admittat eum ad aliquod officium.

Prior of St. Leonards dismissed.

Item injunxit omnibus commonachis quod non recipiant amicos ad eos accedentes in cameras suas, sed in locum ad hoc deputatum, videlicet parluram infra infirmariam.

Item injunxit suppriori quod moneat Robertum famulum suum ne uxor ejus de cetero accedat ad monasterium.

Item injunxit priori et omnibus commonachis quod colligant inter se seu colligi faciant et procurent medietatem unius integræ decimæ de omnibus officiis in monasterio citra festum Philippi et Jacobi proximum. Et aliam medietatem integræ decimæ de omnibus officiis et possessionibus monasterii citra festum Paschæ tunc proxime sequens quam pecuniam collectam dominus decrevit et injunxit reponendam fore in thesauraria monasterii ad defensionem ejusdem.

A reserve fund to be set apart.

Quibus sic injunctis prædictus Reverendus in Christo Pater visitationem suam ordinariam ibidem ad et usque primam dominicam xl proxime futuram et quemlibet diem citra si opus fuerit prorogavit et continuavit.

(fol. 13.)

Collegium de Sudbury.

13 June, 1514. Die Martis, videlicet xiii die mensis Junii anno Domini millesimo quingentesimo xiiii, ingressus idem Reverendus Pater domum capitularem collegii Sancti Gregorii de Sudburio convocari fecit custodem ejusdem collegii et confratres quorum nomina infra sunt subscripta. Exhibitoque certificatorio et perlecto per me Thomam Godsalve, notarium publicum, dicti Reverendi Patris registrarium principalem. Idem Reverendus Pater examinavit et inquisivit magistrum et confratres in communi de statu collegii ut sequitur.

[1]	Magister Johannes Carver, decretorum doctor custos collegii	Omnes examinati deponunt et dicunt quod collegium in spiritualibus et temporalibus competenter et bene se habet: oneratur tamen tempore præfectionis magistri moderni in quindecim libris prætextu taxæ et decimarum, et cetera omnia bene.
[2]	Dom. Johannes Waite	
[3]	Dom. Robertus Craske	
[4]	Dom. Willelmus Maye	
[5]	Dom. Thomas Legate	
[6]	Dom. Willelmus Tomlane	
[7]	Dom. Johannes Sickling	
[8]	Dom. Thomas Bond	
[9]	Dom. Willelmus Nutman	

Injunctiones.

Dominus injunxit magistro et confratribus quod conficiant inventarium tripartitum indentatum de jocalibus ac bonis mobilibus collegii. Et quod exhibeant alteram partem illius inventarii dicto reverendo patri in proximo regressu suo ad collegium. Et præmissis sic gestis visitationem suam ordinariam ibidem dissolvendam decrevit ac dissolvit.

COLLEGIUM DE STOKE JUXTA CLARE. (fol. 13b.)

Convocatis in capella Beatæ Mariæ ex parte australi chori ecclesiæ collegiatæ de Sudburio, quam capellam pro domo capitulari acceptarunt, [præsentibus] decano præbendariis et confratribus ac vicariis ejusdem collegii quorum nomina sunt subscripta. Propositoque verbo Dei per MAGISTRUM FORTHE sub hoc themate, *Sobrie juste ac pie vivamus etc.* Exhibito hincinde certificatorio cum mandato et per me THOMAM GODSALVE, de mandato domini, perlecto declaratisque articulis super quibus essent inquirendi, dominus examinavit eos singulatim ut sequitur. Et primo vicarios chorales.

MAGISTER THOMAS NORREYS vicarius choralis ibidem examinatus et inquisitus, dicit quod omnia fiunt laudabiliter tam divinus cultus quam temporalia et reparationes. Et decanus est industriosus circa premissa.

DOM: RICARDUS BROWNE capellanus vicarius choralis dicit quod omnia laudabiliter observantur juxta fundationem collegii, et reparationes debite fiunt.

DOM: WILLELMUS CLERKE alias SUGAR dicit quod juxta fundationem collegii octo essent in numero vicariorum et per multos annos fuerunt nisi sex quia non sufficiunt proventus eorum ad exhibitionem octo vicariorum maxime hoc tempore propter excessivas decimas Domino Regi solutas et solvendas. Revenne insufficient.

DOM: ROBERTUS BERT dicit quod omnia bene se habent tam in spiritualibus quam in temporalibus.

DOM: WILLELMUS DIKONS capellanus examinatus dicit quod divinus cultus laudabiliter observatur.

Dicit quod juxta statuta collegii quilibet vicarius choralis posset abesse per viii septimanas in anno causa recreationis absque diminutione stipendii et jam non habent illam libertatem.

DOM: THOMAS WELLIS capellanus dicit inquisitus quod omnia fiunt laudabiliter et debite. (fol. 14.)

MAGISTER JOHANNES EDNAM, sacræ theologiæ professsor decanus ecclesiæ collegiatæ de Stok juxta Clare, prædictus inquisitus, dicit quod divina servitia debite fiunt et statuta collegii juxta facultates collegii laudabiliter observantur.

Statutes tampered with.

MAGISTER THOMAS WHITEHED præbendarius secundi stalli ex parte australi inquisitus, dicit quod liber statutorum præsertim in hiis quæ concernunt residentiam canonicorum et præbendariorum rasuratur et interlineatur suspecte, cujus prætextu fit sæpe contentio inter canonicos quia repugnant et contrariantur libri statutorum quoad residentiam.

MAGISTER THOMAS WARDALL præbendarius secundi stalli ex parte boriali chori examinatus, conqueritur de rasura libri statutorum pro residentia canonicorum. Et cetera omnia debite observantur ut dicit.

MAGISTER EDMUNDUS STANBANKE præbendarius iiii stalli ex parte australi comparuit per decanum exhibentem procuratorium realiter pro eodem MAGISTRO EDMUNDO.

William Wiott having a grievance speaks his mind.

MAGISTER WILLELMUS WIOTT præbendarius tertii stalli ex parte australi examinatus, conqueritur de multis ut patet in scedula quam exhibuit.

Dicit præterea quod decanus et MAGISTER WHITEHED fecerunt prostrari nonnulla meremia et vendiderunt boscum viciniorem collegii in præjudicium et detrimentum collegii nec sunt expendita meremia circa reparationes collegii vel domorum eidem pertinentium.

(fol. 14 b.)

Dicit etiam quod decanus prostravit xxx bigatas meremii pro reparatione molendini. Et prostratio erat facta in Augusto et sic periit renascentia bosci.

Dicit etiam quod decanus voluit compellere istum examinatum solvere pro reparatione ejusdem molendini contra justitiam et statuta.

Birdbrook.

Dicit quod MAGISTER WHITEHED asportat multa pertinentia collegio ad reparandum beneficium suum de *Brybroke* in præjudicium et detrimentum collegii.

Item dicit quod idem MAGISTER WHITEHED incontinenter vivit cum multis et tenet in domo beneficii sui quandam Johannam Barker, quam licet sæpius ad hoc monitus fuerat dimittere non vult, in scandalum collegii. A scandal.

Dicit etiam quod ecclesiæ de Dunmow et Bieseley(?) olim fuerunt appropriatæ collegio ad augmentationem vicariorum, et jam applicantur et dividuntur inter canonicos et præbendarios contra tenorem et formam appropriationum.

MAGISTER THOMAS REYNES præbendarius iii stalli ex parte boriali examinatus, dicit quod statuta collegii multis locis rasurantur et eo prætextu multæ lites et controversiæ oriuntur inter confratres. Disputes between the Fellows and the Vicars.

Dicit quod numerus vica[riorum] non est completus quia statutum cavit quod octo residerent vicarii et quod jam tantum sex sunt quorum unus item celebrat pro Doctore Pikenham. Resident tamen iiii clerici deservientes choro et statuta limitant nisi duos.

Dicit quod ecclesiæ de Dunmow et Bicseley(?) erant appropriatæ collegiatæ in augmentationem vicariorum et ministrorum chori et nunc dividuntur proventus eorundem inter canonicos.

* * * * * * *

[The Bishop prorogues his Visitation.]

Dictus reverendus pater receptis depositionibus præmissis hanc suam ordinariam visitationem ad et usque festum Annuntiationis Beatæ Mariæ Virginis proximum, et quemcunque diem citra si necesse fuerit, prorogavit.

VISITATION OF IXWORTH PRIORY.

Recepto cum debita reverentia in forma consueta reverendo patre supradicto, et ingresso domum capitularem convocatis priore et canonicis xx die mensis Junii 1514, exhibito mandato cum 20 June, 1514.

certificatorio comparentibusque omnibus canonicis præposito verbo Dei per MAGISTRUM FORTHE sub hoc themate *Suscipite verbum quod potest salvare animas vestras etc.* Dominus examinavit priorem et canonicos ut sequitur.

The discipline of the House good, and little to complain of.

FRATER JOHANNES GERVES prior inquisitus, dicit quod confratres sunt obedientes et religiosam tenent vitam et prioratus non oneratur ære alieno. Et divinus cultus et essentialia religionis laudabiliter observantur. Maneria competenter se habent in reparationibus excepto manerio de Saxeton quod erat penitus igne destructum iiii annis elapsis.

(fol. 15 b.)

Et dicit quod multa ædificia infra prioratum patiuntur ruinam culpa prædecessorum quia erant quodammodo prostrata tempore institutionis hujus inquisiti.

FRATER NICHOLAUS WALLINGTON supprior examinatus, dicit quod divinum servitium et essentialia religionis debite observantur.

Dicit quod non inventantur luminaria et lampades in ecclesia conventuali, culpa sacristæ.

Dicit quod horologium non observatur neque pulsat.

FRATER NICHOLAUS ALDRICHE dicit quod omnia bene fiunt.

FRATER THOMAS ALIFOX [?] sacrista dicit inquisitus quod omnia fiunt laudabiliter tam in spiritualibus quam in temporalibus juxta facultates prioratus.

DOM: SIMON HIRT inquisitus dicit quod officium camerarii occupatur per Johannem Bache laicum contra religionem.

Item dicit quod confratres non habent scissorem communem pro factura vestium.

FRATER ADAM PONDE dicit quod officium camerarii occupatur per laicum qui æstimatur corpore immundus.

Dicit etiam quod ostium cellæ servisiariæ non recte ordinatur quia confratres compelluntur stare in pluvia cum voluerint potare.

FRATER JOHANNES HORSELEY dicit quod omnia bene fiunt.

FRATER WILLELMUS AILEBRIGHT dicit quod quoddam lumen in ecclesia non observatur et certæ terræ deputantur ad hoc inveniendum.

Dicit etiam quod officium camerarii non habet inventarium factum in conventu ut deberet, et cetera bene. (fol. 16.)

FRATER ROBERTUS BARACLIFF dicit quod deberent habere scissorem communem et non habent.

FRATER WILLELMUS REYNBERD inquisitus dicit quod iiii[or] luminaria deberent inveniri coram imagine Beatæ Mariæ et iiii[or] coram imagine Sancti Johannes Baptistæ et non sunt inventa.

FRATRES { WILLELMUS BLOME, WILLELMUS SWAYN, THOMAS FULLER } singillatim examinati dicunt quod omnia laudabiliter fiunt.

INJUNCTIONES.

Dominus injunxit priori quod videat luminaria solita inveniri in ecclesia tempore congruo hoc est post reparationem ecclesiæ finitam et vitriationem fenestrarum.

Item quod horologium emendetur et observetur melius.

Item quod confratres habeant scissorem juxta morem præteriti temporis.

Quibus sic gestis dominus dissolvendam decrevit visitationem suam ordinariam et dissolvit.

PRIORATUS DE BROMEHILL. (fol. 17.)

Die Martis, xx videlicet die mensis Junii, anno Domini millesimo quingentesimo xiiii, idem reverendus pater cum debito honore processionaliter erat receptus ad hostium occidentale ecclesiæ conventualis de Bromehill prædicto, et ingrediens domum capitu- 20 June, 1514.

larem convocari fecit priorem et canonicos et examinavit eos ut sequitur.

THOMAS MARTYN prior examinatus dicit quod omnia fiunt laudabiliter, et habent in ovibus ii mille amplius.

A grumbler and his grievances.

HENRICUS SYMPSON examinatus, dicit quod diversi muri patiuntur ruinam defectu texturæ, et solebat lampas inveniri in ecclesia tempore completorii et jam non invenitur in tempore hiemali.

Dicit quod panis et servisia arte ministrantur confratribus et granum non ventulatur antequam fuerit molitum. Et dicit quod carnes omnes quas commedunt non sunt salubres quia morbidæ.

Item dicit quod camera scolæ vocata Scolehous-chambre patitur nimiam ruinam.

Item dicit quod Frater JOHANNES WHITEBRED vilipendet confratres quia prior magis favet ei quam ceteris quia est frater mulieris quam tenuit videlicet Christianæ [ ] de Weting.

Et dicit quod dicta Christiana aliquando accedit ad fratrem causa visitandi prioratum.

Another grumbler.

FRATER EDMUNDUS inquisitus, dicit divinum servitium laudabiliter pro numero observatur.

Dicit quod non habent lumen tempore hyemali et divini servitii ut solebant, culpa prioris.

Dicit quod habent carnes non salubres panem et cervisiam insanos nec habent servientes ad famulandum eis.

Et dicit quod essent quondam septem in numero ex fundatione.

Dicit quod confratres non habent barbitonsores nec observant horam convenientem pro prandio et cæna.

Item dicit quod ædificia prioratus patiuntur ruinam et deformitatem in multis locis, culpa prioris.

(fol. 17 b.) He disbelieves the story against the Prior.

Item examinatus de conversatione prioris dicit quod caste vixit per tres vel iiii annos, habent tamen domum dayry vocatum in qua moratur mulier quæ venit a Mildenhale, et ex hoc generatur scandalum, non tamen credit quod prior peccavit actualiter cum ea.

Frater Johannes Whethed examinatus conqueritur de pane et cervisia et quod non habent servientes.

Frater Ricardus Mason conqueritur de cibis quod non sunt salubres. Et quod non ministrantur infirmis vitæ necessaria. Et tempore infirmitatis non habent servientes. Ecclesia etiam et cetera ædificia patiuntur ruinam et deformitates; de conversatione prioris dicit quod ratione accessus Christianæ [ ] de Weting oritur scandalum priori et domui.

Injunctiones.

Dominus injunxit priori quod ammoveret Agnetem Clerke, quæ venit a Mildenhale, a servitio suo citra festum Sancti Petri ad Vincula proximum.

Item injunxit eidem quod non permitteret Christianam de Weting intrare prioratum.

Item injunxit quod inveniatur lumen et lampas in ecclesia completorii tempore hiemali.

Item quod panis cibaria et potus magis salubria ministrentur confratribus.

Item quod reparetur camera scolæ ante festum Omnium Sanctorum. Et prior sponte hoc assumpsit.

Item quod inimici sint amantes et caritatum confratres.

Item quod faciat debitas reparationes. Et provideat de barbetonsore et servientibus quam cito commode poterit.

Dictus reverendus pater præmissis sic gestis hanc suam ordinariam visitationem ad et usque festum Sancti Michaelis Archangeli proximum, et quemcunque diem citra si necesse fuerit, prorogavit.

(fol. 18.)

PRIORATUS CANONICORUM DE TEDFFORD.

xxi die mensis Junii anno Domini antedicto prædictus reverendus pater fuit more solito reverenter receptus in prioratu canonicorum de Thedford, et ingrediens domum capitularem convocari fecit canonicos et confratres ac per MAGISTRUM THOMAM HARE, legum doctorem ejus in hac parte commissarium examinari prout sequitur.

FRATER THOMAS VICAR prior dicit quod Dominus Willelmus Briggges confrater suus moram trahens apud Snoring est apostata et malæ conversationis.

Complaints against the Prior.

FRATER RICARDUS SKETE dicit quod nullus est deputatus ad officium sacristariæ.

Item quod non habent cervisiam competentem.

Item quod prior nullum reddidit compotum a prima admissione sua.

Item quod STEPHANUS HORHAM prioris serviens maritatus habitat in Le Deary qui expendit proficuum septem vel octo vaccarum quarum confratres domus nullum habent proficuum.

Item quod prior est suspectus cum uxore dicti Stephani.

Item quod dictus Stephanus manus violentas injecit in istum deponentem.

Further complaints and scandals.

FRATER RICARDUS DOWNEHAM alias NORSE dicit quod nullus est deputatus ad officium sacristariæ.

Item quod lumen sepulcri est diminutum.

Item quod ornamenta ecclesiæ debite non reparantur. Et quod agricultura non observatur.

Item quod ædificia dictæ domus maximam patiuntur ruinam.

Item quod prior nullum reddit compotum confratribus suis.

Item quod hospitalitas debita non servatur. Et quod aliquando non habent confratres sui æsculenta et poculenta sufficientia.

Item quod navis ecclesiæ patitur ruinam.

Item quod parvum proficuum habent de Le Deary.

Item quod Stephanus Horham et uxor ejusdem veniunt ad coquinam in absentia prioris et recipiunt prandium prioris.

Item quod ostia claustri non clauduntur nec debite reparantur.

Item quod dictus Stephanus injecit manus violentas in fratrem RICARDUM SKETE. (fol. 18 b.)

Item quod cocliaria et alia vasa argentea alienantur vel impignorantur.

Item quod unum par linthiaminum ex dono regis alienatur.

Item quod non sunt vasa in coquina sufficientia.

Item quod prior est suspectus cum uxore prædicti Stephani.

FRATER WILLELMUS KINGESMYLL dicit quod supprior non debite executus est officium suum puniendo delicta confratrum.

The discipline of the House is bad.

Item quod non habent sacristam, cujus prætextu vestimenta pereunt, pariter et ornamenta.

Item alienantur unum regale et quadrans aurea a pede Sancti Salvatoris

Item aliquando non cantantur neque dicuntur matutinæ tempore congruo.

Item quod navis ecclesiæ patitur ruinam. Et quod alia ædificia non reparantur sed sunt ruinosa.

Item quod per septem annos prior nullum reddidit compotum confratribus suis. Et quantum ad Le Deary concordat cum prædictis depositoribus, tamen dicit quod credit priorem esse bonæ vitæ.

The Prior remiss but not criminal.

Item dicit quod est unum inventarium bonorum domus pertinens ad confratres quod prior subtrahit, cujus prætextu bona alienantur.

Item quod agricultura non observatur.

Item quod ultima fundatio domus non servatur quia deberent plures esse confratres.

Item dicit quod FRATER ROBERTUS BARNEHAM non est obediens priori sed multotiens jacet in villa extra claustrum absque licentia prioris.

FRATER ROBERTUS BARNEHAM dicit quod Stephanus Horham nec ejus uxor sunt cognati priori.

Item quod non habent sacristam. Et quod agricultura non observatur sed quasi omnia consumit [*sic*].

Item quod domus et ædificia patiuntur ruinam.

(fol. 19.) *Item* quod ornamenta ecclesiæ non reparantur.

Item quod nullum habent proficuum ex Le Deary sed ille Stephanus et ejus uxor omnia consumunt ex defectu prioris.

Item quod prior nunquam prædicat confratribus neque conversatur cum eisdem.

Item quod unum Le Nutt argenteum deauratum alienatur per priorem.

Frater Thomas Herd diaconus dicit quod non habent sacristam sed ipse ex mandato prioris exercet officium et nihil recipit pro labore.

Item quod agricultura non observatur.

Item quoad Le Dayre concordat cum primo depositore.

(fol. 20.) * * * * * * * *

Domus Monialium de Thetford.

22 June, 1514. Vicesimo secundo die mensis Junii, anno Domini millesimo quingentesimo xiiii receptus erat reverenter dictus reverendus pater per priorissam et moniales, et deinde ingrediens domum capitularem convocari fecit priorissam et sorores. Proposuit Magister Forth verbum Dei sub hoc themate *Maria optimam partem elegit.* Declarata hinc inde causa adventus per Magistrum Thomam Hare, dominus examinavit eas subsequenter ut sequitur exhibito primitus et perlecto certificatorio annexo mandato una cum inventario indentato.

[1] Domina Elizabeth Mountney priorissa inquisita dicit quod omnia fiunt laudabiliter tam in spiritualibus quam in temporalibus juxta facultates prioratus.

DOMINA MARIA BARDEWELL examinata dicit quod pauci sunt libri in choro et tamen lacerantur. [2]

DOMINA KATERINA KING celleraria examinata et inquisita dicit quod omnia laudabiliter fiunt juxta facultates domus quæ sunt exiguæ. [3]

DOMINA CONSTANCIA POOPE inquisita dicit quod omnia bene fiunt. [4]

DOMINA KATERINA MEITHWOLD subpriorissa examinata dicit quod ELIZABETH HAUKEFORTH est aliquando lunatica. [5]

DOMINA SARA FROST iii[a] priorissa dicit quod priorissa intendit recipere brevi in moniales indoctas personas et deformes et præsertim Dorotheam Sturges generosam surdam et deformen. [6]

DOMINA ELIZABETH HOTH examinata concordat cum DOMINA SARA FROST. [7] (fol. 20 b.)

DOMINA ELIZABETH HAUKFORTHE dicit quod omnia bene. [8]

DOMINA ALICIA TODDY concordat. [9]

Qua finita examinatione dominus injunxit quod libri competenter reparentur. Et hiis gestis dominus hanc suam visitationem ordinariam dissolvit.

COLLEGIUM DE RUSSHWORTH.

Vicesimo tertio die mensis Junii anno Domini millesimo quingentesimo xiiii° idem reverendus pater ingressus domum capitularem convocari fecit magistrum et confratres, proposito subsequenter verbo Dei per MAGISTRUM FORTH sub hoc themate *Agite poenitentiam* expositis articulis per MAGISTRUM HARE super quibus essent inquirendi dominus, examinavit magistrum et socios singulatim ut sequitur. 23 June, 1514.

MAGISTER JOHANNES PURPETT, magister sive custos collegii, examinatus dicit valorem annuum proventuum collegii extendere ad C. marcas et ultra. Et habent in ovibus iii mille. Income of the College.

All is going on well. Dicit quod divinum servitium laudabiliter observatur et cetera bene.

Dominus Thomas Barnesdale capellanus et confrater collegii dicit quod spiritualia et temporalia industriose sunt observata.

(fol. 21.) Dicit quod magister reddit compotum annuatim coram confratribus.

Inquisitus dicit quod sigillum commune observatur sub duplici cera in cista et tertia cera frangitur.

Examinatus dicit quod libri et vestimenta ac cetera ornamenta debite reparantur.

Dominus Robertus Lokke capellanus inquisitus dicit quod omnia fiunt laudabiliter. Pro numero ex fundatione sex essent, ut dicit, præter magistrum, sed jam, ut dicit magister, est super hoc dispensatum.

Dominus Johannes Busshoppe capellanus dicit quod divina officia debite fiunt, deest tamen numerus puerorum quia iste inquisitus haberet puerum et non habet.

De temporalibus dicit quod magister est industriosus et solicitus circa illa. Et præmissis sic gestis dominus suam visitationem dissolvit.

Collegium de Tompston.

24 June, 1514. Vicesimo quarto die mensis Junii anno Domini millesimo quingentesimo xiiii præscriptus reverendus pater per magistrum et confratres receptus fuit reverenter. Et deinde ingrediens domum capitularem convocari fecit magistrum et confratres: declarataque causa adventus per Magistrum Thomam Hare legum doctorem, ejus in hac parte commissarium, dominus examinavit eos prout sequitur.

Complaint of want of resources. Magister Johannes Wiott ejusdem collegii magister examinatus de fundatione dicit quod fundatio collegii est quod sex essent presbyteri videlicet magister et quinque confratres, tamen dicit quod fructus redditus et proventus dicti collegii non sufficiunt ad sustentationem dictorum vi presbyterorum sed vix pro iiii. (fol. 21b.)

Item dicit quod quotidie tenentur celebrare tres missas juxta fundationem videlicet unam de die, aliam de requie, tertiam de Sancta Maria, quæ debite observantur.

Grievances of the stipendiaries.

DOMINUS WILLELMUS IBRYE capellanus annualis dicit quod fundatio non debite observatur quia redditus collegii non tantum valent in præsenti quantum in præterito per summam xl. marcarum annuatim.

Item dicit quod sacerdotes non dicunt divina servitia distincte et aperte prout tenentur.

Item dicit quod nulli sunt confratres in dicto collegio sed sacerdotes conducti.

Item quod fama publica laborat Magistrum dicti collegii habere accessum suspectum ad Katerinam Lokton de Feltwell.

Item quod Willelmus Tobbe decessit per xiiii annos elapsos qui legavit collegio diversas terras valoris annualis viii marcarum pro sustentatione unius capellani celebraturi pro anima dicti Willelmi imperpetuum, et non observatur.

DOMINUS THOMAS WISTENCROFT capellanus stipendiarius dicit si aliquis presbyterorum displicet Willelmo Wither, servientem in dicto collegio, quod tunc non debite servientur in æsculentis et poculentis, et aliter nescit deponere quia dicit quod non novit secreta domus.

DOMINUS WALTERUS THOMSON capellanus stipendiarius dicit quod nescit aliquid deponere quod non novit secreta domus.

INJUNCTIONES.

Qua examinatione finita dominus injunxit magistro collegii quod omnibus diebus dominicis et festivis utatur in ecclesia suppellicio tempore saltem divinorum.

(fol. 22.) *Item* injunxit eidem magistro ad exhibendam fundationem collegii una cum collatione, citra sinodum Michaelis proximo.

Item quod amoveret Katerinam Loktoune a rectoria sua de Feltwell, citra festum Omnium Sanctorum proximo.

Et hiis peractis dominus suam visitationem usque festum Omnium Sanctorum prorogavit et quemcunque diem citra si videatur expediens.

COLLEGIUM DE ATTILBURGH.

MAGISTER PETRUS FESTON, magister sive custos ejusdem, inquisitus dicit quod omnia fiunt laudabiliter juxta facultates.

Inquisitus de fundatione dicit quod nunquam vidit.

DOMINUS ALANUS WHITLAKE capellanus dicit quod ignorant fundationem, et cetera omnia bene.

DOMINUS THOMAS NICHOLSON capellanus et socius examinatus dicit spiritualia et temporalia debite observantur.

Et quia nihil reperiit idem reverendus pater reformatione dignum dissolvit igitur suam visitationem ibidem &c.

PRIORATUS DE BUKENHAM.

(fol. 22 b.) 26 June, 1514. Vicesimo sexto die mensis Junii, anno Domini millesimo quingentesimo quarto decimo, reverendus in Christo pater et dominus, DOMINUS RICARDUS permissione divina Norwicensis Episcopus reverenter fuit receptus, ingrediensque domum capitularem proposito verbo Dei per MAGISTRUM FORTHE sub hoc themate [ ].

FRATER JOHANNES MILGATE prior dicit quod DOMINUS THOMAS canonicus hujusmodi domus non est ei obediens.

Frater Thomas Beverlay supprior dicit quod Frater Thomas Ixning non est obediens et quod raro venit ad matutinas vel missam nisi ad libitum suum.

Frater Thomas Bukenham sacrista dicit quod fratres Thomas Ixning et Thomas Bokenham alias Benet veniunt tarde ad matutinas. Et quod processio ante matutinas non debite observatur.

Frater Ricardus Norwiche dicit omnia bene.

Frater Ricardus Bokenham dicit quod fratres Thomas Benett et Thomas Tailour non veniunt ad divina officia ut tenentur.

Frater Georgius Bokenham dicit quod quando canonici sunt (fol. 23.)
infirmi non debite conserventur.

Frater Thomas Benet dicit omnia bene.

Frater Ricardus Winkfeild dicit omnia bene.

Frater Thomas Ixning dicit quod ipse se absentat sæpenumero a matutinis.

Finita examinatione dominus dissolvit visitationem suam ibidem.

Debita Domini Thomæ Ixnyng canonici ibidem.

In primis Avisiæ Clerkio	xvi s. viii d.
Item Johannis Parker	x s.
Item Willelmo Barbour	vii s. iii d.
Item Willelmo Colyns	iii s. iiii d.
Item Johanni Browne et uxori	viii s.
Item Johanni Joly	iii s. iiii d.
Item uxori Adæ Kychyn	vi s. viii d.
Summa totalis	lv s. iii d.

Abbey of Wymondham.

Die Mercurii, xxviii videlicet die mensis Junii, anno Domini (fol. 23 b.)
millesimo quingentesimo xiiii antedictus reverendus pater Ricardus 28 June, 1514.
Norwicensis Episcopus processionaliter debita cum reverentia per

abbatem et conventum monasterii de Wymondham fuit receptus, ingrediensque domum capitularem proposito verbo Dei per MAGISTRUM FORTH sub themate *Spes cœli gloria stellarum.*

Scandalous condition of the monastery.

DOMINUS THOMAS CHAUMBERLEN abbas dicit quod aliqui confratrum fregerunt seras claustri quorum nomina et cognomina penitus ignorat.

Item quod DOMINUS WILLELMUS BURY prior et multi alii monachi sine consensu suo fregerunt unam cistam in qua fuerunt evidentiæ domus quas secum arripuerunt ipso abbate invito.

Item quod idem prior præsumptuose arripuit a manibus servientis sui unum ferculum cibi quod sibi deserviretur et illud ad libitum disposuit.

The Prior helpless to correct the evils complained of.

DOMINUS WILLELMUS BURY prior dicit quod officia cellerarii et sacristæ sunt in manibus domini abbatis et quod monachi non habent æsculenta et poculenta competentia nec salubria.

Item quod presbyter secularis custodit officium]] contra ordinem religionis.

Item dicit quod non habent numerum sufficentem monachorum.

Item quod uxor Edwardi Colyns et aliæ mulieres suspiciose frequentant accessum ad cameram DOMINI JACOBI BLOME camerarii.

(fol. 24.)

Item quod abbas non solvit *le Juste money.*

Item quod DOMINUS RICARDUS CAMBRIDGE dixit in vigilia nativitatis Sancti Johannis Baptistæ ultimo præterita hominem cum corpore et anima in die judicii non resurrecturum.

Item quod confratres nolunt studere.

Item quod ornamenta ecclesiæ non debite reparantur sed maximam patiuntur ruinam.

Item quod vinum cum quo celebrarent et panis cum quo conficerent corpus dominicum non valent.

Item quod camerarius non invenit lumen in dormitorio neque in presbyterio.

Item quod monachi propter reformationem et correctionem blasphemarunt nomen ejus in locis publicis extra domum.

Item quod confratres non veniunt ad matutinas sed sæpenumero se absentant ab eisdem.

Item quod DOMINUS JOHANNES HENGHAM et DOMINUS RICARDUS CAMBRIDGE utuntur camisiis et longis caligis et quod idem DOMINUS JOHANNES HENGHAM est indebitatus multis.

Item quod idem HENGHAM est suspectus cum Agnete Hoberd.

Item quod dictus DOMINUS HENGHAM et DOMINUS NICHOLAUS SAHAM, supprior, frequentant accessum in villam absque licentia abbatis.

Item quod sere claustri franguntur per DOMINUM JOHANNEM HARLESTON et alios quos non novit.

Item quod DOMINUS JOHANNES CAMBRIDGE furtive surripuit extra cubiculum, unum librum vocatum librum coquine.

Item quod DOMINI HENGHAM et IXWORTH fregerunt unam cistam absque licentia abbatis.

Item quod filiæ cujusdam viduæ moram trahentes in Le Dearie veniunt suspiciose ad cameram DOMINI JACOBI BLOME camerarii.

Item quod nullus monachorum invenit puerum.

Item quod unus monachus est præcentor cellerarius hostilarius et capellanus abbatis.

Item quod idem præcentor subtrahit libros a monachis in præjudicium missæ Beatæ Mariæ.

(fol. 24b.) Recrimination against the Prior.

DOMINUS JOHANNES HARLESTON dicit quod prior est vir malitiosus et quod extraxit gladium in tempore xl ultimo præterito ad percutiendum DOMINUM RICARDUM CAMBRIDGE monachum, et eum interemisset nisi quod ipse impediret.

Item quod ipse fregit le Claricord DOMINI JOHANNIS HENGHAM malitiose.

Item quod idem prior voluerit percutere dictum DOMINUM JOHANNEM cum lapide in præsentia abbatis.

Item quod idem prior alio tempore voluerit percutere DOMINUM RICARDUM CAMBRIDGE cum lapide infra claustrum nisi per alium fuisset impeditus.

Item quod uxor [ ] coci et uxor [ ] Johnson suspiciose accedunt ad cameram camerarii.

Item quod divina officia non debite celebrantur per monachos in nocte et hoc culpa prioris.

Item quod prior non venit ad matutinas vix semel in mense.

Item dicit quod non habent ludi magistrum.

DOMPNUS THOMAS GRESHAM subsacrista dicit quod ornamenta ecclesiæ maximam patiuntur ruinam.

Item quod DOMINUS RICARDUS CAMBRIDGE non venit ad matutinas et quod non est obediens suppriori.

Item quod DOMINUS THOMAS IXWORTH non venit ad matutinas et quod non est obediens suppriori.

Item quod DOMINUS JOHANNES HARLESTON non est obediens suppriori in domo capitulari, qui dixit quod vellet ire in ecclesiam et campanile invitis dentibus supprioris.

Item dicit quod horologium non est sufficienter reparatum.

(fol. 25.) General disorder.

DOMPNUS JACOBUS BLOME alias WYMONDHAM camerarius dicit quod abbas non reddit compotum.

Item quod libri chori non debite reparantur.

Item quod aliquando vix adsunt iii vel iiii commonachi matutinis.

Item quod prior extraxit gladium et vellet percutere et interficere DOMINUM JOHANNEM WORMELL nuper monachum istius domus.

Item quod prior et consocii fregerunt cistam infra domum absque licentia.

Item quod juvenes non sunt in cubilibus tempore congruo et hoc defectu prioris.

DOMPNUS JOHANNES RICHERS dicit quod monachi sunt negligentes in cantando matutinas.

Item quod prior non executus est debite officium suum in puniendo et corrigendo confratres.

Item quod commonachi non debite veniunt ad divina servitia celebranda.

DOMPNUS RICARDUS CAUMBRIDGE dicit quod prior quod per

annum elapsum et ultra extraxit gladium et voluerit interficere eum nisi aliter fuit impeditus. The violence of the Prior.

Item quod idem prior fatetur quod per spatium xii mensium non fuit confessus alicui confratrum.

Item quod dictus prior non venit ad matutinas vix ter per xii menses.

Item quod quodam tempore, post multa communicata inter priorem et ipsum habita, ipse dixit quod voluerit dicere ista Domino Episcopo Norwicensi, qui prior tunc respondebat et dixit, *tell my lord both and my ladie for I care nott.*

Item quod dictus prior est ita malitiosus et periculosus quod nullus audet moram trahere ibidem propter timorem mortis.

Item quod prior est aliquando lunaticus. (fol. 25 b.)

Item quod dictus prior sæpenumero injecit manus violentas in eum.

Item quod Ricardus Neling furtive surripuit panem et cervisiam ac grana pertinentia ad monachos.

Item quod prior injunxit huic viro ad remuandum per unum diem in pane et aqua pro eo quod noluit celebrare missam postquam bibit.

Dompnus Nicholaus Saham dicit quod prior multotiens absentat se a matutinis. Et quantum ad alia concordat cum Cambridge.

Dompnus Thomas Thaxsted dicit quod Dominus Ricardus Cambridge est aliquando ebrius.

Item quod monachi aliquando habent verba opprobriosa et contumeliosa vocando istum *Dudley* et *poller.*

Dompnus Johannes Hengham dicit quod prior est malitiosus et quodam tempore idem prior fregit claricord istius deponentis animo malivolo.

Item quod idem prior tunc paratus fuit ibidem ad interficiendum eum. Et quantum ad divina officia concordat cum precontestibus.

Item dicit quod aliquando prior est lunaticus.

Item quod est communis inceptor rixarum inter confratres.

Item quod tectura capelle Beate Marie patitur maximam ruinam culpa custodis ejusdem.

Item quod mulieres suspecte veniunt ad cameram Domini Jacobi Blome camerarii.

[illegible] *Item* quod Dominus Johannes Redmaine, nuper abbas, tradidit ad firmam Roberto Hogon et Nicholas Hogon sub sigillo communi manerium de Downeham pro termino vite eorum, absque consensu confratrum.

Item quod obediencia debite non servatur.

Dominus Thomas Lene supprior dicit quod divina servitia non debite observantur secundum regulam ordinis eorum.

Item quod confratres nolunt venire ad matutinas vix ad completorium et precipue prior.

Item quod confratres sui asseruerunt ipsum scripsisse litteras domino Episcopo Norwicensi absque consensu capituli.

[illegible] *Item* quod uxor cujusdam Angeli [ ] suspecte venit ad cameram Domini Johannis Hengham.

Item quod Dominus Ricardus Cambridge suspiciose tenet uxorem Poynter.

Dominus Thomas Ixworth dicit quod prior punit eum absque aliqua causa legitima et quod est semper brigans.

Item quod Dominus Johannes Kirkham revelavit confessionem istius deponentis.

Injunctiones.

[illegible] Dominus injunxit abbati quod de cetero non admittatur aliquis laicus ad aliquod officium infra dictum monasterium nisi prius fecerit fidem de fideliter conservando secreta monasterii.

Item injunctum [illegible] quod [illegible] [illegible] [illegible] in [illegible] [illegible] [illegible] [illegible].

Quibus [illegible] [illegible] [illegible] [illegible] [illegible] [illegible] [illegible] [illegible] [illegible].

[illegible]*

Die [ ] quinta die mensis Julii anno Domini millesimo [illegible]
quingentesimo xxiii [illegible] [illegible] in [illegible] prior [illegible] [illegible] [illegible] [illegible] [illegible]. Et [illegible] [illegible] [illegible] verba Dei per [illegible] [illegible] [illegible] ad hoc thema [ ] [illegible] [illegible] [illegible] per [illegible] [illegible] qui in hac parte [illegible]. [illegible] [illegible] [illegible] [illegible] [illegible] [illegible] per [illegible], [illegible] [illegible] priorem et canonicos [illegible] [illegible] prout sequitur [illegible].

Frater Ricardus Clarke prior.

Frater Willelmus [illegible] [illegible] dicit quod prior est [illegible] [illegible] [illegible] [illegible] [illegible] in [illegible] li. [illegible]

Frater Thomas [illegible] dicit omnia bene.

Frater Thomas [illegible] dicit quod prior est [illegible] [illegible] in xx li.

Item quod [illegible] non [illegible] [illegible] et [illegible] [illegible] [illegible] [illegible] [illegible] stipendium.

Item quod [illegible] [illegible] [illegible] [illegible] [illegible] [illegible] non [illegible] [illegible].

Item quod non habent [illegible] [illegible] [illegible] [illegible] [illegible] per [illegible] [illegible] [illegible] in tempore [illegible] [illegible].

Item quod non habent [illegible] ex parte [illegible] [illegible].

* [illegible] the name of the [illegible] [illegible] [illegible] [illegible] [illegible] [illegible] [illegible] of [illegible] [illegible] [illegible] [illegible] [illegible]. [illegible] [illegible] [illegible] [illegible] in the Visitation of [illegible], [illegible] [illegible].

Item quod prior est indebitatus Thomæ Tressing? ore ut credit, in xx li.

Item quod fama publica est priorem non solvere servientibus *feoda* neque *le Liverais*.

(fol. 27.) *Item* quod confratres non habent nec percipiunt feoda sigilli communis, secundum morem antiquum.

Item quod non habent tantas oves quantas habuerunt, ad summam iij millia.

Item quod non habent grana nisi quæ emunt.

Item quod Johannes Smyth non est utilis domui.

Item quod idem Johannes est inceptor brigarum inter priorem et confratres. Et quod prior dat majorem fidem dictis suis quam dictis confratrum.

Election of sub-prior informal.

FRATER ROBERTUS SMYTH dicit quod consuetudo domus est quod tempore electionis novi supprioris quinque præsidentes interessent. Et quod tempore electionis nunc supprioris fuerunt præsentes tantum iiii de quibus duo non consenserunt electioni.

Item quod non habent animalia neque pisces salselmas nisi quæ prior emit particulatim in præjudicium domus.

Item quod prior scribit in compoto suo quod solvit salaria confratribus et aliis ministris et non solvit.

Item quod prior non solvit confratribus pensiones eis debitas.

Item quod non habent cæremonias.

Further complaints.

Item quod non habent vestes competentes infra infirmariam videlicet linthiamina.

Item quod quando confratres sunt infirmi non habent esculenta neque poculenta competentia. Et quod non debite conserventur per tempus infirmitatis.

Item quod prior non favet huic deponenti. Et quod caritas non regnat inter eosdem.

Item quod fama laborat publica priorem suspectum frequentare consortium uxoris Johannis Smyth.

Item quod Johannes Smyth est seminator brigarum inter priorem et confratres.

Item quod Godwik est multum onerosum et nihil boni inde venit.

Item quod compotus non fuit confectus in singulis mensibus secundum morem præteriti temporis, videlicet per ii annos elapsos usque adventum domini episcopi visitationem suam exercituri.

FRATER JOHANNES SPILLMAN.

FRATER ROBERTUS PEPYR examinatus dicit quod supprior non fuit debite electus et ea occasione oritur discordia inter confratres. (fol. 27 b.)

Item quod supprior seminat discordiam inter priorem et confratres.

Item quod per ii annos elapsos prior nullum reddidit compotum confratribus usque in adventum domini visitationem suam exercituri. Prior negligent in his accounts.

Item quod non habent in præsenti iii millia oves.

Item quod prior vendidit in ultima tonsione ovium ix^{xx} oves.

Item quod domus est indebitatus multis sed quibus ignoratur et ut dici audivit in magna summa.

Item quod prior non solvit confratribus pensiones nec servientibus feoda sua.

Item quod Smyth est seminator brigarum inter priorem et conventum.

Item quod prior construxit Godwike cujus constructio constabat priori CXL li ex bonis domus.

Item quod prior suspecte tenet uxorem Johannis Smyth et quod uxor Johannis Smyth suspecte venit ad cubiculum prioris.

Item dicit quod ipse deponens non habet libitum suum prout ceteri habent, pro eo quod non habent aliquem alium qui scit ludere super organa. Lax discipline.

FRATER JOHANNES BARBOUR dicit quod confratres JOHANNES CLERKE et THOMAS FOURBY non observant silentium.

Item quod extra cellas suas habent accessum ad librarium contra professionem suam et absque licentia majorum.

Item quod fratres RICARDUS ANGER et COBBE non observant silentium et non punientur, tamen venit ad notitiam supprioris.

Item quod prior non punit omnes equali modo.

(fol. 28.) FRATER RICARDUS ANGER dicit quod FRATER RICARDUS PALLE nuper prior, debuit isti deponenti xxx solidos pro salario suo quos prior modernus refutat [*sic*] solvere.

The late Prior's will. *Item* quod idem PALLE voluit, tempore mortis suæ, quod omnia bona sua distribuentur inter confratres, quæ remanerent in camera sua usque in diem præfectionis istius prioris, qui nullam fecit distributionem.

Item quod idem nuper prior legavit isti deponenti unum Le Maser, unum nobile et unum superpellicium.

Item quod prior non reddit compotum ut tenetur.

Item quod supprior non debite executus est officium suum et quod non est tam habilis ad exequendum officium sicut alii.

Item quod prior vendidit cccc oves pro quibus recepit pecuniam pre manibus et obligatur ad deliberandas easdem infra iiii[or] annos.

Item quod prior tradidit ad firmam unam pasturam vocatam *Mament pasture* pro iii annis et recepit firmam pre manibus.

Item quod non habent esculenta neque poculenta competentia.

Item quod omnia ædificia dicti prioratus patiuntur ruinam.

FRATER ROBERTUS EVERLES dicit et conquestus est de Smyth ut supra et alia deponit ut supra.

FRATER WILLELMUS MANERS dicit quod supprior electus fuit absque consensu majoris aut sanioris partis et quod non punit confratres in debita forma.

(fol. 28 b.) FRATER RICARDUS COBBE dicit quod omnia patiuntur ruinam.

Item de subtractione pensionum concordat.

Student not sent to the University. *Item* dicit quod consuetudo domus est eligendi annuatim ad festum Michaelis unum confratrem studendum Cantabrigiæ vel Oxoniæ et sic iste electus fuit per majorem et saniorem partem. Et quod prior non voluit permittere ipsum ire studium exerciturum.

Item quod prior non est habilis exequendum officium suum. Et quod non debite punit confratres.

Item quantum ad Smyth concordat.

FRATER ROBERTUS BEKHAM dicit quod supprior non fuit electus secundum morem solitum et quod seminat brigas inter confratres.

Item quod ipse deponens studens Cantabrigæ percepisset pro uno anno viii marcas pro victu et vestitu suis, et quod recepit nisi xl s. An exhibition at Cambridge not paid.

Item quod prior habet accessum ad GODWYKE septimanatim, et ibidem expendit magis quam in domo, et quod supprior est semper in suo consortio.

Item quod doctrina non observatur sicut in tempore præterito pro eo quod prior non favet doctis sed indoctis. Learning discouraged.

FRATER JOHANNES BRIGGOTT dicit quod prior debet ei pro salario suo iii li. Et quod scholaribus non allocantur expensæ [ ] factæ per eos a Cantabrigia ad prioratum.

Item quod prior allocavit seipsum pro hujusmodi expensis in compoto suo, et nihil solvit confratribus.

Item quod supprior non est habilis ad exercendum officium et ut credit est semper paratus ad voluntatem prioris si sit verum vel falsum. (fol. 29.)

Item quod prior non solvit studentibus salaria sed est magister arduus confratribus.

Item quod SPYLLMAN scripsit quandam litteram Domino Episcopo Norwicensi quam litteram [ ] BARBOUR deliberavit priori. Letter to the Bishop suppressed.

FRATER SIMON GODNEY concordat cum aliis.

FRATER RICARDUS HADLEY dicit quod fuit professus per ii annos et nihil dum recepit. Other complaints.

FRATER JOHANNES CLARKE }
FRATER WILLELMUS WINKFELD } dicunt quod carent camisiis.

FRATER RICARDUS HALL dicit quod caret quotidianis vestibus et non debite reparantur.

FRATER THOMAS SYMON dicit quod consuetudo domus est quod unusquisque confratrum percipiet annuatim xx s. qui essent in custodia unius sanioris domus, quæ non servatur.

(fol. 29 b.)

INJUNCTIONES.

New Sub-Prior elected.

Dominus injunxit senioribus quod eligerent novum suppriorem. Et statim iiii ex senioribus præsentarunt SPILLMAN et PALLMER rogantes priorem ut ipse alterum istorum eligeret, qui FRATREM SPILLMAN in suppriorem elegit de consensu aliorum seniorum.

Dominus etiam injunxit priori quod amoveat Smyth et uxorem suam citra festum Michaelis.

Item quod solvat stipendia confratribus et servientibus cum *Ceny money* et oblationibus Sancti Thomæ citra dictum festum.

Item quod linthiamina necessaria et cibaria competentia providerentur pro infirmis citra prædictum festum.

Quibus injunctis et præmissis factis dictus reverendus pater visitationem suam ordinariam hujusmodi dissolvit.

PRIORY OF PENTNEY.

Die Jovis, videlicet sexto die mensis Julii, anno Domini millesimo quingentesimo xiiii dictus reverendus pater debita cum reverentia processionaliter fuit receptus per priorem et confratres, ingrediensque domum capitularem, proposito verbo Dei per FORTH sub hoc themate videlicet [ ], et declarata causa adventus per MAGISTRUM THOMAM HARE, ejus in hac parte commissarium, dictus reverendus pater priorem et confratres convocari fecit et eos prout sequitur ibidem examinavit.

FRATER JOHANNES WODBRIDGE prior dicit quod non reddidit compotum confratribus per ii annos.

FRATER SYMON SUETESHAM
FRATER THOMAS NORWICHE } dicunt omnia bene.

FRATER THOMAS WIRMEGAY dicit quod non habent ludi magistrum neque habuerunt per ii annos. No schoolmaster. (fol. 30.)

FRATER JOHANNES FELTWELL
FRATER ROBERTUS GAYTON
FRATER JOHANNES ORWELL
FRATER JOHANNES BRODECH } dicunt omnia bene.

FRATER WILLELMUS MATTESHALE dicit quod non habent ludi magistrum.

Fratres { JOHANNES WALSOKEN
RICARDUS WATTON
HENRICUS NARBURGH
THOMAS PENTNEY } dicunt omnia bene.

Et præmissis omnibus depositis et factis dictus reverendus pater visitationem suam hujusmodi dissolvit.

NUNNERY OF BLACKBOROUGH.

Die Veneris, videlicet vii die mensis Julii, reverendus in Christo pater et dominus DOMINUS RICARDUS permissione divina Norwicensis Episcopus in domo monialium de Blakborow reverenter et humiliter fuit receptus, et convocatis monialibus in domo capitulari, declarataque causa adventus per MAGISTRUM HARE, dominus examinavit priorissam et sorores prout sequitur.

DOMINA MARGARETA GYGGES dicit quod divinum servitium [1]
tam diurnum quam nocturnum et silentium laudabiliter fiant et observantur juxta numerum.

Item reparationes debite fiunt juxta facultates et cetera essentialia religionis bene observantur tam in capite quam in membris. Dicit tamen quod priorissa non reddit compotum ad evitandas expensas auditoris.

(fol. 30 b.) [2] DOMINA MARGARETA HOLLINS, præsidens et sacrista, dicit quod maneria competenter reparentur. Et quod claustrum patitur ruinam et quod ecclesia est defectiva in parte. Ac quod silentium bene observatur.

[3] DOMINA AGNES GREY dicit quod non habuerunt suppriorissam per iiii annos.

Item quod ignorant consorores fundationem quoad numerum.

Item quod priorissa non reddit compotum. Et quod domus (ut credit) enervata est ære alieno.

[4] DOMINA MARGARETA COBBES dicit quod ecclesia est ruinosa in portica.

Item quod priorissa non reddit compotum sed intimat verbo sororibus statum domus.

Item quod religio minus debite observatur propter defectum suppriorissæ et officiariorum.

Item quod moniales non habent recreationes consuetas.

Item quod priorissa habuit unam capellanum per tres annos.

[6] DOMINA ELISABETH BULLWAR dicit omnia bene.

Priorissa examinata dicit omnia bene.

CRABHOUSE NUNNERY.

(fol. 31.) Die Lunæ, videlicet decimo die mensis Julii, anno Domini antedicto, dictus reverendus in Christo pater visitavit per domum monialium de Crabhowse per MAGISTRUM THOMAM ejus in hac parte commissarium.

[1] DOMINA ELISABETH BREDON, priorissa, inquisita dicit quod sorores sunt obedientes et religio bene observatur.

Item dicit quod non habent fundatorum (?)

Item quod domus onerata est in decem marcis.

Item quod domus et ædificia debite reparantur juxta facultates prioratus.

Item quod quidam Kettilbergh moram trahens juxta Ramissey debet conventui v marcas.

Item quod DOMINA MARIA STUTFELD est inobediens et incorrigibilis. [2]

DOMINA MARGERIA STUTFELD dicit quod DOMINA AGNES SMYTH peperit per Simonem Prentes. Immorality. [3]

Item quod capella Beatæ Mariæ patitur ruinam in tectura.

DOMINA AGNES BRAITOFT, suppriorissa, dicit quod religio et divinum servitium tam diurnum quam nocturnum bene observantur. [4]

Item dicit quod DOMINA AGNES SMYTH, nuper celleraria, peperit ad annum elapsum infra prioratum per SIMONEM PRENTES de Wigonhale Magdalene et proles obiit immediate post. [5]

Item quod priorissa non reddit compotum.

DOMINA MARGERIA DOWNE dicit quod DOMINA JOHANNA HARWODE est suscitatrix brigarum et ridicula. [6] Joan Harwode a quarrelsome fool.

Item quod DOMINA AGNES SMYTH habuit prolem in prioratu.

Item quod DOMINA MARIA STUTVILD est inobediens et habet suspectum et familiarem colloquium cum diversis. Suspicions.

Item quod priorissa non reddit compotum. (fol. 31 b.)

Item conqueritur ista inquisita quod non habet nec potest habere frequentum accessum ad confessorem pro confessione. Further complaints.

Item juniores sunt inobedientes, et cum seniores arguerint eas de delictis, priorissa tam reformantes quam delinquentes aequali punit.

DOMINA JOHANNA HARWODE dicit quod sorores multotiens sunt inobedientes. [7]

Item quod DOMINA AGNES SMYTH peperit ut aliæ deposuerunt.

DOMINA AGNES SMYTH inquisita dicit quod SIMON PRENTES cognovit eam et suscitavit prolem ex ea infra prioratum extra tamen claustrum, eo quod peperit eam annum quasi elapsum.

[8] DOMINA CECILIA BERNESLEY concordat cum DOMINA MARGERIA STUTVILL.

INJUNCTIONES.

Dominus injunxit sororibus quod sint obedientes.

Item injunxit priorisse quod sorores habeant confessorem frequenter cum opus fuerit.

Item injunxit DOMINÆ AGNETI SMYTH quod sedeat infima inter professas per mensem et quod dicat in claustro in illo tempore septies psalterium Davidis. Et hiis factis visitationem suam hujusmodi dissolvit.

PRIORY OF FLITCHAM.

Die Mercurii, videlicet xii die Julii, dictus reverendus pater receptus fuit more solito in prioratu de Flicham et ingrediens domum capitularem convocari fecit priorem et confratres ac eos prout sequitur examinavit.

FRATER JOHANNES MARTYN prior examinatus dicit quod DOMINUS THOMAS HOKAR deliberavit priori de Walsingham xi li.

Agriculture neglected.

FRATER GALFRIDUS SWAFFHAM dicit quod reparationes non fiunt in orreis et aliis domibus ad prioratum pertinentibus. Et quod cultura agrorum non est supervisa.

(fol. 32.)

Item dicit quod prior et JOHANNES STINGE convenerunt ut facerent pactum de centum combis brassi deliberandis per priorem eidem JOHANNI in termino jam effluxo pro summa vi vel vii li. Et quia prior non persolvit in termino, nunc, ut dicitur, ex pacto et promisso, solvet et deliberabit pro dictis C combis clx combas.

Item dicit quod domus oneratur ut credit WILLELMO FULLER DE CASTELLACRE pro brasio. Et etiam MAGISTRO FYNCHAM DE MARSLOND pro ovibus.

Item quod sigillum commune prioratus est tantum in custodia prioris.

INJUNCTIO.

Dominus assignavit priori ad comparendum coram eo apud Norwicum ad audiendum voluntatem suam. Prior summoned to Norwich.

PRIORY OF COXFORD.

In domo capitulari ecclesiæ conventualis de Cokkesforth xii die Julii 1514 post meridiem dictus reverendus pater debite reverenter et honore fuit receptus etc.

DOM: JOHANNES MATHEW prior dicit quod missa matutina non celebratur. [1] Things going wrong.

Item quod confratres sunt inobedientes, litigiosi et incorrigibiles.

Item quod DOMINUS JOHANNES BERDON cepit fugam ter vel quater et jam est incarceratus. [2]

DOM: JOHANNES NYTINGALE supprior dicit quod silentia non observantur. [3]

Item quod prior annuatim non reddit compotum.

Item quod refectuaria patitur ruinam.

Item quod non habent infirmariam pro infirmis.

DOMINUS JOHANNES FROSTE dicit omnia bene. [4]

DOMINUS WILLELMUS KETTILSTON dicit quod non habent infirmariam et quod refectuaria patitur ruinam. [5]

[6] Dominus Ricardus Andrew dicit quod prior non surgit in noctibus nisi in iiii festis principalibus.

[7] Dominus Thomas Birde dicit omnia bene.

[8] Dominus Henricus Helmam
[9] Dominus Ricardus Boteley } dicunt omnia bene.
[10] Dominus Ricardus Titeleshale

Injunctiones.

In primis dominus injunxit priori quod reddat annuatim compotum.

Item quod supervideat terras et conscribat limites et fines earundem.

Item injunxit quod silentium melius observetur.

Item quod oportune provideatur pro infirmis quo ad cibaria.

Item quod sint confratres obedientes et religiose incedant in choro. Et quod non ex consuetudine dormiant.

Quibus injunctis dominus visitationem suam hujusmodi ordinariam dissolvit.

Priory of Hempton.

In domo capitulari de Hempton, xiii die Julii, more solito dictus reverendus pater receptus fuit et ingrediens eandem convocari fecit priorem confratres eos modo sequenti examinavit.

[1] Frater Willelmus Fakenham prior dicit quod silentium pro posse observatur et omnia alia etiam bene.

[2] Frater Edmundus Creke dicit omnia bene.

FRATER HENRICUS BETEELE subdiaconus } pariter examinati [3]
FRATER HENRICUS MILHAM } [4]

dicunt quod quolibet die nihil habent ad comedendum ante supremam missam finitam, præterquam diebus in quibus laborant, et omnia alia bene.

INJUNCTIONES.

Dominus injunxit priori quod confratres quotidie haberent aliquid ad comedendum hora octava præterquam in diebus jejunalibus.

Et quod silentium uno die qualibet septimana per confratres observatur in claustro.

Quibus sic injunctis et præmissis depositis, prædictus reverendus pater visitationem suam ordinariam hujusmodi tunc et ibidem dissolvit.

AUSTIN PRIORY, WALSINGHAM. (fol. 33.)

Die Veneris, videlicet xiiii Julii, anno Domini millesimo quingentesimo xiiii, recepto reverenter primitus domino reverendo patre, idem reverendus pater mane hora vii[a] domum capitularem ingrediens convocari fecit priorem ac omnes et singulos canonicos ibidem. Et proposito verbo Dei per MAGISTRUM FORTH declarataque causa visitationis et accessus, expositisque articulis super quibus essent examinandi vel inquirandi lectaque constitutione per dictum reverendum patrem incipiente, *Quia plerique etc.* dictus reverendus 14 July, 1514.

pater examinavit priorem et canonicos singulatim ut sequitur, post meridiem.

[1] Dominus Edmundus Warham, supprior, inquisitus et examinatus dicit quod prior nunquam reposuit aliquas pecunias in communi cista citra tempus præfectionis suæ.

Grave disorders.

Dicit etiam quod fratres sunt inobedientes incorrigibiles et litigiosi ac insolentes.

[2] Dominus Thomas Bynham examinatus dicit quod prior habet M^{l} oves in proprietate distincta ab ovibus prioratui pertinentibus.

Dicit etiam quod si aliquis confratrum placuerit Johanni Smyth et uxori suæ placet item priori, et qui eis displicet priori displicet. Et quod uxor Smyth sola accedit ad prioratum et ut creditur ad cubiculum prioris.

Dicit quod prior monuit omnes canonicos in genere ante visitationem, quod deliberarent apud eos quid deponerent vel dicerent in visitatione dicendo ista verba *Caveatis consilio, quia Dominus Episcopus pro tempore visitationis habebit jurisdictionem, sed cum recesserit ego iterum regnabo ipso invito et aspiciam vos juxta demerita.*

The Prior's wealth.

Dicit quod credit priorem habere in pecuniis numeratis iiM marcas.

Dicit quod tenementa in villa de Walsingham pertinentia prioratui patiuntur ruinam.

Item infirmi quasi pereunt negligentia, quia nihil est provisum pro infirmis quam id quod provisum est pro sanis.

Dependants of the Priory are enriched at its expense.

Item Magnus Georgius unus cantatorum emit domum pro 1^{li} et prior solvit pecunias ut dicitur et dedit.

Item dicit quod Johannes Smyth et Nicholaus Marshall servientes prioris, ditantur et locupletantur de bonis prioratus favore prioris, quia Nicholaus perquisivit terras valentes lx li de pecuniis prioris et Smyth valet ut dicitur D marcas.

Item dicit quod prior solus accedit sæpe ad capellum Beatæ Mariæ in crepusculo et absque notitia alicujus confratrum disponit pecunias ibidem receptas ad libitum et jocalia.

[3] Dominus Willelmus Houghton, custos capellæ Beatæ

MARLÆ, dicit quod cibaria nimis parce confratribus ministrantur, præsertim diebus jejunii, in piscibus.

Dicit quod confratres juniores sunt inobedientes maxime THOMAS RINGSTED est inobediens huic inquisito qui est præsidens sibi. [4]

DOMINUS JOHANNES WALSINGHAM, tertius prior, dicit quod prior in domo capitulari publice inter confratres dixit, *Doo the best that ye can and complayn what yee woll, it shall be never the better.* Et alio tempore dixit, *And I wist that my lorde shulde be against me I shulde so provide that my lorde shulde doo me litle hurt.* Et alio tempore dixit, *When my lorde is goon I shall rule and aske him noon leave.* [5]

Inquisitus de causa brigarum inter priorem et canonicos dicit quod Johannes Smyth et Nicholaus Marshall servientes prioris dant occasionem omnium litium.

Et quoad substantiam dictorum Johannes Smythe et Nicholai Marshall concordat cum DOMINO THOMA BYNHAM.

Dicit quod multa jocalia substrahuntur per priorem pertinentia capellæ. The Prior has appropriated certain jewels.

Dicit quod prior tenet uxorem Smyth in concubinam.

Robertus Angos de Leone Nigro scit deponere de conversatione prioris, Petrus Burgate scit etiam deponere.

Dicit quod prior est nimis severus et crudelis tam verbis quam factis.

DOMINUS ROBERTUS PARKER examinatus concordat de verbis minatoriis prioris cum dixit . . . . Et dicit præterea quod in festo Corporis Christi ultimo prior erat in domo capitulari convocatis confratribus, et dixit *Omnes vos qui mihi favent benedicamini, omnes vero adversantes mihi sint maledicti, et sic recessit.* [6] The Prior's misconduct.

Dicit quod singulis diebus prior mittit ferculum de primis cibariis appositis in mensa uxori Smythe.

Et prior tempore nocturno accedit ad capellam et subtrahit quod velit pro placito.

Dicit quod prior habet quendam senem fatuum et cogit eum indui superpellicio et incedere in processione publice. He keeps a fool.

The Prior's misconduct.

Prior vendidit boscos in Swannyngton et Folsham in præjudicium prioratus.

Prior reædificavit domum pro Magno Georgio cantatore et exposuit pro eadem l li.

Prior percussit agricolam ex cujus ictu obiit infra mensem.

Prior habet oves de propriis apud Montioye.

Item prior non reddit compotum de proventibus de Mountioy nec convertuntur in usum istius domus.

Silentium non observatur.

Item prior revelat uxori Smyth omnia acta in domo capitulari.

Item dicit quod tenementa in Walsingeham pertinentia prioratui patiuntur ruinam defectu prioris.

Uxor Smythe observat claves cameræ brasii et cameræ frumenti.

[7, 8, 9, 10.] DOMINI WILLELMUS BETTES, THOMAS WELLIS, JOHANNES CLENCHEWARDON, et DAVID NORWICH sunt personæ insolentes et riotosi ac incedunt ad libitum tam die quam nocte.

Item dicit quod prior vadit exutus habitu in ecclesia diebus dominicis et festivis et non venit in chorum.

[11] DOMINUS WILLELMUS RASE examinatus dicit quod DOMINI WILLELMUS BETTES, THOMAS WELLYS et JOHANNES CLENCHWARTON exeunt prioratum tempore nocturno et sedent bibendo et comedendo in domo Johannis Smyth usque ad horam xi in nocte.

Item dicit quod prior habet summam malitiam adversus istum inquisitum propter quod iste vocavit eam [Smyth's wife] meretricem.

Item dicit quod prior compulit istum juratum petere veniam ab uxore Johannis Smythe publice in domo capitulari.

Item dicit quod prior præcepit huic deponenti in virtute obedientiæ detegere sibi et revelare qui accusarent eum coram Domino Episcopo.

Item dicit quod prior præcepit ei virtute obedientiæ quod scriberet in schedula omnia et singula de quibus voluit conqueri domino episcopo in visitatione.

Item dicit quod prior dixit in domo capitulari, *When my lorde of Norwiche is goon I shall turne every thing as I woll.* Et alio tempore dixit, *If I knew my lorde wolde take parte withe you I shall provide otherwise that he shall not hurt me.* (fol. 35.)

DOMINUS THOMAS LOWTHE dicit quod prior fuit nimis remissus corrigendo. Capellanus de Creik.

Dicit iste inquisitus quod reddit compotum de xviii li. de proventibus de Creik annuatim. [12]

Dicit quod DOMINUS ROBERTUS PARKER est inobediens et voluit priorem percutere heri. [13]

Divinum servitium laudabiliter observatur tam diurnum quam nocturnum.

DOMINUS JOHANNES LOWE de verbis minatoriis prioris concordat cum DOMINO WILLELMO RASE. [14]

Item dicit quod prior est prodigus in dando bona monasterii sine consensu capituli.

Item prior nocte accedit ad capellam Beatæ Mariæ et capit quod velit sine consilio præsidentium.

Item unum par fercularum de amber surripitur.

Item prior percussit servum ex quo ictu decessit.

Item uxor Johannis Smyth emit pisces in foro pro conventu in scandalum prioratus.

Item uxor Johannis Smyth observavit claves camerarum brasii et frumenti et aufert quod velit.

Item ipsa uxor vocatur prioris domina et habet de optimis cibariis et vino.

Item Domini *Ricardus Dokking*, *Willelmus Bettes*, *Johannes Clenchwarton*, *Thomas Wellis*, *David Norwiche* sunt fautores cum priore et assentant et adulantur, ac insuper vigilant edentes et bibentes usque ad matutinas in domo Johannis Smythe. At ubi ad matutinas venerint sompniantur toto tempore. [15, 16.] Great laxity in the House.

Item DOMINUS WILLELMUS HUTTON non venit ad chorum sed tota die sedet in domo vulgariter dicta *the halibred hous* quotidie ibidem edens et bibens. [17]

Item dicit quod prior publice in capitulo nulla monitione præcedente excommunicavit omnes adversantes sibi et benedixit faventibus.

Item prior est nimis severus et crudelis.

[18] xv° Julii. DOMINUS WILLELMUS BETTES dicit quod DOMINUS THOMAS RINGESTEDE frequenter vagatur in villa et bibit in domo secularium.

Dicit quod uxor Jacobi Drye accedit suspecte ad Dix [*sic*] diversis vicibus.

Dicit quod est divisio inter canonicos.

Dicit quod supprior non vult permittere confratres in die sanguinum (24 March ?) sagittare in campis pro recreatione.

Great dissention in the House.

DOMINUS RICARDUS DOKKINGE dicit quod est dissentio inter confratres. Inquisitus de causa dicit quod otium et nimia libertas est occasio.

Dicit quod confratres sunt inobedientes.

Dicit quod DOMINUS THOMAS RINGSTED est inobediens et incorrigibilis in omnibus.

School master may not punish.

Dicit quod magister scholarum non habet correctionem juniorum et noviciorum sed supprior injungit novitiis jejunium.

Dicit quod prætextu facilitatis correctionis juniores sunt magis insolentes et minus dediti libris.

DOM: THOMAS RINGSTED de verbis minatoriis per priorem prolatis in festo Corporis Christi concordat ut supra cum RASE.

Dicit etiam quod uxor Grene, lanarii de Walsingham retulit hodierno die huic inquisito et sacristæ, videlicet PARKER, quod circa mediam noctem hujus noctis præcedentis dictus Grene et uxor tunc vigilantes viderunt certos viros vehentes et portantes diversas res a domo Johannis Smythe ad domum Willelmi Wandam pincernæ prioris.

Dicit quod Johannes Smythe, Catorer, est senescallus curiarum prioris et sedet in curia et uxor ejus habet custodiam brasii et frumenti.

Item dicit quod idem Smyth ædificavit domum decentem in

HOWTON sumptibus prioratus. Et hoc anno iii bigati lanarum pertinentes prioratui illuc erant adducti.

Item dicit quod Nicholaus Marshall est camerarius prioris, supervisor omnium et chorista in capella et est nimis sumptuosus prioratui et inutilis et ditatur de bonis prioratus.

Item dicit quod prior publice in capitulo excommunicavit omnes confratres adversantes sibi et· benedixit omnes fautores et amicos suos.

Jacobus Gresham, *Johannes Coppinger*, *Johannes Weston*, *Thomas Keswik*, *Robertus Browne*, *Stephanus Browne*, *Robertus Angos* et *Willelmus Grene* sciunt deponere de statu domus et conversatione prioris. (Videantur per dominum omnes ciphi pelves et crateres prioris.)

Dicit quod prior non reddidit compotum de expensis domus a tempore præfectionis.

Item prior non reposuit aliquas pecunias in communi cista a tempore præfectionis.

De substantia Smyth et Marshall concordat cum aliis.

Prior accedit et recedit ad capellam Beatæ Mariæ pro libito et capit quod velit.

DOMINUS W. HOWTON custos capellæ est inutilis et non venit ad matutinas, abfuit lx vicibus hoc anno. [19]

Uxor Smyth habet ferculum de optimis cibis prioris quotidie. (fol. 36 b.)

Item iiii choriste conductitii habent præter mensam et stipendia singulis diebus cibaria et fercula ad domos suas. Allowances to singing men.

Et fatur idem RINGESTED quod incidebat in sententiam excommunicationis quia celavit nonnulla præmissorum in ultima visitatione. Dominus igitur illum absolvit injuncta ei pœnitentia quod dicat psalterium David præter debitum.

DOMINUS JOHANNES AILESHAM dicit inquisitus et concordat quoad verba minatoria prioris in capitulo addens quod prior dixit, *I had lever spende the substance of this house then ye shulde have your intente*, cum aliis confratribus super hoc deponens, de introitu tempore nòcturno in capella Beatæ Mariæ, concordat et iste vidit. [20]

Dicit quod prior in recessu suo ad Londinum tradidit et deliberavit uxori Smythe claves camerarum brasii et frumenti.

The fool admitted to the Eucharist. *Item* iste inquisitus ex præcepto prioris ministravit sacramentum Eucharistiæ fatuo prioris et non erat solitus communicari.

Prior, supprior et DIX sunt custodes clavium cistæ communis.

Jo. filius Gresham de Walsingham increpavit unum de confratribus sedentem in villa tempore indebitato respondit confrater sub hiis verbis *As long as I doo noo wors then oure fader priour doithe he can not rebuke me.*

Students suspected. Prior non diligit studentes dicens eos esse in animo subvertendi religionem.

Dicit quod Johannes Smythe et Nicholaus Marshall sunt servi inutiles prioratui.

Prior emit calcem vivam de Nicholao Marshall servo suo et habet
(fol. 37.) de propriis in præjudicium prioratus.

A Pilgrimage to Canterbury. Uxor Smythe equitabat super equum prioris ad Cantuariam.

De ferculis ministratis uxori Smythe quotidie de mensa prioris, concordat cum aliis.

[21] DOMINUS THOMAS IPSWICHE concordat de verbis prioris, et quoad accessum ad capellum in nocte vel crepusculo, concordat quia dicit se sæpius vidisse.

Prior non est mansuetus et benignus confratribus sed severus et crudelis.

Servi prioris contempnunt et vilipendunt canonicos.

Insolence of servants. *Item* dicit quod nullus confratrum conqueritur de aliquo servorum vel contemptu eorum quin statim mancipatur carceribus.

[22] *Item* Johannes Smythe ostendit in camera Domini THOMÆ BYNHAM iii SOVERYNS et dixit DOMINUM SANCTI JOHANNIS misisse ea ad eum.

Et uxor Smythe utitur anulis in digitis quos dixit DOMINUM SANCTI JOHANNIS misisse ad eam.

Servi prioris surripiunt escas de ferculis appositis in mensa coram confratribus.

DOMINUS NICHOLAUS MILEHAM diaconus dicit quod timet de morte sua propter malitiam confratrum faventium priori. [23]

Interrogatus de verbis minatoriis prioris, concordat cum præexaminato.

DOMINI T. LOWTH, WILLELMUS BETTES, et T. WELLIS sunt venatores et aucupatores frequenter. Some Canons hunt and hawk.

Prior percussit confratres minus religiose, et servum agricolam ex quo obiit.

Item prior manutenet servos adversus confratres.

Item conqueritur de cibariis minus salubribus et parce ministratis. (fol. 37 b.)

Item prior vendidit terras prioratus et non reddidit compotum de pecuniis.

Item prior minatus est se ædificaturum carceres pro decem confratrum suorum.

DOMINUS WILLELMUS MYLEHAM diaconus conqueritur de potu sale mixto et de cibis etiam. [24]

DOMINUS THOMAS WELLIS, WILLELMUS BETTES, DAVID NORWICH et RICARDUS DOKKING non surgunt ad matutinas nec devote dicunt officia, ex permissione prioris et tollerantia sua, quia prior illos manutenet et ceteros contempnit.

DOMINUS THOMAS WELLIS voluit percutere istum inquisitum vespere præterito.

DOMINUS JOHANNES CLENCHEWARTON, capellanus prioris, dicit quod omnia fiunt laudabiliter. [25]

DOMINUS WILLELMUS RASE est proprietarius, ut dicit, quia abscondit pecunias in manica quando erat incarceratus.

DOMINUS NICHOLAUS CAMBRIGE dicit quod prior jactitat se ædificaturum carcerem pro decem confratrum qui sibi non favent. [26]

NICHOLAUS usus est bireto regali cum foramine quod, ut creditur, pendebat in capella Beatæ Mariæ. Prior cantat et cœnat in domo Johannis Smyth in scandalum sui et prioratus.

Dicit quod WELLIS et BETTES scandunt muros in nocte exeuntes et intrantes.

(fol. 38.) DOMINUS DAVID NORWICHE diaconus dicit quod Dominus THOMAS RINGSTED frequentat suspecte domum cujusdam Angos.

DOMINUS JOHANNES AILESHAM absentat se a matutinis semel in hebdomada.

[27] DOMINUS ROBERTUS SALL diaconus, dicit quod BETTES, WELLIS et CLENCHEWARTON vigilant in nocte bibentes et non surgunt ad matutinas et cum sint præsentes dormiunt et sompniantur.

[28] DOMINUS JOHANNES WALSINGHAM professus dicit quod omnia bene.

[29] DOMINUS ROBERTUS CREIKE scholaris, dicit quod parum scit quia abfuit quasi per biennium.

DOMINUS THOMAS WELLIS, presbyter quod DOMINI NICHOLAUS MYLEHAM et WILLELMUS MILEHAM furuntur vinum prioris et alia bene.

Novicii. [30] ROBERTUS WILEY novicius dicit quod habet omnia necessaria.

[31] WILLELMUS GABBY novicius concordat.

INJUNCTIONES.

Dominus injunxit Priori quod amoveat Johannem Smythe et Nicholaum Marshall extra domum et villam de Walsingham infra septimanam.

Item monuit eundem sub pœna juris, quod nunquam puniret aliquem imposterum pro dictis et depositis suis tempore visitationis.

Item quod non puniat aliquem confratrum, nisi crimina sunt cognita confratribus, publice in domo capitulari.

Item injunxit eidem priori quod faciat fidelem compotum de bonis monasterii et veras indenturas citra festum Natalis Domini proximum.

Item injunxit eidem quod amoveat uxorem commorantem ad signum Tauri citra, festum Sancti Michaelis Archangeli proximum.

Item dominus assignavit PRIOREM DE WESTACRE in coadjutorem prioris propter brigas evitandas, et jurari fecit PRIOREM DE WALSINGHAM quod nihil recipiat de fructibus et proventibus dicti monasterii nec de bonis spiritualibus aut temporalibus nisi ex consensu PRIORIS DE WESTACRE.

Item quod non puniat aliquem confratrum absque consensu hujusmodi PRIORIS DE WESTACRE.

Item dominus jurari fecit prædictum PRIOREM DE WESTACRE ad sancta Dei evangelia corporaliter per ipsum tacta, quod non revelet secreta dicti monasterii de Walsingham.

Quibus injunctis et præmissis peractis, dominus visitationem suam usque in xv diem mensis Martii proxime futuri, si juridicus fuerit, alioquin proximo die juridico extunc et ad quemcunque diem citra si necesse fuerit cum continuatione et prorogatione dierum, prorogavit et continuavit. The Bishop prorogues his Visitation.

WABURNE PRIORY.

xviii die mensis Julii anno Domini millesimo quingentesimo xiiii dictus reverendus pater personaliter visitavit prioratum de Waburne. 18 July, 1514.

FRATER WILLELMUS HERPLEY dicit quod per domus fundationem essent vii canonici vel ad minus iii. Et quod vix sustentari possunt tres hiis diebus propter paupertatem domus. The poverty of the House.

INJUNCTIO.

Dominus injunxit priori quod solvat annuatim confratri suo xxxiii s. iiii d. pro salario.

Quibus sic gestis dominus visitationem suam hujusmodi dissolvit.

BEESTON PRIORY.

18 July, 1514. Die Martis videlicet xviii die mensis Julii anno Domini prædicto dictus reverendus pater debita cum reverentia fuit receptus,
(fol. 39.) ingrediensque domum capitularem convocari fecit priorem et confratres ipsosque examinavit prout sequitur.

[1] Prior dicit quod FRATER THOMAS TAVERNER celebrat in Norwico absque licentia prioris.

[2] FRATER NICHOLAUS WODFORTH dicit quod prior non reddit compotum.

Item quod prior impregnavit Elenam Everard.

[3] FRATER SIMON ROBINS dicit omnia bene.

[4] FRATER JOHANNES DAMME dicit quod non habent ludum
No school. literarium.

Item quod matutinæ dicuntur in hora quinta et non in nocte.

Item quod prior habet sigillum commune in propria possessione.

Item omnia alia bene.

[5] FRATER ROBERTUS RUMP dicit quod nihil scit deponere.

[f. 39 b, the next leaf, and f. 40, are blank.]

Hickling Priory.

Die Veneris xxi videlicet die mensis Julii anno Domini millesimo quingentesimo xiiii dictus reverendus in Christo pater in prioratu de Hikeling per priorem et confratres processionaliter debita cum reverentia fuit receptus, et eodem die ingrediens domum capitularem exposito verbo Dei per Magistrum [ ] Forth sub hoc themate [ ] declarataque causa adventus et super quibus fuerint examinandi per Magistrum Thomam Hare prædicti reverendi patris in hac parte commissarium, idem reverendus pater convocari fecit priorem et confratres ac eos sub modo sequenti examinavit tunc et ibidem. 21 July, 1514.

Prior dicit quod non reddit compotum confratribus. [1]

Frater Edmundus Norwiche dicit quod omnes sunt negligenter venienda a divina servitia [*sic*]. [2]

Frater Andreas Wales dicit quod cure de Hanworth deservitur per confratrem et non per capellanum secularem. [3]

Frater Galfridus Heigham dicit omnia bene. [4]

Frater Edmundus Sparham dicit omnia bene. [5]

Frater Radulphus Sall dicit omnia bene. [6]

Frater Robertus Walsham subdiaconus dicit omnia bene. [7]

Frater Ricardus Holt acolitus dicit omnia bene. [8]

Frater Johannes Hikeling dicit quod non habent ludi magistrum et omnia alia bene. [9] No schoolmaster.

Injunctio.

Dominus injunxit priori quod provideat de magistro sive præceptore ad instruendos confratres in grammatica citra festum Nativitatis Domini proximo.

(fol. 41.) Dominus insuper univit vicariam de Hanworth rectoriæ ejusdem pro termino vitæ prioris de Hikeling.

Et hiis gestis visitationem suam ordinariam hujusmodi ibidem dissolvit etc.

MONASTERIUM SANCTI BENEDICTI DE HULMO.

24 July, 1514. Die lunæ, vicesimo quarto videlicet die mensis Julii anno Domini millesimo, quingentesimo xiiii, reverendus in Christo pater et dominus Dominus Ricardus etc. in monasterio Sancti Benedicti de Hulmo processionaliter debita cum reverentia per abbatem et confratres fuit receptus, ingrediensque domum capitularem convocari fecit abbatem et confratres eosque prout sequitur examinavit tunc et ibidem etc.

[1] DOMPNUS JOHANNES TACOLSTON prior dicit quod abbas non reddit compotum.

[2] DOMPNUS ROBERTUS COWPER supprior dicit quod tempore vacationis monasterii perdidit duas pecias argenti et ii *le masers.*

Item quod abbas habet in manibus suis officium cellerarii.

[3] DOMPNUS JOHANNES RYSING dicit quod ceremoniae non observantur.

Item quod debentur sibi multa et ille obnoxius est aliis.

Conspiracy to report nothing. *Item* quod facta est conventio inter confratres quod nihil deponerent.

Item quod DOMPNUS ROBERTUS SALL dixit quod nihil compareretur, quoniam abbas sciret alias constaret CC marcas.*

[4] DOMPNUS THOMAS SCOTTOWE dicit quod Cowper perdidit tempore officii sui ii pecias argenti et ii *masers.*

Item quod domus est obnoxia multis.

[5] DOMPNUS ROBERTUS MANHESTRE dicit quod DOMINUS

* Query. "Sall says that nothing would be disclosed, because the Abbot knew that if it were (alias) it would cost him 200 marks ?"

Rogerus Ranworth est inceptor brigarum inter abbatem et confratres. [6]

Item dicit quod supprior dixit quod voluit perimere abbatem veneno. The subprior's evil speech.

Item quod prior non venit ad matutinas in media nocte.

Item quod uxor Latami suspectum frequentat accessum ad cameram prioris. Et quod Dominus Johannes Thaxter plenius scit deponere. The prior suspected. [7]

Item quod prior suspecte accedit ad uxorem Chippesby in manerio de Aldby.

Dompnus Willelmus Beccles dicit quod non est aliquis supervisor laborantium. [8]

Dompnus Andreas Walseham } dicunt omnia bene. [9]
Dompnus Willelmus Horning } [10]

Dompnus Johannes Thaksted dicit quod prior est alti cordis.

Item quod inferior non obediet superiori.

Item quod gardiani puniunt indiscrete.

Item quod multæ mulieres suspectæ veniunt ad cameras prioris et Andree Walsham.

Item quod abbas habet officia in manibus suis videlicet pitentiarii, refectuarii, cellerarii, sacristæ et elemosinarii. The abbot keeps all offices in his own hands.

Item quod prior habet officium camerarii.

Item quod ornamenta ecclesiæ non debite reparantur.

Item quod prior dedit consilium confratribus ut nihil revelarent.

Item quod prior non venit ad matutinas in media nocte.

Item quod hora tertia in aurora habet accessum ad Alby ad mulieres suspectas.

Dompnus Johannes Rainworth dicit omnia bene. [11]

Dompnus Nicholaus Norwiche dicit quod sæpenumero non habent unum condignum ad celebrandam missam. [12]

Item quod novitii sunt inobedientes. (fol. 42.)

Dompnus Thomas Westacre dicit omnia bene. [13]

[14] DOMPNUS ROBERTUS SALL dicit nihil scit deponere.

[15] DOMPNUS RICARDUS NORWICH dicit omnia bene.

[16] DOMPNUS ANDREAS WALSEHAM dicit quod abbas non reddit compotum.

Item quod abbas non ostendit statum domus confratribus suis.

Item quod non est generale inventarium bonorum domus.

No seats in the cloisters. *Item* quod non sunt sedilia in claustro.

[17] DOMPNUS JOHANNES HEYDON dicit quod ornamenta ecclesiæ non reparantur.

No light in the dormitories. *Item* quod non habent lumen in dormitorio tempore nocturno.

[18] *Item* quod DOMPNUS ROGERUS MULTON est inceptor brigarum et fuit in Cantabrigia per vii annos et nihil boni fecit.

[19] DOMPNUS HENRICUS PASTON dicit omnia bene.

[20] DOMPNUS WILLELMUS NICHELS diaconus dicit omnia bene.

[21] DOMPNUS JOHANNES DURHAM dicit omnia bene.

[22] DOMPNUS THOMAS STALHAM dicit omnia bene.

[23] DOMPNUS JOHANNES RANWORTH.

INJUNCTIONES IN MONASTERIO SANCTI BENEDICTI.

In primis dominus injunxit abbati quod de cetero reddat compotum confratribus in festo Sancti Nicholai et quod tres fide digniores, electi per capitulum, intersint hujusmodi compoti redditionem.

Item quod conficiat inventarium tripartitum de bonis ipsius domus citra [ ] anni.

Item assignavit COWPER pro eo quod perdidit duas pecias argenti et ii *masers*, quod solvat iiii li confratribus videlicet xx s. per annum.

Quibus sic gestis et peractis prædictus reverendus pater visitationem suam ordinarium hujusmodi dissolvit etc.

Weybridge Priory.

xxiii die mensis Julii anno Domini millesimo quingentesimo xiiii Magister Gregorius Mowr, ante dicti reverendi patris in hac parte commissarius, vice et auctoritate ejusdem reverendi patris visitavit prioratum de Weibrig sub eo qui sequitur modo. 23 July, 1514.

Prior ibidem examinatus dicit quod habet annuale redditum in Harleston xxx s. The prior a corporation sole.

Et in Lingwode, de claro v marc. His revenue.

Et in Acle vii s.

Et in Flegg v s.

Item quod tenet quandam pasturam annexam domui quæ valet per annum } xviii s.

Item dicit quod habet ii vaccas, unam heiford, duos vitulos, tres equas, unum equum, ii pullos. Et dicit quod vivit solus absque confratre.

Ulterius compertum per dominum commissarium videlicet ecclesiam pati ruinam in fenestris. Et quod campanile non existit coopertum. The house in sore decay.

Item quod una campana venditur per prædecessorem prioris moderni.

Item quod muri exteriores sunt ruinosi.

Item quod columbare maximam patitur ruinam. Quibus sic factis dictus commissarius injunxit priori ad exhibendum fidele inventarium et quod compareat coram antedicto reverendo in monasterio Sancti Benedicti, et ibidem comparuit et dimissus est.

Prioratus Sancti Olavi.

Die Jovis videlicet xxvii die mensis Julii anno Domini memorato, in domo capitulari prioratus sive ecclesiæ regularis, prædictus (fol. 43.) 27 July, 1514 reverendus in Christo pater et dominus DOMINUS RICARDUS permissione divina Norwicensis episcopus convocari fecit priorem et canonicos, quibus exposuit causam adventus, et declaratis articulis per MAGISTRUM DOCTOREM HARE super quibus essent examinandi et inquirendi dominus examinavit eos ut sequitur.

The condition of the house is satisfactory. FRATER WILLELMUS DALE prior inquisitus et examinatus dicit quod reddit compotum annuatim coram senioribus confratribus.

Dicit quod confratres sunt obedientes.

Dicit etiam quod perquisivit noviter certas terras valoris annui x li. xiiii s. x d. et solvit pro eisdem.

[2] FRATER ROBERTUS STARYS supprior dicit quod non surgunt ad matutinas media nocte sed mane hora quinta.

Dicit quod non cantant officia nisi in festis dominicalibus.

The income insufficient. Dicit quod numerus non est completus quia facultates non suppetunt ad hoc.

[3] FRATER WILLELMUS SHERINGE inquisitus dicit quod omnia laudabiliter fiunt tam in spiritualibus quam in temporalibus.

[4] FRATER RADULPHUS LAKENHAM dicit quod omnia bene et laudabiliter fiunt et observantur.

[5] FRATER JOHANNES MAK dicit quod omnia bene.

[6] FRATER JOHANNES BYGOT dicit inquisitus et concordat cum proximo præexaminato.

[7] FRATER JOHANNES SEVYR dicit quod omnia bene.

[8] FRATER HENRICUS HARRYSON dicit omnia esse bene.

INJUNCTIONES.

Dominus injunxit priori et canonicis quod provideant sibi dispensationem sufficientem a sede apostolica quod non surgant media nocte ad matutinas quam cito commode poterint.

Et hoc facto dominus dissolvit præsentem visitationem suam ordinariam ibidem.

Dominus injunxit canonicis quod singulis sextis[a] feriis observant silentium in claustro et choro.

BUTLEYE PRIORATUS.

Penultimo die mensis Julii 1514 in domo capitulari ibidem reverendus in Christo pater et dominus DOMINUS RICARDUS permissione divina Norwicensis episcopus convocari fecit priorem et canonicos, et exhibito mandato cum certificatorio propositoque verbo Dei per suppriorem de Westacre sub hoc themate *Egredere de terra aliena et veni in terram quam monstravero tibi;* declaratisque articulis per MAGISTRUM HARE exhibito compoto per priorem de statu domus, dictus reverendus pater examinavit priorem et canonicos ut sequitur. 30 July, 1514.

DOM: AUGUSTINUS REVERS prior de Butley dicit quod debentur DOMINO WILLELMO DE CAPELL de veteri debito lxx li. The priory in debt.

Item DOMINO EPISCOPO de debito ipsius prioris xx li. (fol. 44.)

Inquisitus dicit quod omnia fiunt laudabiliter juxta facultates domus; tamen ædificia et maneria patiuntur ruinam.

Dom: injunxit eidem priori quod conficiat verum inventarium omnium jocalium et bonorum mobilium ac illud exhibeat citra sinodum Michaelis proximum.

DOM: WILLELMUS WOODEBRIGE supprior dicit inquisitus quod tres missæ celebrantur quotidie cum nota, et divinum servitium tam diurnum quam nocturnum laudabiliter fit et observatur. [2]

Dicit quod fratres sunt obedientes et continentes et cetera omnia bene.

DOM: JOHANNES THETFORD in decretis bacalaurius dicit, examinatus, quod parum scit de statu domus quia abfuit in universitate. [3]

De conversatione confratrum dicit quod sunt bonæ conversationis quantum ipse novit.

[a] That is every Friday. Cf. Hampson's *Medii Ævi Calendarium*, vol. ii. pp. 137-8.

Dicit quod FRATER THOMAS ORFORD est bonus grammatista et deditus litteris et amici ejus volunt exhibere eum in universitate sumptibus suis.

[4] DOM: RICARDUS WILTON cellerarius dicit quod prior est industriosus in spiritualibus et temporalibus et omnia fiunt bene in quantum sufficiunt facultates.

The buildings in decay.

Dicit insuper quod prior nimium oneratur ruinis et deformitatibus ædificiorum, domorum, grangiorum et maneriorum et prior exposuit, ut credit, citra præfectionem suam C marcas in reparationibus.

[5] DOM: WILLELMUS MELFORTH dicit quod omnia bene.

[6] DOM: ROBERTUS CHIPPENHAM dicit quod omnia bene.

[7] DOM: JOHANNES NORWYCH dicit quod libri chori patiuntur ruinam in præjudicium divini cultus.

The service-books much worn.

Item quod DOMINUS THOMAS ORFORD est aptus studendi et non habent confratres doctos.

[8] DOM: JACOBUS HYLLYNGTON dicit quod supprior et alii majores sunt negligentes in veniendo ad divina officia.

[9] DOM: THOMAS BUTLEY dicit quod omnia bene.

[10] DOM: THOMAS ORFORD dicit quod omnia bene.

[11] DOM: REGINALDUS WESTERFEYLD dicit quod omnia bene.

[12] DOM: DYONISIUS RYCHEMOUNT subdiaconus dicit quod omnia bene.

[13] DOM: THOMAS SUDBURIE dicit quod DOMINUS REGINALDUS WESTERFEYLD dedit verba inhonesta confratribus et vilipendit eos.

[14] DOM: BRIANUS WYNKFEYLD exorcista dicit quod WESTERFEYLD vilipendit confratres juniores et vocat eos *horesons*.

[15] DOM: HENRICUS BASSYNGBOURNE subdiaconus dicit quod omnia bene.

[16] DOM: NICHOLAUS OXBURGH professus dicit et concordat cum WYNKFEYLD.

INJUNCTIONES.

Dominus monuit Dñm: REGINALDUM WESTERFELD quod abstineat se a verbis opprobriosis in futurum.

Item dominus injunxit priori quod permitteret et licentiaret DOMINOS JOHANNEM THETFORD et THOMAM ORFORD accedere ad universitatem studendi gratia pro eo quod habent exhibitionem alienam.

Et hiis gestis dominus dissolvit visitationem etc.

PRIORATUS MONIALIUM DE CAMPESEYE.

Primo die mensis Augusti anno Domini 1514 reverendus in Christo pater et dominus DOMINUS RICARDUS permissione divina Norwicensis episcopus personaliter visitavit jure ordinario priorissam et moniales. Quibus convocatis in domo capitulari proposito verbo Dei et declaratis articulis, dictus reverendus pater examinavit priorissam et sorores in forma sequenti. 1 Aug. 1514. (fol. 45.)

DNA: ELIZABETHA EVERARDE priorissa inquisita et examinata dicit quod omnia fiunt laudabiliter, tam in spiritualibus et temporalibus juxta facultates quam in obedientia, et ceteris essentialibus religionis. [1]

DNA: BARBARA JERNYNGHAM dicit quod omnia bene. [2]

DNA: PETRONILLA FULMERSTOUNE suppriorissa dicit quod omnia bene. [3]

DNA: ELIZABETH WILLUGHBY inquisita concordat. [4]

DNA: ELA BOOTY examinata dicit quod omnia bene. [5]

DNA: MARGARETA HARMAN inquisita concordat. [6]

DNA: ALICIA COOKE examinata concordat. [7]

DNA: ISABELLA NORWICHE inquisita concordat. [8]

[9] DNA: ELIZABETHA WINKFELD interrogata dicit quod omnia bene fiunt et laudabiliter.

[10] DNA: MARGARETA BACON concordat examinata.

[11] DNA: AGNES VALENTYNE inquisita concordat.

[12] DNA: KATERINA LOGGYN alias London concordat.

[13] DNA: PETRONILLA FELTON concordat.

[15] DNA: KATERINA GROOME examinata concordat.

[16] DNA: KATERINA SYMOND inquisita concordat.

[17] DNA: ANNA WYNTER examinata concordat.

[18] DNA: BRIGIDIA COKET
[19] DNA: ANNA BARDEWELL
[20] DNA: CRISTINA ABELL
[21] DNA: DOROTHEA BRAMPTON
} non professæ concordant.

INJUNCTIO.

Et dominus injunxit priorissæ quod conficiat verum inventarium et exhibeat, citra festum Nativitatis Domini proximum, omnium jocalium et mobilium.

Et sic dominus dissolvit suam ordinariam visitationem.

WOODBRIDGE PRIORY.

2 Aug. 1514. In prioratu de Wodbrydge secundo die Augusti coram reverendo in Christo patre Domino Norwicensi Episcopo.

[1] *The Prior too easy.* Mag: THOMAS COOKE dicit quod prior non exigit pecuniam pro certis terris sed omittit videlicet iiiid. in una villa et viii d. vel xii d. in alia villa, in præjudicium domus, ad summam iii vel iiii li.

Item quod DOMINUS WILLELMUS FURTON habet capacitatem et non est beneficiatus sed est firmarius priori de Butley.

DOM: WILLELMUS LYCHEHAM dicit quod prior Sancti Petri Gipwici injuste subtrahit annualem redditum ad summam iiii s. per annum. [2]

Item quod manerium de Allesbourne patitur maximam ruinam tamen non culpa istius prioris.

MAG: ROBERTUS CLOPTON dicit quod omnia bene. [3]

DOM: THOMAS SMYTH dicit quod Furton vagatur per mundum. [4]

Prior dicit quod omnia bene.

INJUNCTIO.

Dominus: injunxit priori quod sit solicitus et diligens in petendo redditu pertinente prioratui. Et hoc facto dissolvit visitationem.

TRINITY PRIORY, IPSWICH.

In prioratu Sanctæ Trinitatis Gipwici tertio die Augusti anno Domini millesimo D xiiii. 3 Aug. 1514.

FRATER THOMAS SMYTH dicit quod omnia bene. [1]

FRATER THOMAS EDGOUR dicit quod non est aliquis supervisor officiorum domus et omnia alia bene. [2]

FRATER JOHANNES ELYS dicit quod omnia bene. [3]

FRATER THOMAS MYNYET dicit quod omnia officia remanent in manibus prioris. [4]

Item quod officiarii seculares vilipendunt confratres.

Item quod Johannes Sewall fuit repertus cum furto et non est necessarius prioratui.

[5] The servants are insolent

FRATER JOHANNES SHRYBBE dicit quod servientes domus vilipendunt confratres quorum nomina sunt Lionellus Martyn, Johannes Boton, dicunt hæc verba sequentia in anglicis *yf soo be that ye medyll with me I shall gyff the such a strippe that thow shallt not recover yt a twelvemonyth after.*

[6] FRATER ROBERTUS BENETT dicit quod omnia bene.

[7] FRATER THOMAS BETTES concordat cum SHRYBBE.

[8] FRATER JOHANNES WRYGHT dicit quod cocus domus habet domum sumptuosam ex proventibus coquinæ.

ARTICULI COMPERTI.

Non est aliquis supervisor officiorum prioratus.

Omnia officia remanent in manibus prioris.

Servientes domus videlicet Lionellus Martyn et Johannes Boton vilipendunt confratres domus eis dicendo hæc verba in anglicis, *yf soo be that ye medyll with me I shall gyff the such a stryppe that thow shalt not klawe* [sic] *yt of a yere after.*

Cocus habet domum nimis sumptuosam ex proventibus coquinæ.

Johannes Sewall fuit repertus publice cum furto.

INJUNCTIO.

Dominus injunxit priori quod moneat servientes quod sint obedientes confratribus in licitis et ne vilipendant eos. Et sic visitationem suam dissolvit, etc.

PRIORATUS SANCTI PETRI GIPWICI IIII DIE MENSIS AUGUSTI, ANNO DOMINI 1514.

FRATER THOMAS GODEWYN prior ibidem examinatus dicit quod domus non oneratur ære alieno. Et exhibuit compotum in grossu a tempore præfectionis et non exhibuit inventarium. [1]

Dicit insuper quod canonici non surgunt debite ad matutinas.

DOM: WILLELMUS BROWNE est aptus ad præsidendum conventui. [2]

DOM: JOHANNES LAURENCE alias SMYTH, deserviens cure ecclesie Sancti Nicholai in Gipwico, dicit quod confratres sunt inobedientes et non surgunt debite ad matutinas. [3]

DOM: GALFRIDUS BARNES, deserviens curæ ecclesiæ Sancti Petri inquisitus, dicit quod omnia fiunt bene et laudabiliter. [4]

DOM: WILLELMUS BROWNE dicit quod fundatio cantariæ fundatæ in ecclesia ista non debite observatur. [5]

Item quod confratres non habent pensionem alias usitatam.

Item non habent ludi magistrum. No schoolmaster.

DOM: NICHOLAUS MOTTYS dicit quod ordinatio firmariæ non observatur. [6]

Item quod non habent recreationes in gardino firmariæ.

Item quod non habent sacristam.

Item quod DOM: JOHANNES [*sic*] BROWNE et GALFRIDUS BARNES sunt inceptores controversionum inter priorem et conventum. Dissensions.

Item quod sigillum commune remanet tantum in manibus prioris.

DOM: JOHANNES PYKERELL dicit quod non est aliquis ludimagister in domo et omnia alia bene. [7]

DOM: THOMAS CHAUMBERLAYN dicit quod non est aliquod lectum in firmaria et omnia alia bene. [8]

DOM: WILLELMUS WYLSON dicit quod non habent jentacula in mane. [9]

DOM: THOMAS PENDERLEY dicit quod omnia bene. [10]

INJUNCTIONES PRIORATUS SANCTI PETRI GIPWICI.

Dominus vicarius generalis injunxit confratribus quod imposterum melius surgant ad matutinas.

Item priori injunxit quod custodiri faciat sigillum commune in communi cista sub iii clavibus citra festum Michaelis proximum.

Item confratribus quod sint obedientes priori.

Item priori quod doceri faciat confratres in grammatica.

Et hiis completis dominus dissolvit visitationem.

PRIORATUS MONIALIUM DE REDLINGFELDE.

Ridlingfeld Nunnery. 7 Aug. 1514. (fol. 47 b.)

Septimo die mensis Augusti 1514 dominus personaliter visitavit dictum prioratum et convocatis priorissa et sororibus examinari fecit eas per MAGISTRUM DOCTOREM HARE commissarium sub hac forma sequente.

PRIORISSA dicit quod DNA: ALICIA BEDYNGFELD non est obediens.

Item DNA: ANNA DRURY et DNA: GRACIA SAMPSON, pro consimili, et revelant secreta religionis et correctionis factæ in conventu.

Item DNA: MARGARETA LAWDER non est multum constans sed est inconstans.

[2] DNA: JOHANNA [ ] subpriorissa dicit quod sorores non observant silentium sed sunt inobedientes videlicet DNA: ALICIA BEDYNGFELD, DNA: ANNA DRURY, DNA: ALICIA BLYNDE, DNA: GRACIA SAMPSON et DNA: ANNA NYCOLL.

Ista fuit capellana priorissæ a tempore præfectionis.

[3] DNA: JOHANNA DEYNE inquisita, dicit quod suppriorissa est crudelis et nimis severa in corrigendo et in generali disciplina aspere corrigit et elicit sanguinem nec æqualiter ponderat delicta sed affectionaliter punit.

Priorissa non mutavit capellanam a tempore præfectionis nec reddidit compotum a tempore ultimæ visitationis ordinariæ.

DNA: ISABELLA ALEYN dicit quod non habent infirmariam nec [4]
custodem temporè infirmitatis.

Suppriorissa non est caritativa nec indifferens in correctionibus et conqueritur priorissæ de sororibus sæpius.

Complaints against the subprioress.

Priorissa non reddit compotum de statu domus.

Non habent *le curteyns* in dormitorio inter cubilia.

Infirmi jacent in dormitorio.

DNA: MARGARETA LAWDER dicit quod priorissa est discreta et [5] (fol. 48.)
sollicita circa temporalia.

Dicit quod non observant nec sedent in refectuario ut solent [*sic*], et hoc per quinquennium elapsum, quia refectuarium occupatur cum aliis rebus.

The refectory unused.

Suppriorissa nimis aspere ministrat disciplinas ita quod sæpius elicit sanguinem.

Pueri jacent in dormitorio.

Sorores non habent curricula inter cubilia sed una potest aliam videre quando surgit vel aliquid aliud facit.

No curtains in the dormitory.

DNA: ALICIA BEDINGFELD dicit quod non bibunt neque comedunt [6]
ante duodecimam.

Dicit quod non habent aliquas recreationes.

Quoad suppriorissam concordat cum præexaminata.

Suppriorissa observat stallum infimum in choro.

Non habent infirmariam nec custodem tempore infirmitatis.

DOM: ANNA DRURY dicit quod priorissa non reddit compotum. [7]

Et in aliis concordat cum DNA: ISABELLA ALEYN.

Dicit quod ipsa inquisita fuit inobediens suppriorissæ et propter hoc petiit veniam et tamen suppriorissa conquesta est de illa priorissæ et igitur timet quod severe et aspere punietur.

DNA: ALICIA BLYNDE dicit et concordat cum DNA: ISA- [8]
BELLA.

DNA: ANNA NICHOL dicit quod non habent refectuarium nec [9]
infirmariam sed infirmi jacent in dormitorio.

Et quoad suppriorissam concordat.

[10] DNA: GRACIA SAMPSONNE dicit quod pueri cubant in dormitorio et nocent conventui.

(fol. 48 b.) Et in ceteris concordat cum præexaminata.

Suppriorissa sedet infima in choro et per annum non legit neque cantat cum conventu.

Non habent inventarium jocalium.

INJUNCTIONES.

Dominus injunxit priorisse quod exhibeat verum inventarium omnium jocalium, catallorum et mobilium citra festum Omnium Sanctorum.

Item quod reddat compotum de statu domorum et exhibeat citra festum Sancti Michaelis 1515.

Item quod mutet capellanam citra festum Michaelis proximum.

Item quod provideat de refectuario infirmario et custode pro infirmis infra annum.

Item injunxit suppriorissæ quod discrete et non crudeliter corrigat et puniat.

Item quod pueri non jaceant in dormitorio.

Item quod provideat curricula inter cubilia in dormitorio.

PRIORY OF EYE.

8 Aug. 1514. Dominus viii die Augusti personaliter visitavit prioratum de Eya et convocatis priore cum fratribus, eos sub forma sequenti examinavit.

DOM: RICARDUS STRETFFORTHE examinatus dicit quod sigillum [1]
commune emanavit sine consensu majoris partis et senioris capituli maxime in clericis ordinandis.

Item quod juniores sunt negligentes in exercendas scholas.

Item dominus prior sigillat litteras sigillo communi non nunquam sine deliberatione matura.

Item quod prior non reddit compotum fratribus per quadrennium.

Item non contemptatur prior quando fratres loquuntur ei de aliqua re reformanda.

DOMPNUS JOHANNES EYA examinatus dicit quod nihil scit quod [2]
eget reformatione.

DOMPNUS RICARDUS IPPESWICHE examinatus dicit quod Mar- [3] The prior suspected.
geria uxor Johannis Bery manentis apud London est suspecta cum priore ibidem.

Et quod prior ibidem nihil facit ibidem sine consilio dictæ Margeriæ.

Item dictus prior construxit quandam domum ex lignis loci sui et dedit illam domum cuidam Thomæ Bery filio dictæ Margeriæ.

Item prior ibidem mutuavit certos libros extra prioratum scilicet Doctori Whyght et adhuc non sunt reliberati. Books of the priory lent out.

Item prior vendit nemora. Et domus dormitorii eget reparatione in tecto et patitur ruinam.

DOMPNUS WILLELMUS NORWICHE dicit quod fertur in villa [4]
quod duæ domus ædificantur in villa sumptibus et ex meremio prioratus pro servis prioris.

DOMPNUS CHRISTOFERUS RYKYNGHALE dicit quod prior ven- [5]
didit boscum et meremium prope Thornham pro ædificatione domus THOMÆ BERY servientis sui.

Dicit quod tantum semel in anno videlicet in Paschate generalem recipiunt disciplinam.

DOMPNUS JOHANNES SALTER diaconus dicit quod omnia bene. [6]

DOMPNUS ROBERTUS STOWE concordat. [7] (fol. 49b.)

[8] Dompnus Henricus Combys novicius concordat dicit tamen quod Margeria Berye lotrix accedit ad prioratum frequenter.

Injunctiones.

Dominus injunxit quod prior provideat de restitutione librorum mutuatorum Magistro Whyte citra festum Nativitatis Domini proximum.

Item quod prior exhibeat verum inventarium et compotum de statu domus citra sinodum Michaelis proximum.

Item Dominus monuit priorem et confratres quod Margeria Berye de cetero non intrat sæpta prioratus.

Et dominus continuavit visitationem suam usque festum Michaelis et quemcunque diem citra.

Flixton Nunnery.

11 Aug. 1514. Undecimo die mensis Augusti anno Domini millesimo quingentesimo xiiii reverendus in Christo pater et dominus Dominus Ricardus permissione divina Norwicensis episcopus in ecclesia conventuali de Flixton processionaliter debita cum reverentia per priorissam et consorores humiliter fuit receptus et ingrediens deinde domum capitularem convocari fecit priorissam et consorores easque modo prout sequitur tunc et ibidem examinavit.

[1] Dna: Isabella Ashe dicit quod silentium non observatur.

Et quod iiii et sextis feriis necnon sabbatis tantum vescuntur butiro cum caseo et interdum lacte.

DNA: ALICIA LAXFELD dicit quod priorissa non reddidit compotum a tempore præfectionis et dicit quod non vult reddere. [2]

DNA: OLTON dicit quod Johannes Welles est conversibilis cum priorissa. [3] (fol. 50.)

Item quod priorissa non reddidit compotum et quod illud omnino negat. The prioress is capricious in her discipline.

Item quod nullas recipiunt annuales pensiones. Et quod priorissa irascitur quando aliquid eis datum est ab amicis eorum.

Item quod non habent infirmariam neque custodem tempore infirmitatum suarum.

Item quod priorissa vendit nemora pertinentia ad prioratum ibidem.

Item dicit quod sorores quæ habent jentacula non prandent nec aliquid comedunt usque ad cænam.

PRIORISSA dicit quod aliquando aliquæ consororum sunt inobedientes. [4]

DNA: ELISABETH WRIGHT dicit quod moniales non surgunt mane ad divina officia et præcipue DNA: ELISABETH ASHE et DNA: MARGARETA ROWSE et sunt etiam ei inobedientes. [5]

Item quod sorores vix audent deponere veritatem propter sævitiam priorissæ.

Item quod quidam Johannes Welles sæpe suspitiose frequentat consortium priorissæ.

Item quando benefactores domus dant elimosinas vel alias in piscibus conventui priorissa convertit ad libitum in suum usum proprium.

DNA: ELISABETH LAUNDE dicit quod nullus ordo observatur quia juniores et seniores æque habentur. Et priorissa majorem dat fidem junioribus quam senioribus et igitur suppriorissa non audet punire delinquentes. [6] Dissension in the convent.

Item quod disciplina generalis vel particularis non observatur. In aliis concordat cum DNA: MARGARETE OLTON.

DNA: AGNES EHSY dicit quod priorissa emit unam parcellam terræ infra parochiam in qua priorissa habet obviam cum Welles. [7] (fol. 50 b.)

[8] DNA: MARGARETA ROWSE dicit quod suppriorissa non dedit disciplinam per annum.

Et quod æqualiter pro infirmis et sanis.

INJUNCTIONES.

In primis dominus injunxit priorissæ quod removeat consanguinem Johannis Welles post tempus autumpnale.

Item injunxit Johanni Welles quod nunquam habeat accessum ad ad istam domum imposterum. Et quod nunquam habeat accessum consortium dictæ priorissæ.

Item quod amoveat seipsum extra dictam villam citra festum Omnium Sanctorum proximum cum bonis suis. Et quod nunquam durante vita ipsius priorissæ moram trahat infra eandem villam.

Quibus sic factis dominus continuavit visitationem suam hujusmodi usque festum Paschæ et quemcunque diem citra.

NUNNERY OF BUNGAY.

12 Aug. 1514. Duodecimo die mensis Augusti anno quo supra dictus reverendus pater fuit more solito in prioratu de Bungay per priorissam et consorores receptus et ingrediens domum capitularem priorissam et consorores examinavit prout sequitur.

DNA: [the rest of this page is blank.]

[3 blank leaves follow.]

Carrow Nunnery.

Vicesimo quinto die mensis Augusti anno Domini millesimo quingentesimo xiiii reverendus in Christo pater, etc. personaliter visitavit domum sive prioratum monialium de Bungaie.[a] Et erat ibidem cum processione reverenter receptus et ingrediens subsequenter domum capitularem convocari fecit priorissam et sorores, quibus post verbum Dei propositum exponi fecit articulos super quibus essent examinandi. Et easdem ut sequitur examinavit. 25 Aug. 1514.

DNA: ISABELLA WIGAN priorissa dicit quod omnia bene. [1]

DNA: ANNA MARTIN suppriorissa dicit quod DNA: MARGARETA KIDMAN non est mitis. [2]

DNA: JOHANNA GRENE dicit quod cibaria parcius solito ministrantur. [3]

DNA: MARGERIA CARROW dicit quod omnia bene. [4]

DNA: MARGARETA CLERK concordat. [5]

DNA: AGNES WARNER concordat. [6]

DNA: KATERINA [ ] concordat. [7]

DNA: MARGARETA STIWARDE concordat. [8]

DNA: ANNA LONDON concordat. [9]

DNA: MARGARETA KIDMAN concordat. [10]

Et hiis gestis dominus dissolvit visitationem suam ordinariam ibidem.

[Fol. 51 b. blank.]

[a] Evidently a mistake for Carrow.

Resignation of the Prior of Walsingham.

31 Aug. 1514. In dei nomine Amen. Coram vobis reverendo in Christo patre et domino Domino Ricardo permissione divina Norwicensi Episcopo authenticaque persona et testibus fidedignis hic præsentibus, Ego Willelmus Lowthe, prior ecclesiæ regularis et conventualis beatæ Mariæ de Walsingham ordinis Sancti Augustini vestræ Norwicensis diœcesis, volens et affectans ex certis causis veris et legitimis me et animum meum in hac parte moventibus ab onere cura et regimine dicti prioratus sive dignitatis prioralis et ab administratione spiritualium et temporalium ejusdem penitus exui et exonerari. Eandem dignitatem prioralem cum suis juribus et pertinentiis universis in sacras et venerabiles manus vestras pure sponte simpliciter et absolute resigno ac juri titulo interessæ et possessioni meis in eodem prioratu præhabitis renuncio eisque cedo et ab eisdem totaliter et expresse recedo. *Salva semper, mihi præfato Willelmo resignanti, pensione annua congrua canonica et competenti* de et ex fructibus et proventibus ejusdem prioratus pro victu et vestitu mihi quoad vixero necessariis, vestra auctoritate ordinaria limitanda moderanda et assignanda, cujus dominationis vestræ decreto et sententiæ stare et obtemperare promitto firmiter per præsentes.

Teste manu mea propria } W. Lowthe.

Lecta erat hujusmodi resignatio in domo capitulari ecclesiæ conventualis Beatæ Mariæ de Walsingham ultimo die mensis Augusti 1514. Præsentibus Magistris Thoma Hare, legum doctore, Henrico Foorthe, sacræ theologiæ baccalaurio, et Domino Willelmo Newton capellano, ac me Thoma Godsalve notario publico.

WALSINGHAM.

[Regulations for Reformation of Discipline, &c.]

Penultimo die mensis Augusti anno Domini millesimo quingentesimo xiiii reverendus in Christo pater et dominus DOMINUS RICARDUS permissione divina Norwicensis Episcopus in visitatione sua ordinaria instante, convocatis coram eo omnibus et singulis canonicis domus sive prioratus de Walsingham in domo capitulari ibidem, fecit et dedit publice injunctiones subscriptas in præsentiis MAGISTRORUM THOMÆ HARE, legum doctoris, HENRICI FORTHE, sacræ theologiæ baccalaurii, Magistri [ ] artium magistri, DOMINI THOMÆ MARTYNS, rectoris de Egmere, et DOMINI WILLELMI NEWTON capellani. 30 Aug. 1514.

In primis injunxit idem reverendus pater quod omnes et singuli canonici semota divisione sint invicem amantes et concordes nec aliqua verba opprobriosa, vilipendiosa, contumeliosa, convitiosa seu diffamatoria inter se habeant, emittant, dicant vel proferant.

Injunxit etiam quod nullus canonicorum præcipue juniorum habeat communicationem cum aliqua seculari persona infra præcinctum monasterii nisi sint officiarii et illi tantum in hiis quæ concernunt eorum officia, et hoc in præsentia unius confratrum.

Item quod nullus imposterum canonicorum sagittet extra præcinctum monasterii.

Item quod nullus canonicorum moram faciat bibat vel comedat in aliqua domo infra villam de Walsingham nisi ex causa gravi et legitima approbata per priorem et eo absente per suppriorem.

Item quod ostium domus scaccarii sit ceratam duplici cera quarum una clavis remaneat penes priorem et altera penes seniorem, quem major et sanior pars confratrum duxerint nominandum.

Item injunxit retroscriptus reverendus in Christo pater quod singulis sabbatis custos capellæ Beatæ Mariæ ibidem coram præsidente (fol. 53.)

in scaccario tam pecuniam et aurum numerat quam jocalia anulos et cetera oblata illa septimana, quæ omnia et singula tam custos quam unusquisque præsidentium inserat et scribat in libris suis. Et dicta pecunia numerata, tam aurum quam argentum, in scaccario remansura et jocalia sic conscripta reddatur custodi in capella conservando et semel in anno tota pecunia remanens in scaccario reponatur in thesauraria.

[The Report ends abruptly at this page.]

III.

THE VISITATION OF BISHOP RICHARD NICKE,

A.D. 1520.

[The Record of this Visitation has survived only in the fragment which follows. It has been bound up with the previous Visitation, and, as will be seen by the marginal reference, follows it immediately in the same volume.]

PRIORY OF IXWORTH XIIII JUNII 1520.

Præsentatis literis commissionalibus reverendi in Christo patris etc. et reverenter receptis convocatis primitus priore et confratribus Reverendus pater JOHANNES CALCIDONIENSIS Episcopus ac Magister ROBERTUS DIKAR commissarii, et perlectis literis hujusmodi per me Thomam Godsalve de mandato commissariorum, iidem commissarii decreverunt procedendum fore in hujusmodi visitationis ordinariæ negotio juxta tenorem earundem. Et deinde prior exhibuit certificatorium cum schedula nominum confratrum quos domini commissarii singillatim ut sequitur examinarunt. Ixworth. (fol. 54.)

FRATER JOHANNES GERVES prior dicit quod essentialia religionis inter confratres pro posse debite observantur. Et prioratus juxta ipsius facultates in omnibus competenter se habet. All things going on well. [1]

NICHOLAUS ALDERICHE dicit quod omnia bene fiunt tam circa religionem quam circa statum domus. [2]

NICHOLAUS WALSINGHAM supprior dicit quod prior omnia politice gubernat et regit, et cultus divinus debite observatur et etiam religio. [3]

[4] THOMAS JONSON inquisitus dicit ut supra.
[5] DOM: JOHANNES SCOLER examinatus concordat.
[6] SIMON HERT inquisitus etiam concordat.
[7] ADAM PUNDER examinatus concordat.

[8]	Dni	WILLELMUS AILBRIGHT	Singillatim secrete unusquisque per se inquisitus et examinatus concordat cum preexaminatis.[a]
[9]		JOHANNES SMYTHE	
[10]		ROBERTUS BARACLIF	
[11]		WILLELMUS RAYNBERD	
[12]		WILLELMUS BLOME	
[13]		WILLELMUS SYWARD	
[14]		THOMAS FULLER	
[15]		JOHANNES GARARD	

Quibus sic gestis idem Reverendus pater JOHANNES CALCEDONIENSIS EPISCOPUS commissarius prædictus dissolvit visitationem suam ibidem, et assignavit priori ad exhibendum inventarium de statu domus citra festum Michaelis proximum.

COLLEGIUM DE SUDBURY XV JUNII 1520.

(fol. 54 b.) Convocatis confratribus in domo capitulari quorum nomina sunt subscripta, exhibita commissione ac proposito verbo Dei per Magistrum ROISTOUN sub hoc themate *Sobrie juste ac pie vivamus.* Dominus THOMAS LEGATE, senescallus, exhibuit monitionem absque certificatorio propter absentiam magistri ut asseruit. Et deinde præconisato publice Magistro RICARDO EDEN, custode collegii, et non comparente, dominus commissarius ex gratia duxit eum expectandum in horam iii post meridiem isto loco, quibus hora et loco idem Magister RICARDUS iterum præconisatus non comparuit, ideo dominus ex superabundanti [ ] decrevit eum ut prius expectandum in horam ii crastinæ diei post meridiem.

Misit literas privatas excusationis.

[a] It is observable that the Prior is styled *Frater*, that nine of the Canons are designated as *Domini*, and the rest have no title.

DOM: JOHANNES WAITE confrater ætatis lxxx annorum et ultra dicit quod fuit confrater loci per l annos. [1]

Inquisitus de et super observatione fundationis Collegii dicit quod carent tribus confratribus in presenti, de numero assignato per fundationem, tamen habent ut dicit duos conductitios vice eorum.

Et unus confratrum ut dicit noviter erat assumptus in cantaristam apud Melforde quindena elapsa [*sic*].

Et dicit quod divinus cultus debite observatur et temporalia bene dispensantur et domus, sive collegium, non oneratur ære alieno. All things going on well.

DOM: THOMAS LEGATE senescallus collegii ubi fuit confrater per xii annos, dicit quod omnia debite fiunt tam circa spiritualia quam temporalia tamen dicit quod statutum de veste confratrum non observatur quia de uno colore et una secta incederent. [2] The statute regarding dress not observed.

DOM: WILLELMUS TUBLAYNE confrater collegii de Sudd et fuit confrater per xii vel xiii annos. (fol. 55.) [3]

Inquisitus dicit quod omnia debite observantur tam in spiritualibus quam in temporalibus.

DOM: WILLELMUS NUTTMAN inquisitus dicit quod fuit confrater per septennium. [4]

Item examinatus de statu domus dicit divinus cultus pro numero debite observatur et temporalia satis politice dispensantur.

DOM: JOHANNES SICKLING qui fuit confrater per decem annos inquisitus concordat cum præexaminatis. [5]

Et hiis peractis dominus prorogavit visitationem suam ibidem usque in crastinum hora ii post meridiem cum continuatione dierum si oporteat tunc sequentium. Quibus hora et loco quia MAGISTER RICARDUS EDEN iterum præconisatus non comparuit per se aut procuratorem sufficientem, dominus excommunicavit eum inscriptis, reservata denuntiatione. Et prorogavit visitationem ad et usque festum Michaelis proximum et quemlibet diem citra cum continuatione etc. One of the brethren had not obeyed the citation.

College of Stoke by Clare.

Collegium de Stoke præsentibus Domino Suffraganeo Magistris Thoma Caps et Roberto Dikar.

(fol. 55 b.) 19 Junii, 1520. Convocatis confratribus et vicariis, Magister Roistoune proposuit verbum Dei sub hoc themate exhibita commissione et perlecta, præsentato insuper mandato et certificatorio cum procuratorio pro absentibus, facta fuit examinatio prout sequitur.

[1] Willelmus Dicons, vicarius choralis, ætatis xxxiii annorum et fuit vicarius ibidem per ix annos, de cultu divino dicit quod laudabiliter fit et cetera omnia debite fiunt.

[2] Dominus Thomas Wellis, vicarius choralis, ætatis xxxii annorum et quasi per septennium fuit vicarius choralis.

Inquisitus de statutorum observatione dicit quod statuta debite observantur in hiis quæ concernunt vicarios quia statuta hujusmodi remanent in custodia vicariorum et liber patet omnibus accessus ad legendum.

Et quoad statuta canonicorum dicit quod non novit.

Cetera omnia tam circa spiritualia quam circa temporalia debite fiunt et exercentur quantum iste novit.

The number of vicars choral not filled up. Dicit quod non habent completum numerum vicariorum quia statuta canunt quod octo essent et sunt nisi quinque et hoc propter decasum proventuum habent tamen vi conductitios et ex statutis tantum essent quinque.

(fol. 56.) [3] Dom: Ricardus Broune, ætatis xli annorum, dicit quod fuit vicarius choralis per xiiii annos.

Dicit quod omnia debite observantur quoad vicarios pro numero.

Insufficient revenue. Et dicit quod proventus vix sufficiunt pro illis quinque sustentandis.

[4] Dom: Georgius Boswell, ætatis xxvii annorum, qui fuit vicarius per annum et ultra.

Inquisitus de cultu divino et ceteris dicit quod omnia debite et laudabiliter fiunt.

[Half page blank.]

MAGISTER THOMAS WHITEHED, ætatis xlvi annorum, et fuit præbendarius ibidem per xxiii annos. (fol. 56 b.) [5]

Dicit inquisitus et examinatus quod omnia debite fiunt tam in spiritualibus quam temporalibus.

Et dicit quod est rasura in libris statutorum præsertim circa tempus residentiæ.

The book of the statutes had been tampered with.

Et status domus tam in compotis quam in reparationibus competenter se habet.

Dicit quod statuta canunt quemlibet præbendarium debere post admissionem dare vestimentum pretii xl s. in primo anno et hoc non observavit MAGISTER WARDALL.

MAGISTER THOMAS REYUES, ætatis lv annorum, dicit quod fuit præbendarius ibidem per xi vel xii annos. [6]

Dicit inquisitus quod omnia bene fiunt et observantur præter statuta circa residentiam canonicorum quæ statuta in se adversantur et sunt contraria et rasurata.

MAGISTER WILLELMUS WYOTT decretorum doctor ætatis lx annorum dicit quod fuit præbendarius ibidem per x vel xii annos. [7]

Inquisitus dicit quod libri statutorum invicem repugnant et rasurantur cujus prætextu multæ fiunt contentiones.

Disputes in consequence.

Et dicit quod decanus prætextu contrarietatis statutorum usurpat certum redditum in Hunden cum clauso infra præcinctum collegii pertinentem communitati.

Complaints of the Dean.

Et dicit quod decanus non observat residentiam juxta statuta

MAGISTER THOMAS WARDALL, ætatis lix annorum, dicit quod fuit præbendarius circiter xiiii annos. (fol. 57.) [8]

De et super statu collegii et observantia statutorum dicit quod divina servitia debite observantur pro numero et cetera bene, præter rasuram statutorum.

[9] MAGISTER THOMAS NORREYS, ætatis lx annorum, dicit quod fuit vicarius choralem ibidem per xxix annos.

Deficient revenues.

Inquisitus dicit quod numerus vicariorum diminuitur et carent tribus juxta statuta, et subdit causam quia dicit quod proventus et redditus pertinentes vicariis diminuuntur non mediocriter quia vix sufficiunt ad numerum quinque.

Habent tamen plures conductitios quam solent.

Et hiis factis Dominus Commissarius MAGISTER CAPS, presente collega MAGISTRO DIKAR, et mandante præsentem visitationem ad et usque festum Sancti Michaelis Archangeli proximum cum continuatione et prorogatione dierum et horarum tunc sequentium continuavit et prorogavit etc.

BROMEHILL PRIORY. XXI DIE MENSIS JUNII 1520.

(fol. 57 b.) Vicesimo primo die mensis Junii anno Domino millesimo quingentesimo xx reverendus in Christo pater et dominus dominus JOHANNES DEI GRATIA CALCIDONIENSIS EPISCOPUS unacum collegis suis, commissariis reverendi in Christo patris et domini domini RICARDI permissione divina NORWICENSIS EPISCOPI, domum capitularem ibidem ingressus convocari fecit priorem et canonicos, proposito verbo Dei et exhibita citatione cum certificatorio, examinavit eos subsequenter prout sequitur.

[1] DOM: ROBERTUS CODDE, prior ibidem, dicit quod essentialia religionis inter confratres pro posse debite observantur. Et prioratus juxta ipsius facultates in omnibus competenter se habet.

All things going on well.

[2] DOM: EDMUNDUS BANYARD
[3] DOM: JOHANNES WHETEBRED
[4] DOM: RICARDUS MASON
[5] DOM: RICARDUS BRECCLES

} Dicunt quod omnia bene.

INJUNCTIONES.

Dominus injunxit priori quod habeat prisonam cum stokkes et cathenis pro confratribus suis corrigendis infra xxx dies.

Præterea dominus injunxit canonicis prædictis quod non frequentent tabernas et quod non exeant prioratum sine licentia prioris et de cetero non utantur *le tayches*[a] quibus gestis dominus dissolvit visitationem suam.

PRIORY OF THETFORD.

xxii die mensis Junii anno Domini millesimo quingentesimo xx dictus reverendus pater domum capitularem ibidem ingressus convocatis confratribus quarum nomina sunt subscripta et verbo Dei tunc proposito eos examinavit prout sequitur. (fol. 58.) 22 June, 1520.

JOHANNES THETFORTH prior ibidem dicit quod prioratus maximam patitur ruinam et proventus ejusdem prioratus non sufficiunt ad exhibitionem fratrum suorum. [1] The priory in great decay.

DOM: WILLELMUS BRIGGS } dicunt quod omnia bene. [2]
DOM: NICHOLAUS SKETT } [3]

DOM: RICARDUS NORIS dicit quod DOM: THOMAS LOWTHE prædecessor prioris moderni abduxit secum unum librum de bonis prioratus vocatum *le portuas*. Et sic dominus dissolvit visitationem suam. [4]

DOMUS MONIALIUM DE THETFORD.

Idem reverendus pater cum collegis suis descendit ad domum monialium eodem die post meridiem. Et viso prioratu propter paupertatem domus dissolvit visitationem suam ibidem. The nunnery very poor.

[a] Brooches or buckles. *Catholicon Anglicum*, 376.

Collegium de Russhworthe.

(fol. 58 b.) 23 June, 1520. xxiii Junii 1520 venerabiles viri Magistri Thomas Capp et Robertus Dikar in domo capitulari dicti collegii convocari fecerunt magistrum et consocios. Et præsentata commissione, et reverenter acceptata, dicti domini commissarii ad ulteriora in dicto visitationis negotio procedendum fore, juxta tenorem commissionis, decreverunt. Et statim præconisatus Custos collegii exhibuit mandatum sive certificationem, facta tamen præconisatione confratrum comparentium, domini eos examinarunt prout sequitur.

[1] Non reddidit compotum per biennium. Magister Johannes Purpet magister sive custos collegii de Russhworthe inquisitus dicit quod omnia debite fiunt tam in spiritualibus quam in temporalibus, et de statu domus dicit quod non oneratur ære alieno sed melioratur, industria sua, ducentis libris.

Dicit quod aliqui confratrum exeunt collegium absque licentia contra statuta.

[2] Dom: Thomas Barnysdale confrater et senescallus dicit quod custos nunquam legit statuta et ordinationes juxta fundationem et juramentum.

The number of boys in the school not kept up. Dicit quod socii non habent electionem puerorum secundum statuta et sunt nisi iiii et essent septem nec observantur statuta quoad numerum puerorum.

[3] Dom: Robertus Lokke confrater, ætatis l annorum, et fuit confrater xv annos.

Dicit quod pueri non exhibentur neque eliguntur juxta tenorem statutorum.

Et dicit quod magister modernus nunquam legit statuta et fundationem collegii juxta institutionem. .

Et dicit quod non providetur pueris juxta fundationem.

[4] Dom: Johannes Busshop, ætatis lxx annorum, et fuit confrater per xiiii annos.

Dicit quod parce ministratur confratribus in esculentibus et poculentibus, et in aliis concordat.

INJUNCTIONES.

Domini prorogarunt et continuarunt præsentem visitationem ad et usque diem lunæ proximum cum continuatione et prorogatione dierum et horarum tunc.

Et postea dicti domini commissarii prorogarunt præsentem visitationem ad et usque festum Omnium Sanctorum proximum futurum post datam præsentium, cum continuatione et prorogatione dierum tunc sequentium.

Et injunxerunt magistro quod conficiat verum inventarium omnium bonorum mobilium dicti collegii unacum pleno et integro compoto de statu domus et illud exhibeat apud Gipwicum videlicet ii die mensis Augusti proximo futuro.

THE BISHOP, THROUGH HIS OFFICIALS, APPOINTS AN ADDITIONAL FELLOW OF THE COLLEGE.

In Dei nomine Amen. Nos THOMAS CAPP decretorum doctor et ROBERTUS DIKAR in utroque jure bacallaurius, reverendi in Christo patris et domini DOMINI RICARDI permissione divina NORWICENSIS EPISCOPI, in visitatione sua ordinaria unacum aliis collegis commissarii sufficienter et legitime deputatis. Quia magister et socii hujus collegii de Russhworthe infra terminum, eisdem ex statutis ejusdem collegii limitatum et præfixum de sociis sive confratribus ibidem deservituris in numero sufficienti, juxta fundationem collegii et alias ordinationes in hac parte legitime præhabitas, providere non curarunt, sicque de jure et statutis collegii jus providendi tres consocios de numero requisito carentes et non admissos, culpa et negligentia dictorum magistri et confratrum, ad ipsum reverendum patrem et nos, ejus nomine, noscitur devolutum. Te igitur præfatum DOMINUM THOMAM AWNGER capellanum in eodem collegio moribus et scientia probatum, auctoritate dicti reverendi patris ac jure sibi et nobis ejus nomine legitime devoluto, in confratrem et consocium istius collegii ordinamus, præficimus et deputamus. Teque socium et confratrem ibidem perpetuum, de fidelitate pro posse observando statuta et ordinationes dicti collegii ad sancta Dei evangelia juratum, constituimus in hiis scriptis per præsentes.

COLLEGE OF S. CROSS, ATTLEBURGH.

(fol. 59 b.) 26 June, 1520. Vicesimo sexto die mensis Junii anno Domini millesimo quingentesimo xx JOHANNES Dei gratia CALCIDONIENSIS EPISCOPUS, unacum MAGISTRIS THOMA CAPPE decretorum doctore ac ROBERTO DYKAR in utroque jure baccallaurio, reverendi in Christo patris et domini DOMINI RICARDI permissione divina NORWICENSIS EPISCOPI ad visitationem suam ordinariam in et per totam civitatem et diœcesem Norwicensem exercendam commissarii sufficienter et legitime deputati et limitati, intraverunt quandam capellam sive oratorium infra collegium SANCTÆ CRUCIS DE ATTILBURGH situatam,
[1] et præconisari fecit Magistrum JOHANNEM CLEYTON MAGISTRUM sive præpositum dicti collegii, quo præconisato comparuit WILLELMUS BEYNHAM asserens se procuratorem dicti magistri, et quia neque The master appears by proxy. dictus magister nec ejus procurator satis fecit mandato dicti reverendi patris, juxta tenorem literarum monitoriarum sive citatoriarum sibi directarum, pronuntiavit contumacem et ex gratia decrevit dictum magistrum, ad ejus malitiam convincendum, expectandum fore in crastinum. Ac monuit GEORGIUM JEKSAN capellanum et ALANUM WHITLOKE socios ac fratres dicti collegii tunc personaliter præsentes

ad interessendum in crastino hora septima. Præterea dominus continuavit suam hujusmodi visitationem usque horam septimam prædictam cum continuatione et prorogatione etc. Quibus die et hora advenientibus coram dicto reverendo patre JOHANNE Dei gratia CALCIDONIENSI EPISCOPO et ROBERTO DIKAR commissario etc. comparuit WILLELMUS BEYNHAM et exhibuit procuratorium suum pro dicto magistro collegii, ut asseruit, penes registrum dimissum, et fecit se partem pro eodem exhibendo et exhibuit quandam citationem dicto magistro collegii directam, et nomine quo supra certificavit per literas patentes sigillo officii Magistri dicti collegii sigillatas, hujusmodi citationem debite executas per dominum suum secundum tenorem ejusdem fieri fecisse et subsequenter, præconisatis fratribus dicti collegii et comparentibus, (fol. 60.) dominus eos examinavit forma sequenti.

DNS: JOHANNES WHITLOK dicit quod magister domus sive collegii non observat statuta juxta hujusmodi collegii statuta. [2] The master complained of.

Item quod dictus magister penes se retinet annuum salarium istius examinati, per annum et ultra, xx s. exceptis quos iste examinatus recipit et penes se habet.

Item quod dictus magister detinet librum compoti istius deponenti a morte MAGISTRI PETRI FOSTON prædecessoris sui et ultimi incumbentis ibidem, usque præsentem et adhuc sic detinet in præsenti.

GREGORIUS JEKSON dicit quod magister non observat statuta domus juxta fundationem hujusmodi. [3]

Dominus monuit et assignavit dictum WILLELMUM BEYNHAM ad exhibendam xvi die Julii apud Holte fundationem dicti collegii unacum compoto bonorum hujusmodi collegii necnon omnes facultates domini sui (*sic*), et monuit prædictum ALANUM ad interessendum ibidem eodem die. Postea dominus misit literas pro excusatione exhibitionis in illo termino. Documents to be produced at Holt.

Præterea dominus continuavit suam hujusmodi visitationem usque festum Sancti Michaelis archangeli proximum futurum cum continuatione et prorogatione dierum etc.

PRIORY OF BUCKENHAM.

(fol. 60 b.) 27 June, 1520. xxvii die mensis Junii anno Domini 1520 venerabilis in Christo pater JOHANNES Dei gratia CALCIDONIENSIS EPISCOPUS, THOMA CAPPE decretorum doctore et ROBERTO DIKAR in utroque jure baccalaurio, commissariis reverendi in Christo patris et domini Domini RICARDI permissione divina NORWICENSIS Episcopi sufficienter deputatis visitando prioratum de Bokenham, reverenter cum processione recepti fuerunt. Et ingredientes subsequenter domum capitularem convocari fecerunt priorem et confratres suos proposito verbo Dei et commissione exhibita.

One of the brethren does not appear.

JOHANNES Prior ejusdem domus exhibuit monitionem cum certificatorio annexo, deinde præconisato Domino GEORGIO WALDEN et non comparente, dominus pronuntiavit contumacem et in pœnam contumaciæ suæ hujusmodi decrevit procedendum fore ad ulteriora, præconisatis omnibus confratribus dicti domus et comparentibus dominus eos examinavit forma sequente.

The churches of Buckenham are served by the canons.

[1] DNS: JOHANNES prior dicti prioratus dicit quod essentialia religionis inter fratres pro posse debite observantur. Et prioratus juxta ipsius facultates in omnibus competenter se habet. Et dicit quod ecclesiæ parochiales Sancti Benedicti, Bokenham veteris, et Sancti Andreæ, per confratres suos deserviuntur licentia a domino petita sive obtenta.

No schoolmaster.

[2] Dñs: THOMAS BEVERLEY supprior
[3] Dñs: THOMAS BROWNE cantarista
[4] Dñs: RICARDUS NORFFOLK
} Dicunt quod omnia bene præterquam nullum habent præceptorum in grammatica.

[5] Dñs: RICARDUS WYNTER
[6] Dñs: RICARDUS GOODMAN
[7] Dñs: THOMAS BENET
[8] Dñs: RICARDUS CRAWDER
[9] THOMAS FLIXTAN
} Dicunt quod omnia bene.

(f. 61.) Dominus suam hujusmodi visitationem dissolvit.

ABBEY OF WYMONDHAM.

Penultimo die mensis Junii 1520 convocatis in domo capitulari abbate et singulis commonachis, proposito verbo Dei per MAGISTRUM JOHANNEM DRYE sub hoc themate, *Inveni ovem quæ perierat*, et exhibitis literis commissionalibus et reverenter receptis, venerabilis pater JOHANNES ABBAS dicti monasterii certificatorium unacum mandato exhibuit et reverenter præsentavit, quibus perlectis unacum nominibus et cognominibus citatorum, domini examinarunt singulos ut sequitur. 29 June, 1520.

Venerabilis pater JOHANNES DEI GRATIA LIDENSIS EPISCOPUS, ABBAS dicti monasterii,[a] inquisitus dicit quod Dominus JOHANNES HYNGHAM non surgit ad matutinas licet sæpius ad hoc monitus per abbatem et similiter DOMINUS JOHANNES HARLESTON non est solicitus juxta debitum circa divina officia. [1] Complaints of irregularity.

Dicit etiam quod confratres per vi vel viii dies noluerunt cantare aut interesse missæ beatæ Mariæ, sic quod per illud tempus cessavit missa hujusmodi.

DOM: JACOBUS BLOME, PRIOR, inquisitus dicit quod divinum servitium debite pro numero observatur. [2] General neglect.

Dicit quod fenestræ in ecclesia conventuali non reparantur in vitro, ita quod columbæ intrant per fenestras et deturpant libros.

Dicit quod abbas non reddit compotum de statu domus coram senioribus confratribus.

Item dicit quod libri et vestimenta in ecclesia conventuali sunt defectiva et officia camerarii et sacristæ ac elemosinarii sunt in manibus abbatis.

[a] This is John Holt, Bishop of Lydda. He brought out the first Latin Grammar ever printed in England, about 1497, says Wood, and was patronised by Archbishop Moreton and by Sir Thomas More. He appears to have been a Suffragan in the See of London. He died in 1540. (See Stubb's *Register*, p. 147.)

(fol. 61 b.) [3] DOM: WILLELMUS BURY, PRÆCENTOR, inquisitus dicit quod DOMINUS HARLESTON plerumque absentat se ab officiis matutinis media nocte. Et similiter DOMINUS RICARDUS CAMBRIGE deditus est nimium potationi in nocte cujus prætextu redditur minus habilis ad divina officia supportanda.

A drunken monk.

[4] DOM: THOMAS OSMUND non est obediens precentori quando assignatur ei juxta debitum officii in choro tempore divinorum officiorum.

Other disorders.

Dicit etiam quod pulsationes et luminaria tempore divini servitii juxta morem preteriti temporis minus debite observantur culpa DOMPNI THOMÆ LYN sacristæ.

[½ page, and next page, blank.]

[5] DOM: JOHANNES RICHERS, Inquisitus dicit quod DOMINUS JOHANNES HENGHAM tertius prior raro surgit ad matutinas.

[6] DOM: JOHANNES HARLESTON, examinatus in virtute obedientiæ dicit quod servitium divinum debite pro numero observatur.

De statu domus dicit quod ignoratur quia abbas non dedit compotum coram confratribus.

[7] DOM: JOHANNES HENGHAM, tertius prior, dicit quod abbas non reddidit compotum de statu monasterii a tempore præfectionis etc. coram confratribus.

Dicit quod campanile Sancti Thomæ et campanæ in ecclesia conventuali egent reparatione et reformatione.

[8] DOM: THOMAS THAXSTED, cellerarius, dicit inquisitus quod omnia debite fiunt circa spiritualia et temporalia pro numero et juxta facultates monasterii.

De ære alieno dicit quod quantum iste novit non oneratur monasterium.

De sigillo communi dicit quod observatur quadriplici cera.

[9] DOM: THOMAS LYNN, supprior, dicit quod pertinentia officio sacristæ sunt in decasu.

Item dicit quod parce ministratur confratribus in prandio et ferculis.

Dicit quod status domus ignoratur quia abbas non reddit compotum.

DOM: RICARDUS CAMBRIGE dicit quod ignoratur status domus [10] quia abbas non reddit compotum coram confratribus.

Dicit quod non habent lotricem neque barbetonsorem in communi prout consueverunt, nec habent horologium.

Item dicit quod tenementa in villa non reparantur culpa camerarii (f. l. 63.) cujus officium est in manibus abbatis.

Dicit quod cibaria parce ministrantur confratribus.

DOMPNUS THOMAS OSMUND dicit et accusat se de inobedientia sua [11] erga abbatem et de qua summe pœnituit et pœnitet inde humiliter submittens se.

INJUNCTIONES FIENDÆ.

Quod confratres consurgant ad matutinas horis debitis et consuetis, citra festum Nativitatis Domini.

Quod fenestræ in ecclesia conventuali vitreantur et reparantur.

Quod abbas reddat compotum annuatim coram confratribus saltem senioribus.

Quod libri et vestimenta reformentur et reparentur quam citius poterunt.

Quod pulsationes et luminaria debite fiant et supportentur et quod deputentur ii seculares viri ad id perficiendum.

Quod confratres minus sint dediti potationi post completorium sed quod absque intervallo adeant dormitorium . . . .

Quod provideatur de lotrice et barbetonsore in communi et de scissore.

Quod cibaria competenter ministrentur confratribus unde possint commode et absque penuria sustentari.

Quod creentur plures monachi videlicet ut augmentetur numerus usque ad numerum xii completum cum nunc [ ] monachis ibidem existentibus, citra festum Sancti Michaelis ex nunc proximum sequens.

Et consequenter dominus dissolvit suam hujusmodi visitationem.

WESTACRE PRIORY. IIII JULII 1520.

(fol. 63 b.) Reverendo patre JOHANNE CALCEDONIENSI EPISCOPO cum ceteris commissariis reverenter receptis, convocatis in domo capitulari priore et canonicis, proposito verbo Dei per MAGISTRUM BRIGAT sub hoc themate *Descendi in hortum nucum ut viderem poma convallium* exhibito deinde certificatorio et perlecto cum schedula nominum domini examinarunt eos singillatim prout sequitur.

[1] Dñs: WILLELMUS LOWTHE prior examinatus et inquisitus de statu domus, dicit quod domus non oneratur ære alieno pro tempore suo, et, pro tempore prædecessorum, dicit quod oneratur in centum marcis et non ultra. Et habet in præsenti quinque millia ovium et invenit tantum xvii cent.

The priory is in debt.

[2] Dñs. THOMAS GILIS prior cellæ de Massingham Magna dicit quod domus oneratur MAGISTRO TOWNESEND in xl li ex noviter mutuatis per dominum priorem modernum.

Item rectori de Southacre xv li.

Item cuidam Potter de Wissingsett xx li.

Item cuidam viduæ de Lenn parochiæ Omnium Sanctorum x li et alias x li sed non recolit cui. Et omnes istæ summæ sunt solvendæ ante festum Nativitatis Domini proximum. Et MAGISTER TOWNESEND habet *plate* pro sua summa. Dicit etiam quod prior non est indifferens. Et non debite ministratur infirmis tempore infirmitatis confratribus.

Istæ xl[li] erant mutuatæ pro solutione et redemptione jocalium impignoratorum Episcopo [ ] Norwicensi quæ jam impignorantur Magistro [ ] Townesend.

[3] DOMINUS ROBERTUS SMYTHE, præcentor et sacrista, dicit quod prioratus multum oneratur tam per prædecessores prioris moderni quam per priorem modernum.

Dominus Thomas Palmer moram trahens apud cellam de Massingham dicit quod domus oneratur tam per prædecessorem quam per priorem modernum et status domus est in magno decasu. (fol. 64.) [4] The priory in great decay.

Dicit etiam quod non habent præceptorum ad docendum neque confratres neque pueros prout fieri erat consuetum, in magnam diminutionem divini cultus et virtutum.

Dicit quod prior dimisit ad firmam decimas de Marham cuidam Barkeham pro xx marcis in dispendium domus.

Et dicit quod multa facit ex propria sensualitate in hac parte in præjudicium prioratus. The prior to blame.

Dñs: Wilellmus Smythe, tertius prior sive vicepræsidens, inquisitus, quod doctrina confratrum multum diminuitur quia non habent præceptorem lectorem vel magistrum neque ad docendos confratres neque pueros. Dicit prout ceteri quod domus multum oneratur ære alieno. [5] No schoolmaster.

Dñs Robertus Peper dicit in spiritualibus laudabiliter deservitur. [6]

Dicit quod domus est indebitatus. Et inferius dicit quod non habent præceptorem pro confratribus neque magistrum ad docendos pueros. Et dicit quod Magistrum Mayner est idoneus præceptor pro confratribus et Dominus Johannes Clerk est idoneus pro novitiis et junioribus. Numerus canonicorum, et ex hoc divinus cultus, minuitur propter absentiam canonicorum, quia unus cum Priore Sancti Bartholomei et iii in universitate.

Dñs Johannes Barbur inquisitus dicit quod status domus ignoratur quia non habent compotum. [7]

Item quod dicitur priorem velle instituere, juniores canonicos non expertum in temporalibus in officio cellerarii.

Dñs Ricardus Anger inquisitus, quod necessarium est ad divini cultus augmentum et observantiam religionis quod provideatur novus supprior et Dominus Palmer in sua conscientia est magis idoneus ad hujusmodi officium. [8] (fol. 64 b.)

Dicit etiam quod minus politice providentur circa temporalia propter sensualitatem prioris quia omnia dispensat temerarie et The prior a sensual person.

minus consulte et opus est bona provisione quia domus multum oneratur. Et non habent auditorem.

[9] Dñs RICARDUS COBBIS dicit quod non redditur compotum coram confratribus de statu domus annuatim quantum iste novit.

Dicit in ceteris ut præexaminati.

[10] Dñs THOMAS BRIGCOTE dicit quod propter ejus absentiam in studio non novit statum domus.

Dicit quod audivit a confratribus quod domus est in decasu et confratres non habent præceptorem.

[11] Dñs SIMON GOODEBODY dicit quod divina officia debite et laudabiliter observantur.

Et quantum ad statum domus dicit quod non novit nisi de auditu alieno et in hoc concordat cum præexaminatis. Non debite ministratur confratribus infirmis.

[12] Dñs: RICARDUS HATLEY infirmarius dicit quod minus debite vel congrue ministratur infirmis quia prior noluit tradere necessaria cum requirantur.

[13] Dñs: JOHANNES CLERK scholaris dicit quod non novit statum domus nisi ex relatione confratrum.

Et debentur ei de pensione domus xl s. et ultra.

(fol. 65.) Dñs: WILLELMUS WINGFELD dicit quod opus est provisione novi
[14] supprioris ante decessum et in sua conscientia credit DOMINUM PALMER magistrum idoneum ad hujusmodi officium.

[15] Dñs: RICARDUS HALLE dicit quod DOMINUS PEPIR perturbat eos in cantando in choro redarguendo confratres circa cantum.

[16] Dñs: THOMAS FORBY dicit quod quantum percipit domus est in penuria. Et prior est sensualis etc.

Et indebite deservitur confratribus, in uno ferculo diversa ministrantur cibaria.

A new sub-prior elected. Et examinatione facta statim congregatis priore et confratribus, electus erat DOMINUS THOMAS PALMER in suppriorem per priorem et seniores juxta morem antiquam.

Injunctiones.

Domini commissarii injunxerunt priori quod citra festum Sancti Michaelis archangeli proximum futurum provideat de idoneo præceptore confratre hujus domus ad docendos et instruendus confratres in doctrina prout ab antiquo est solitum. "Sub quo volumus alium confratrem idoneum et eruditum deputari ad instruendum et docendum juniores et novitios in grammatica."

Item quod provideat citra dictum festum ut debite congrue et sufficienter ministretur infirmis confratribus tempore infirmitatis eorum tam in cibariis quam in lineis, famulis, et aliis necessariis. Et nullus confrater moveat extra monasterium ad docendos alios. Et quod conficiat inventarium cum compoto pleno citra festum Purificationis Beatæ Mariæ proximum.

Et hiis peractis visitationem ordinariam hujusmodi ad et usque festum Paschæ proximum futurum et quemcunque diem citra cum continuatione dierum tunc sequentium auctoritate commissa prorogarunt tunc ibidem.

Pentney Priory.

Quinto die Julii, receptis reverenter commissariis congregatisque (fol. 65b.)
in capitulo priore et confratribus, proposito ibidem verbo Dei per 5 July, 1520.
Magistrum Dry sub hoc themate *Fraternitatem diligite*, exhibita commissione et reverenter recepta præsentatoque certificatorio et perlecto, domini commissarii examinaverunt priorem et confratres ut sequitur.

Dns: Johannes Wodbryge prior dicit quod debite omnia [1]
fiunt tam in spiritualibus quam temporalibus juxta facultates, etc.

All things going on well.

Domini

[2] Simon Snetham
[3] Johannes Wyrmegey
[4] Johannes Feltwell
[5] Johannes Orwell
[6] Robertus Geyton
[7] Ricardus Watton
[8] Johannes Brodish
[9] Johannes Walsoken
[10] Henricus Narburgh
[11] Thomas Pentney

singillatim examinati dicunt quod omnia bene.

Crabhous Nunnery.

Omnia bene, juxta facultates.

Blackburgh Nunnery.

Omnia bene, et exhibuit inventarium.

Flicham Priory.

(fol. 66.) . . . John Martyn Prior . . . . . . Dom: Galfridus Swaffham . . . . . .

[Illegible through injury from water.]

COXFORD PRIORY.

Convocatis in capitulo priore et canonicis, proposito verbo per dominum suffraganeum sub hoc themate *Sitis solliciti servare unitatem*, exhibito certificatorio ac lectis nominibus confratrum, subsequenter facta fuit examinatio prout sequitur.

The prior and nine canons.

Dñs: JOHANNES MATHEW, Prior dicti prioratus, inquisitus et examinatus, dicit quod, ad instantiam et requisitionem MAGISTRI DOCTORIS HARE qui auctoritate ordinaria dispensavit ad hoc cum priore, dicti prior et conventus concesserunt per literas patentes sub sigillo communi quandam annuitatem xl s. pro officio senescallatus exercendo ac curiis per totum annum tenendis, Nicholao Hare, nepoti dicti doctoris, qui non debite exercet aut occupat dictum officium.

Dñs JOHANNES NIGHTINGALE Supprior, dicit quod non redditur [2]
compotus annuatim de statu domus, et cetera omnia bene.

(fol. 66 b.)

Dñs: WILLELMUS NEVELL [3]
Dñs: JOHANNES FROSTE [4]
Dñs: THOMAS BYRDE [5]
Dñs: HENRICUS SALTER [6]
Dñs: RICARDUS WADNOW [7]

Singillatim examinati dicunt quod omnia debite et laudabiliter fiunt tam in spiritualibus quam in temporalibus. Et prior est industriosus circa commodum domus.

JOHANNES ADAMSON [8]
JOHANNES GREY [9]
ROBERTUS PORTER [10]

Professi sed non constituti in sacris vel minoribus.

Prior exhibuit inventarium de statu domus et injunctum est eidem quod reddat compotum annuatim coram senioribus confratribus de statu prioratus.

Et hiis peractis domini commissarii dissolverunt visitationem ordinariam ibidem.

WALSINGHAM PRIORY.

13 July, 1520. Walsingham. Præsentibus Domino Suffraganeo Magistro Nicholas Carr, legum, Thoma Caps, decretorum, et [ ] Roiston, sacræ theologiæ, doctoribus, ac Roberto Dikar in utroque jure bacallaurio.

xiii die mensis Julii anno Domino 1520 post meridiem circiter horam iiii reverendus pater JOHANNES Dei gratia CALCIDONIENSIS EPISCOPUS cum collegis reverenter erant recepti. Et die sequenti videlicet xiiii Julii omnes commissarii capituli locum ingredientes convocari fecerunt priorem et canonicos. Quibus congregatis idem reverendus pater CALCIDONIENSIS EPISCOPUS causam adventus latino sermone declaravit et deinde exhibita commissione et reverenter recepta et admissa, proposito verbo Dei per MAGISTRUM ROISTON sub hoc themate *Nolite conformare huic seculo*, Exhibito hincinde certificatorio per priorem unacum nominibus citatorum domini commissarii singulos examinarunt prout sequitur.

(fol. 67.) MAGISTER RICARDUS VOWELL prior dicti prioratus conqueritur de inobedientia canonicorum tam circa statuta quam circa alia licita præcepta prioris concernentia religionem, et quoad statum domus exhibuit compotum cum inventario, tamen habet ad perficiendum inventarium et [exhibendum] in sinodo Michaelis proximo . . .

Dñs: EDMUNDUS WARHAM supprior examinatus et inquisitus dicit quod prior debite et discrete facit officium suum et debite exercet quæ ad se pertinent. Tamen multi confratrum consilio et mediis MAGISTRI JOHANNIS AILESHAM sunt maxime inobedientes et reclamantes ac contradicentes monitionibus et desideriis prioris in hiis quæ concernunt utilitatem domus & honorem religionis.

Insubordinate canons.

Dñs: THOMAS BYNHAM dicit quod DOMINUS JOHANNES AILESHAM non est obediens priori et mediis suis nonnulli alii. Et AILESHAM dedit priori verba opprobriosa dicens præcise quod noluit ei obedire. Et hæc sunt nomina inobedientium et sibi faventium DOMINI THOMAS WELLIS, WILLELMUS BETTES, NICHOLAUS MILEHAM, JOHANNES LOW, WILLELMUS RASE, ROBERTUS SALL, WILLELMUS CASTELACRE, etc.

Dñs: JOHANNES WALSINGHAME concordat.

Dñs: Johannes Lowe dicit quod noluit consentire sigillationi (fol. 67 b.) procuratoriorum. Et dicit quod conventus est divisus et fatur iste Lowe quod ipsemet est ex parte contra priorem et dicit quod initium discordiæ fuit quia aliqui confratrum noluerunt consentire sigillationi unius procuratorii ad excusandam absentiam prioris coram domino Cardinali in congregatione prælatorum dicti ordinis et alterius procuratorii ad lites in cous̄ Norwici. Et inquisitus de causa recusationis et inobedientiæ nullam reddidit causam etc. vel dicere aut allegare potuit saltem de substantia.

Dissensions in the monastery.

Dñs: Willelmus Rase, etc.

Ex relatione prioris.

Dñi:	Willelmus Rase Johannes Low Nicholaus Mileham	Nullo modo voluerunt consentire sigillationi procuratoriorum.
Dñi:	Willelmus Rase Nicholaus Mileham Robertus Sall Johannes Lowe Johannes Ailesham Willelmus Bettes	Nullo modo voluerunt admittere Statuta nova sed omnino pertinaciter refutarunt.
Dñi:	Johannes Low Robertus Sall Willelmus Mileham Willelmus Castelacre Nicholaus Cambrige	Isti fecerunt resistentiam quando prior jussit aliquos confratrum equitare ad Dominum Episcopum sed præcipue Wellis, Bettes, et Ailesham.

Injunctiones.

Dominus suffraganeus de consensu collegarum injunxit vii delinquentibus submittendis se et petendis veniam, quorum nomina patent in billa. Quod per vii dies proxime sequentes infima teneant et occupent loca et officia in choro, et jejunent Veneris proximo pane et cervisia et eodem die, post missam Beatæ Mariæ genuflectando omnes simul coram summo altare quilibet eorum dicat quinquies orationem dominicam et tenens [ ] humiliter invocans gratiam.

(fol. 68.) *In Dei nomine Amen.* Nos JOHANNES Dei gratia CALCIDONIENSIS EPISCOPUS et NICHOLAUS CARR legum doctor, de consensu venerabilium collegarum nostrorum hic præsentium, præsentem visitationem ordinariam in isto prioratu sive monasterio inchoatam ex certis causis nos in hac parte moventibus ad in et usque festum Paschæ proximum futurum et quemcunque diem citra si necesse fuerit, necnon cum prorogatione dierum et horarum ex tunc sequentium si oporteat, auctoritate nobis in hac parte attributa continuamus et prorogamus in hiis scriptis.

WABURNE PRIORY.

Waburne. Beeston. Exhibuit prior inventarium cum compoto de statu domus etc. et omnia bene.

Prior and five canons. FRATER JOHANNES POTY prior dicit quod DOMINUS ROBERTUS RUMP est inobediens et suscitator litium.

[2] FRATER NICHOLAUS WODFORTHE dicit quod prior est industriosus circa temporalia in utilitatem domus et dicit quod ROBERTUS RUMP est inobediens etc.

[3] FRATER SIMON ROBYNS concordat cum præexaminatis.

(fol. 68 b.) [4] FRATER JOHANNES DAME inquisitus concordat.

[5] FRATER ROBERTUS DAME inquisitus concordat.

[6] FRATER ROBERTUS RUMP petiit veniam a priore coram confratribus.

Et hiis peractis domini dissolverunt visitationem. Et habet ad exhibendum inventarium in sinodo Michaelis proximo.

INGHAM PRIORY.

xviii die mensis Julii. Receptis primitus, die præcedente, dominis commissariis, convocatis in domo capitulari priore et canonicis præsentibus Domino Suffraganeo magistris NICHOLAO CARR, T. CAPP et JO: ROISTON, proposito verbo Dei per MAGISTRUM ROISTON sub hoc themate *Fratres sobrie juste et pie vivamus in hoc seculo*, Exhibito hincinde certificatorio et perlecto cum nominibus, domini examinarunt priorem et canonicos ut sequitur. Ingham. 18 July, 1520

FRATER THOMAS CATFELD, prior, dicit quod omnia bene. [1] The prior

FRATER JOHANNES SAYE dicit quod prior non reddit compotum coram confratribus annuatim. [2] and five canons.

FRATER JOHANNES KYCHYNNE [3]
FRATER RICARDUS FOX [4]
FRATER JOHANNES SHIRWOD [5]
FRATER ROBERTUS BARTON diaconus [6]
} Singillatim inquisiti et examinati dicunt quod omnia bene.

Et hiis factis domini assignarunt priori ad exhibendum inventarium verum omnium jocalium et mobilium in sinodo Michaelis proximo. Et quod reddat annuatim compotum de statu domus coram senioribus confratribus etc.

Et sic visitationem ordinariam dissolverunt.

HICKLING PRIORY, XVIII JULII POST MERIDIEM.

Hykeling. Præsentibus domino suffraganeo MAGISTRIS T. CAP, ROBERTO DIKAR et JOHANNE ROISTON et postea interessente MAGISTRO NICHOLAO CARR Cancellario. (fol. 69.) 18 July, 1520.

Proposito verbo Dei per MAGISTRUM JOHANNEM ROISTON

sacræ theologiæ professorem sub hoc themate . . . . examinati erant prior et confratres ut sequitur.

The prior and eight canons. Dñs: ROBERTUS WYNDHAM prior dicti prioratus non exhibuit inventarium vel compotum et cetera bene.

[2] Dñs: EDMUNDUS SPARHAME dicit quod omnia bene.

[3] Dñs: EDMUNDUS NORWICHE supprior concordat.

[4] Dñs: ANDREAS NORWICHE concordat.

[5] Dñs: JOHANNES HIKELING examinatus concordat.

[6] Dñs: ROBERTUS WALSEHAM inquisitus concordat.

[7] Dñs: RICARDUS HOLT examinatus concordat.

[8] Dñs: RICARDUS LEEK novitius inquisitus concordat.

[9] Dñs: ROBERTUS MAWNGE non professus.

Injunctum est priori quod conficiat inventarium cum compoto de statu domus, et in sinodo Michaelis proximo Norwici.

Et hiis gestis dissoluta est visitatio ibidem.

ST. BENEDICT'S ABBEY, HULM.

(fol. 69 b.) 20 July, 1520. xx die mensis Julii 1520, hora nona ante meridiem reverendus in Christo pater JOHANNES Dei gratia CALCIDONIENSIS EPISCOPUS unacum collegis reverenter recepti fuerunt et statim, domum capitularem intrantibus., convocari fecerunt abbatem et commonachos suos quibus congregatis et capitulum facientibus dictus reverendus pater causam adventus declaravit verbo Dei proposito: dicti commissarii singulos examinaverunt prout sequitur.

The abbot and twenty monks. DOM: JOHANNES SALTCOT, abbas dicti monasterii, examinatus et inquisitus de statu domus dicit quod domus non oneratur ære alieno pro tempore suo sed adhuc oneratur pro temporibus prædecessorum suorum.

Dom: Johannes Tacolneston, prior dicti monasterii, sacrista et camerarius [2]
Dom: Willelmus Beccles [3]
Dom: Robertus Sall [4]
Dom: Willelmus Hornyng [5]
Dom: Thomas Scottow ii prior [6]
Dom: Johannes Thaksted iiii prior [7]
Dom: Thomas Westacre iii prior [8]
Dom: Ricardus Norwiche [9]
Dom: Johannes Durham [10]
Dom: Thomas Wormgay [11]
Dom: Thomas Stoneham [12]

} Interrogati super essentialia religionis et super statum domus dicunt quod omnia bene.

Dompnus Nicholaus Norwich inquisitus dicit quod Dominus Johannes Tacolneston tenet in manibus suis officium camerarii et sacristæ et non solvit fratribus suis pensiones suas exeuntes de hujusmodi officiis. [13]

(fol. 70.)

Dompnus Johannes Aylesham [14]
Dompnus Johannes Haridaunce [15]
Dompnus Thomas Saltcott [16]
Dompnus Johannes Lammes [17]
Dompnus Robertus Cambrige [18]
Dompnus Johannes Landon [19]
Dompnus Willelmus Bynham [20]
Dompnus Johannes Dilham [21]
Dompnus Ricardus Berkwey [22]

} Dicunt quod omnia bene.

Et quia prædictus abbas compotum de statu monasterii ad præsens non habuit, domini commissarii assignaverunt ei ad exhibendum tąm compotum prædictum quam inventarium omnium et singulorum bonorum et jocalium dicti monasterii indentatum in sinodo Michaelis archangeli, et sic visitationem ordinariam dissolverunt.

St. Olaves's Priory.

24 July, 1520. xxiiii die mensis Julii anno Domini millesimo quingentesimo xx post meridiem ejusdem diei circiter horam quintam reverendus in Christo pater Johannes Dei gratia Calcidoniensis Episcopus et ceteri collegi reverenter recepti erant. Postea vero xxv die mensis prædicta hora capitulari dictus reverendus pater unacum venerabilibus personis Magistris Nicholao Carre legum et Thoma Cappe decretorum doctoribus domum capitularem ingredientes convocari fecerunt priorem et conventum dicti prioratus, (fol. 70 b.) quibus convocatis et capitulariter congregatis idem reverendus pater et cæteri causam sui adventus eisdem declaravit, et statim verbo Dei in lingua vulgari sub hoc themate, *Vigilate*, proposito, et commissione exhibita et onere ejusdem accepto necnon certificatorio unacum tenore citationis ac nominibus confratrum citatorum subscriptis per priorem realiter exhibita, singulos examinaverunt forma sequenti.

The prior and five canons. Frater Willelmus Dale, prior, inquisitus et examinatus super essentialia religionis et de statu domus dicit quod omnia bene et quod nullum adtunc habuit compotum ac inventarium. Domini ad petitionem dicti prioris assignaverunt ei ad exhibendum tam compotum quam inventarium bipartitum in sinodo Michaelis Archangeli proximo futuro. Et subsequenter domini commissarii continuebant usque horam ii post meridiem cum continuatione horarum et dierum tunc sequentium etc.

[2] Willelmus Sheryng supprior
[3] Frater Johannes Meke sacrista
[4] Frater Johannes Bigott
[5] Frater Johannes Castilacre
[6] Frater Johannes Westacre

} Inquisiti de statu domus et super essentialia religionis dicunt quod omnia bene.

Deinde domini commissarii continuebant hujusmodi visitationem usque post meridiem in crastinum cum continuatione et prorogatione horarum et dierum tunc sequentium. Quo die dissolverunt visitationem.

Blythburgh Priory.

Prior et confratres in domo capitulari videlicet quadam capella infra ecclesiam conventualem, quam pro loco capitulari reputabant, examinati singillatim de statu domus et essentialibus religionis ac ceteris requisitis, dicunt quod omnia bene et laudabiliter fiunt juxta facultates domus. Quare domini dissolverunt visitationem. Blythburgh. (fol. 71.)

Snape Priory.

Examinatis priore et confratribus compertum est singula debite et laudabiliter fieri juxta numerum confratrum et facultates domus. Snape.

Et injunctum est priori quod provideat de alio confratre et quod exhibeat inventarium de statu domus in sinodo Michaelis proximo Gipwici celebrando.

Butley Priory.

Die lunæ videlicet penultimo die mensis Julii 1520 reverendus Butley.
in Christo pater Dominus Johannes Dei gratia Calcidoniensis 30 July, 1520
Episcopus unacum egregiis viris Magistris Nicholao Carr legum, Thoma Capp decretorum, doctoribus, Roberto Dikar in

utroque jure baccalaurio domum capitularem intrantes convocari fecerunt priorem et confratres quos post verbum Dei propositum per MAGISTRUM ROISTON examinaverunt sub forma sequente.

[1] Dñs: AUGUSTINUS REVERS Prior inquisitus et examinatus exhibuit compotum de statu domus quæ non oneratur ære alieno ultra xl s.

[2] Dñs: WILLELMUS WODBRIGE supprior dicit quod bene et industriose fiunt et observantur.

[3] Dñs: JACOBUS DYNYNGTON concordat.

[4] Dñs: JOHANNES NORWICHE dicit inquisitus quod non habent scholarem canonicum in universitate.

Item quod prior voluit habere tres libras quas iste examinatus mutuatus est ab amicis et posuit in custodia cujusdam.

[5] Dñs: WILLELMUS MELFORD cellerarius dicit quod non habent infirmariam.

[6] Dñs: THOMAS SUDBOURNE dicit quod non habent infirmariam.

[7] Dñs: HENRICUS BASSINGBOURNE succentor dicit quod libri in choro patiuntur ruinam et sunt defectivi et culpa non refectionis seu non reparationis.

Item non observatur silentium inter confratres in refectorio, dormitorio et claustro.

Item non habent scholarem in universitate.

[8] Dñs: NICHOLAUS OXBURGH diaconus dicit quod parce ministratur confratribus in ferculis quotidianis culpa cellerarii.

Item dicit quod cellerarius non accedit ad divina officia.

Item quod non habent infirmariam.

(fol. 72.) [9] FRATER BRIANUS WINGFELD dicit quod non habent infirmariam.

Item dicit quod culpa cellerarii parce ministratur confratribus in cibariis in prandio et jejuna.

Item libri in choro egent reparatione.

(Building out of repair.) *Item* ecclesia est ruinosa et defectiva in tectura et pluit in refectorio.

Quo examinato domini prorogaverunt [ ] usque ad horam ii post meridiem cum continuatione, etc.

Dñs: REGINALDUS WESTERFELD dicit quod non habent clericum ut solebant ad pulsandas campanas ad matutinas media nocte. [10] (fol. 71, 72.)

Dicit quod cibaria parce ministrantur confratribus culpa cellerarii nec habent infirmariam.

Dñs: THOMAS ORFORDE dicit quod non habent infirmariam. [11] Et libri egent refectione.

DIONISIUS RICHEMOUND presbyter dicit et concordat cum [12] WESTERFELD quoad cibaria et infirmariam.

INJUNCTIONES.

Injunctum est priori quod provideatur de loco congruo pro infirmis confratribus quam cito commode poterit.

Item quod competenter et indifferenter ministretur confratribus in cibariis quotidianis in refectorio.

Item quod provideat de majori numero confratrum.

Item quod reficiat libros in choro et ecclesia conventuali necessarios citra festum Nativitatis Domini proximum.

Item quod exhibeat inventarium in sinodo Michaelis proximo.

Item quod confratres observent silentium in refectorio, dormitorio et claustro.

CAMPSEY NUNNERY.

Convocatis coram domino suffraganeo in domo capitulari prior- (fol. 72 b.) Campsey.
issa et monialibus xx quarum nomina patent in schedula annexa

A prioress and twenty nuns. certificatorio examinatis et inquisitis singulis earundem nihil compertum est ibidem reformatione dignum. Quare dominus dissolvit visitationem suam ibidem.

[The schedule is not appended.]

WOODBRIDGE PRIORY.

31 July, 1520. Ultimo die mensis Julii 1520 reverendus in Christo pater JOHANNES Dei gratia CALCIDONIENSIS EPISCOPUS unacum ceteris collegis suis hora ii post meridiem ejusdem diei prædicti processionaliter recepti fuerunt et statim domum capitularem ingredientes verbo Dei proposito commissione exhibitaque reverenter recepta etc. Et convocatis nominatim confratribus ad hujusmodi visitationem citatis et comparentibus dictus reverendus pater eos singillatim examinavit forma sequenti.

[1] Dñs: THOMAS COOKE Prior inquisitus de essentialibus religionis dicit quod DOMINUS THOMAS SMYTH et DOMINUS WILLELMUS PRESTON sunt inobedientes et exeant prioratum et frequentant villam sine licentia sua, præterea dicit quod dictus DOMINUS THOMAS SMYTH utitur ebrietate et pro eo non surgat ad matutinas. Deinde dictus prior exhibuit inventarium bipartitum omnium bonorum et jocalium dicti domus. Et quia compotum ad præsens non habuit dictus reverendus pater assignavit eidem ad exhibendum in sinodo Michaelis Archangeli proximo futuro.

Disorder and drunkenness.

(fol. 73.) [2] Dñs: WILLELMUS LEIGHAM inquisitus dicit quod fratres sui non decantant devote ac distincte, unacum pausis, psalmodiam tempore divinorum. Et de inobedientia DOMINORUM THOMÆ SMYTH et WILLELMI PRESTON concordat cum priore.

[3] Dñs: THOMAS SMYTH
[4] Dñs: WILLELMUS PRESTON
[5] Dñs: WILLELMUS WARNER novitius
} dicunt quod omnia bene.

Injunctum est confratribus ne egrediantur cepta prioratus vel vagentur in villa absque licentia petita et obtenta sub pœna excommunicationis.

Item quod in casu quo prior non poterit per carceres aut alias disciplinas canonicos reducere ad regularia statuta confratres, quod tunc mittat eos Episcopo Norwici ibidem juxta eorum demerita puniendos.

St. Peter's Priory, Ipswich.

Prioratus Sancti Petri Gipwici. 2 Aug. 1520.

Secundo die mensis Augusti anno Domini millesimo quingentesimo vicesimo reverendus in Christo pater JOHANNES Dei gratia CALCIDONIENSIS EPISCOPUS, unacum MAGISTRO THOMA CAPPE decretorum doctore, ingrediens domum capitularem convocari fecit priorem et confratres suos, quibus præconisatis et comparentibus verbo Dei propositoque dictus reverendus pater eos examinavit forma sequente.

Wingfield College.

(fol. 73 b.)

Collegium de Wingfield. 6 Aug. 1520.

vi die mensis Augusti anno Domini millesimo quingentesimo vicesimo JOHANNES Dei gratia CALCIDONIENSIS EPISCOPUS reverendi in Christo patris et domini DOMINI RICARDI permissione divina NORWICENSIS EPISCOPI unacum MAGISTRO THOMA CAPPE decretorum doctore commissariis ad visitationem ordinariam dicti reverendi patris actualiter exercendam legitime deputati, quandam capellam infra cancellum dicti collegii situatam, quam adtunc pro domo capitulari utebantur, ingredientes et magistrum collegii unacum fratribus suis ut asserebatur ad dictos diem et locum citatis quorum nomina sequuntur convocari fecit, quibus convocatis et comparentibus modo quo sequitur eos omnes et singulos singillatim examinavit.

[1] MAGISTER THOMAS DEY præpositus. Interrogatus de statu domus dicit quod omnia bene gubernantur.

[2] DOMINUS JOHANNES MALE. Inquisitus quod non habent cistam in quo sigillum commune esset custodiendum et hoc culpa ejus. *(Sic.)*

[3] Dñs: JOHANNES GRAVER
[4] Dñs: WILLELMUS FEILDEHOWSE } dicunt quod omnia bene.
[5] Dominus JOHANNES CONY

Injunctum est magistro quod citra festum Sancti Michaelis Archangeli proximum futurum fieri faciat cistam ad sigillum suum commune custodiendum et habet ad exhibendum compotum suum unacum inventario bonorum bipartito indentato in sinodo Michaelis Archangeli proximo futuro.

NUNNERY OF REDLINGFIELD.

Prioratus domus monialium de Redlingfield. (fol. 74.)

vii die mensis Augusti anno Domini 1520 JOHANNES Dei gratia CALCIDONIENSIS EPISCOPUS et MAGISTER THOMAS CAPPE decretorum doctor, reverendi in Christo patris et domini DOMINI RICARDI permissione divina NORWICENSIS EPISCOPI commissarii, reverenter recepti fuerunt et statim ingredientes domum capitularem convocari fecerunt priorissam et sorores suas, quibus convocatis et comparentibus ac verbo Dei proposito, eas omnes et singulas singillatim examinaverunt prout sequitur.

[1] DOMINA MARGERIA COKKROSE Priorissa interrogata de statu

domus et de essentialibus religionis dicit quod omnia bene, et exhibuit inventarium omnium bonorum et jocalium et habet ad exhibendum compotum intra sinodum Michaelis Archangeli proximum futurum.

DOMINA JOHANNA SMYTH, priorissa [*sic*]	dicunt quod omnia bene.	[2]
DOMINA JOHANNA DENNE		[3]
DOMINA MARGARETA LAWDER		[4]
DOMINA ISABELLA ALEN		[5]
DOMINA ALICIA BEDYNGFEILD		[6]
DOMINA ANNA DRORY		[7]
DOMINA ALICIA BLYNDE		[8]
DOMINA AGNES NICHOLL		[9]
DOMINA GRACIA SAMPSON		[10]

PRIORY OF EYE.

Octavo die mensis Augusti anno Domini millesimo quingentesimo vicesimo in domo capitulari prioratus sive ecclesiæ regularis, prædictus reverendus in Christo pater JOHANNES dei gratia CALCIDONIENSIS EPISCOPUS, NICHOLAUS CARRE legum doctor et ceteri commissarii reverendi in Christo patris et domini DOMINI RICARDI permissione divina NORWICENSIS EPISCOPI, ad suam visitationem ordinariam in et per civitatem et diœcesem Norwici actualiter pro toto et omni tempore ejusdem exercendam sufficienter deputati, convocari fecerunt priorem et commonachos; quibus comparentibus dictus reverendus pater causam sui adventus declaravit ac eos examinavit forma sequente. Prioratus de Eya. 8 Aug. 1520.

DOMPNUS RICARDUS BETTYS Prior inquisitus de statu domus et super essentialia religionis dicit quod omnia bene. (fol. 74b.) [1]

[2] Dompnus Ricardus Ixworth quod non observant refectuarium.

[3] Dompnus Willelmus Norwiche dicit quod quædam Margareta Verre moram facit cum priore et suspecte vivit, ac communis fama laborat de suspitione et custodit claves cameræ prioris, eo absente, et servit ad mensam prioris et cubat in cubiculo propinquiori cameræ prioris.

The prior gravely suspected.

Item quod quædam venduntur et alienantur jocalia videlicet crateræ argenteæ per priorem.

[4] Dompnus Christoferus Rikinghale examinatus dicit quod non habent numerum sufficientem confratrum pro divino cultu. Et dicit publica vox et fama laborat super suspecta mora Margaretæ Veer in monasterio in opprobrium et dedecus domus et ipsa dominatur in officiis et servit publice ad mensam prioris.

Item dicit quod alienentur crateræ.

Item quod prior non reddidit nisi unicum compotum de statu domus citra præfectionem.

Item dicit quod prædicta Margareta Veer est conscia correctionis confratrum.

[5] Dompnus Henricus Combys quoad mulierem concordat et quoad compotum. Et dicit quod dicta Margareta est suscitatrix et causa brigarum inter priorem et confratres.

[6] Dompnus Willelmus Hadley dicit quod prior in primo anno reddidit compotum de statu domus et citra illud tempus nullum reddidit.

(fol. 75.) *Item* quod crateræ alienentur sed nescit quæ.

Item quoad mulierem concordat.

[7] Dompnus Robertus Stow dicit quod omnia bene.

[8] Dompnus Ricardus Snape dicit quod Margareta Vere causa litium inter priorem et commonachos et conqueritur apud priorem de confratribus. Et prior non reddit compotum.

[9] Dompnus Johannes Harlyng acolitus inquisitus dicit et concordat.

Prior exhibuit commpotum et habet ad exhibendum inventarium citra sinodum Michaelis Archangeli proximum.

Et dicti comissarii continuaverunt hujusmodi visitationem usque festum Nativitatis Domini proximum.

FLIXTON NUNNERY.

xiiii die mensis Augusti anno Domini 1520 JOHANNES Dei Gratia CALCIDONIENSIS EPISCOPUS et ceteri commissarii intrabant domum capitularem, convocatis priorissa et sororibus hora capitulari et comparentibus verbo Dei proposito etc. ac examinaverunt sorores prædictas sub forma sequente. Flixton. 14 Aug. 1520.

Dña: ALICIA WRIGHTE Priorissa conqueritur de inobedientia DOMINÆ MARGARETÆ PUNDER prædecessoris suæ. [1]

Inquisita de essentialibus religionis dicit quod bene observantur. De statu domus dicit quod omnia bene gubernantur.

Dña: MARGARETA PUNDER conqueritur contra priorissam et dicit se non habere aliquam pensionem nec aliquibus temporibus aliementa nec tempore hiemali focalia. (fol. 75 b.) [2] Complaints.

Dña: MARGARETA OLTON subpriorissa dicit quod priorissa non reddit compotum annuatim et dicit quod non habent alia cibaria tempore quo sorores infirmantur, quam conventus cotidie habent. [3] Dissensions in the house.

Dña: ISABELLA ASHE conqueritur contra priorissam et dicit quod ipsa et sorores suæ, tempore quo infirmantur, priorissa compellit eas surgere ad matutinas et eisdem temporibus quibus infirmantur non magis succurrantur quam totus conventus. [4]

Dña: ALICIA LAXFIELD dicit et concordat cum Domina ISABELLA ASHE. [5]

Dña: AGNES ASHE concordat cum Domina ISABELLA ASHE et dicit quod priorissa non reddit compotum. [6]

Dña: MARGARETA ROWSE concordat cum Domina AGNETA ASHE. [7]

Visitation continued. *See* p. 190.

Domini ex certis causis eos moventibus suam hujusmodi visitationem usque festum Nativitatis Domini proximum futurum cum continuatione et prorogatione dierum et horarum tunc sequentium continuaverunt etc.

Præterea domini assignaverunt priorissam ad exhibenda compotum et inventarium citra dictum festum Nativitatis Domini.

METYNGHAM COLLEGE.

Metyngham. 16 Aug. 1520.

xvi die mensis Augusti anno Domini 1520 domini intraverunt domum capitularem et congregatis custode et sociis hora capitulari ac exposito verbo Dei juxta tenorem commissionis reverendi in Christo patris et domini Domini RICARDI permissione divina NORWICENSIS EPISCOPI sibi præsentatæ procedendum fore decreverunt et processerunt, deinde convocatis sociis et comparentibus eos singillatim examinaverunt forma sequenti.

(fol. 76.)

[1] Revenues are not sufficient. The Master's case.

MAGISTER RICARDUS SHELTON, præpositus collegii de Metyngham, examinatus de statu domus dicit quod annuus valor ejusdem non valet ad sustentationem ipsius sed expendit de bonis suis propriis.

Item dicit quod Dominus NICHOLAUS DADE frequentem habet accessum suspitiose ad Agnetem uxorem Roberti Valey de Bungaye et simili modo dicta Agnes habet similem accessum ad cameram dicti Domini Nicholai et dicit quod publica fama laborat quod dictus Dominus NICHOLAUS et Agnes incontinenter vivunt quare ipsum expellebat a societate.

Item dicit quod DOMINUS ROBERTUS PETIT absentat se extra collegium ultra mensem contra statuta collegii sine licentia sua quare ipsum expellebat.

[2] SIMON SISELEY dicit quod magister non observat statuta quia absentat se tempore quo obitus observantur et a choro tempore divinorum.

Item quod magister dedit DOMINO NICHOLAO DADE in mandatis ne accedat seu frequentat consortium Agnetis uxoris Roberti Valey, quæ mulier ad ejus notitiam est bonæ famæ, et dicit quod ad notitiam suam non habet frequentem accessum ad collegium. Charges against the Master

Item magister habuit C marcas de bonis collegii in pecuniis numeratis diversis vicibus extra communem cistam cum quibus acquisivit certas terras sed an ad usum proprium aut collegii nescit deponere.

Item magister non observat statuta collegii videlicet sedendo et comedendo ad mensam cotidie cum sociis.

Item quod magister expulsebat DOMINUM NICHOLAUM DADE citra inhibitionem DOMINI NORWICI EPISCOPI ad visitationem tunc sibi factam sed an in contemptum injunctionis domini nescit.

Dñs: ROBERTUS BAYLY inquisitus de observatione statutorum dicit quod DOMINUS ROBERTUS CALYE absentavit se contra statuta collegii ultra mensem. (fol. 76 b.) [3] Recriminations.

Item dicit quod dictus DOMINUS ROBERTUS CALYE acquisivit certas terras juxta collegium et occupat se ibidem multotiens circa vilia opera.

Præterea immisceat se secularibus negotiis videlicet emendo et vendendo attamen dicit quod est honestæ conversationis.

Item inquisitus an habuit communicationem cum magistro quid diceret, dicit quod sic sed qualis erat hujusmodi communicatio nescit.

Item dicit quod DOMINUS NICHOLAUS DADE est suspectus super crimine incontinentiæ cum Agnete Valey.

Item dicit quod idem DOMINUS NICHOLAUS est nimis sumptuosus collegio in victualibus.

Item dicit quod status domus bene se habet quo ad notitiam suam.

Item quod magister habuit certam summam pecuniæ extra communem cistam cum quibus acquisivit certas terras sed an ad utilitatem domus aut propriam nescit.

[4] Ricardus Chanell interrogatus de statu domus dicit quod omnia bene se habent.

[5] Dñs: Johannes Moreff interrogatus de statu domus dicit quod omnia bene se habent ut credit.

(fol. 77.) *Item* dicit quod Dominus Nicholaus Dade habet suspectum accessum ad uxorem Roberti Valey, lotricem Domini Nicholai, et eadem Agnes simili modo habet suspectum accessum ad dictum Dominum Nicholaum ut audivit dici sed a quibus nescit.

Dissension in the College. *Item* dicit quod Dominus Nicholaus Dade est de societate expulendus pro eo quod est nimis sumptuosus collegio et non obedivit mandato magistri ac occupat se circa negotia secularia.

Item inquisitus an habuit communicationem cum magistro circa depositionem dicti Domini Nicholai dicit quod sic.

Item similem communicationem habuit cum Domino Ricardo Chanell socio suo.

Item dicit quod magister habuit c marcas in pecunia numerata extra communem cistam cum quibus acquisivit certas terras sed an pro utilitate domus an proprii nescit.

[6] Dñs: Willelmus Clerke inquisitus de statu domus dicit quod nescit dicere sed credit quod omnia bene se habent.

Item dicit quod Dominus Nicholaus Dade multotiens absentat se a collegio circa negotia secularia et non obedit mandatis magistri nec obedire curat.

Item Agnes Valey habet suspectum accessum ad cameram dicti Domini Nicholai ut dicitur.

Item dicit quod magister habet scyphos argenteos et cetera vasa argentea collegii in sua propria custodia.

Injunctiones.

(fol. 77 b.) Et quia magister prædictus Dominos Nicholaum Dade et Robertum Petit sine auctoritate seu causa legitima a societate spoliavit, eos ad societatem restituet.

Item injunxerunt domini dicto DOMINO NICHOLAO DADE quod non accedat ad domum Agnetis Valey nec adheret dictæ Agneti nisi in publicis.

Item quod sedet infimus in choro usque festum Sancti Michaelis Archangeli proximum.

Item quod dicta Agnes non ab hoc tempore lavet res suas.

Et magister habet ad exhibendum compotum in pergameno conscriptum unacum inventario bipartito citra sinodum Michaelis proximum.

BUNGAYE NUNNERY.

Decimo septimo die mensis Augusti domini intraverunt domum capitularem et convocatis sororibus eas examinaverunt forma sequente. Bungaye. 17 Aug. 1520.

Dña: ELISABETH STEPHENSON Priorissa non comparuit quia infirmabatur. [1]

Dña: ANNA PAGE interrogata super statu domus et super essentialibus religionis dicit quod omnia bene. [2]

Dña: MARIA LOVEDAY subpriorissa [3]
Dña: ELISABETH BEFELD [4]
Dña: CECILIA FASTALFF [5]
Dña: ANNA KYNG [6]
Dña: ELISABETH DUKE [7]
Dña: ELISABETH NUTTELL [8]
} dicunt quod omnia bene.

Dña: JOHANNA MOLLES infirmabatur. [9]

VISITATION OF FLIXTON NUNNERY RESUMED XX AUGUST, 1520.

PRÆSENTE MAGISTRO NICHOLAO CARR LEGUM ET T. CAP DECRETORUM DOCTORIBUS.

(fol. 78.) Flixton. 20 Aug. 1520.

[1] Dña: ELISABETH WRIGHT priorissa inquisita dicit quod DOMINA MARGARETA nuper priorissa non vult exhibere eidem priorissæ obedientiam debitam, dicit etiam quod non reddit compotum quia non solet reddi neque scribit quæ expendit. Scit tamen scribere ut dicit.

[2] Dña: MARGARETA PUNDER nuper priorissa dicit quod divinum servitium bene observatur. Dicit quod nimis parce ministratur ei in cibariis. De statu domus dicit quod ignorat quia nullus compotus habetur.

Dicit quod mater priorissæ habet cibaria sumptibus prioratus sed an aliquid solvit vel ne nescit, supervidet tamen Le Deyry.

Priorissa non habet sororem in capellanam sed sola cubat ad placitum in cubiculo extra dormitorium absque testimonio sororis continue.

Item dicit se nolle exhibere obedientiam priorissæ quia dicit quod est contra regulas religionis.

[3] Dña: MARGARETA OLTON subpriorissa dicit quod divinum servitium pro numero bene observatur et religionis essentialia. De statu dicit quod non habent compotum et cetera bene.

[4] Dña: ISABELLA ASSHE examinata dicit quod poculenta parce ministrantur inter prandium et coenam dicit quod fama laborat de accessu Carr ad priorissam, suspectis temporibus.

[5] Dña: ALICIA LAXFELD inquisita dicit quod omnia bene quantum illa scivit.

[6] Dña: AGNES ASSHE dicit quod non habent compotum de statu domus et cetera bene.

[7] Dña: MARGARETA ROWS dicit quod omnia bene.

INJUNCTIONES.

Dñs: CANCELLARIUS injunxit priorissæ quod infra mensem proximum sequentem amoveat canes extra monasterium excepto uno quem maluerit. The number of dogs to be lessened.

Item quod de cetero priorissa habeat secum testimonium unius sororis loco capellanæ maxime quando cubat extra dormitorium.

Item quod priorissa reddat compotum singulis annis coram senioribus sororibus de statu domus et de singulis receptis et expositis sub pœna privationis quia dixit se nolle talem reddere compotum.

Item quod priorissa amoveat Ricardum Carr a servitio suo citra festum Nativitatis[a] Sancti Johannis Baptistæ proximum.

PRIORY OF ST. FAITH.

Vicesimo secundo die mensis Augusti hora capitulari domini commissarii intraverunt domum capitularem congregatis priore et fratribus ac verbo Dei proposito commissione que præsentata . . . . convocari fecerunt nominatim fratres ad hujusmodi visitationem citatos et comparentibus eos examinavit singillatim sub forma sequente. Sanctæ Fidis. 22 Aug. 1520.

[The rest of this page is blank.]

---

[a] Query Decollationis (Aug. 29th).

ECCLESIA CATHEDRALIS NORWICENSIS III SEPTEMBRIS 1520 PRÆSENTE MAGISTRO NICHOLAO CARR ET ROBERTO DIKAR.

(fol. 79.) Venerabilis in Christo PATER ROBERTUS CATTON Prior ibidem inquisitus et examinatus exhibuit compotum de statu monasterii unde liquebat illud exoneratum ære alieno. Exhibuit etiam librum quendam, non adhuc perfectum, de bonis et jocalibus monasterii ostendendum iterum postquam perficiatur ut consignetur.

[2] DOMPNUS NICHOLAUS BEDYNGHAM supprior dicit quod ab antiquo solebant exhiberi xiiii pueri in elemosinaria monasterii et nunc tantum exhibentur octo.

Number of boys maintained in the school has fallen short.

MAGISTER WILLELMUS REPPIS sacræ theologiæ professor prior
[3] cellæ de Yarnemutha dicit quod omnia competenter se habent quantum ipse novit.

[4] DOMPNUS JOHANNES SHELTON camerarius et elemosinarius dicit quod omnia bene præter quod pascuntur oves infra clausuram juxta claustrum.

[5] DOMPNUS JOHANNES MARTYN prior Sancti Leonardi et sacrista dicit quod omnia reformantur per priorem.

[6] DOMPNUS WILLELMUS HARRIDAUNCE cellerarius dicit quod omnia bene.

[7] DOMPNUS JOHANNES SALL præcentor dicit ut supra et concordat.

[8] DOMPNUS STEPHANUS DERSHAM custos cellariæ concordat.

[9] DOMPNUS ROBERTUS TWAYTES refectuarius concordat.

(fol. 79 b.) DOMPNUS HUGO NORWICHE magister summi altaris dicit quod
[10] omnia bene.

[11] DOMPNUS THOMAS PELLIS tertius prior concordat.

[12] DOMPNUS THOMAS LEMAN magister altaris Beatæ Mariæ concordat et dicit quod omnia debite fiunt tam in spiritualibus quam in temporalibus.

DOMPNUS ANDREAS RINGLONDE quintus prior et subsacrista concordat. [13]

DOMPNUS FRANCISCUS NORWICHE dicit quod DOMINUS THOMAS PELLIS tertius prior non est indifferens in correctione, quia quosdam ultra modum graviter punit pro levi culpa, quosdam pro graviori delicto impunitos dimittit. [14]

DOMPNUS NICHOLAUS ATTILBURGH succentor conqueritur etiam de sævitia tertii priori. [15]

DOMPNUS ROBERTUS FRAMMYNGHAM inquisitus dicit quod omnia bene. [16]

DOMPNUS WILLELMUS ELYE dicit quod prior loci [*sic*] omnia debite reformat tamen dicit quod parce ministratur infirmis nisi quid habuerint industria propria acquisitum. [17]

DOMPNUS THOMAS WALSHAM dicit quod supprior non est idoneus ad hujusmodi officium quia senex et surdus. [18]

DOMPNUS ROBERTUS GRAFTON acolitus dicit quod DOMINUS THOMAS PELLIS tertius prior est malitiosus et quos amat licet graviter peccent non punit et quos odit prosequitur pro nulla vel minima culpa severe et graviter punit. Dicit quod DOMPNUS JOHANNES LAKENHAM solus deservit curæ de Martham. [19]

DOMPNUS MARTINUS BOONE subdiaconus dicit quod quantum ille novit omnia bene se habent. [20]

Dicit quod DOMPNUS JOHANNES LAKENHAM deservit curæ de Martham.

DOMPNUS THOMAS MORTON subdiaconus dicit quod omnia bene. [21]

DOMPNUS WILLELMUS BURTON canonicus ætatis xix annorum examinatus nihil intelligit in hiis quæ tunc jussus legebat. [22] Non est adhuc instructus in aliquo præcepto grammaticæ.

DOMPNUS ROBERTUS TROWS presbyter subcellerarius dicit quod omnia bene. [23]

Dicit quod antiphonare ex parte dextera eget reparatione.

Item DOMPNUS JOHANNES LAKENHAM monachus deservit curæ de Marthame. [24]

[25] Dompnus Robertus Stanton presbyter . . . . omnia bono statu existere.

[26] Dompnus Willelmus Walsingham diaconus concordat cum præexaminato.

[27] Dompnus Henricus Manuell capellanus prioris dicit omnia bene.

Injunctiones.

22 Sept. 1520. xxii die mensis Septembris 1520 reverendus in Christo pater et dominus Dominus Ricardus permissione divina Norwicensis Episcopus in propria persona domum capitularem ibidem, assistentibus ibi Magistro Nicholao Carr legum doctore et Roberto Dikar in utroque jure baccalaurio, convocatis priore et capitulo, injunxit priori et confratribus ac injunctiones dedit prout sequitur.

In primis quod oves de cetero non pascuantur infra præcinctum claustri.

Item quod deinceps omnes commonachi et confratres singulis diebus in aurora ante primam simul surgant, cessante infirmitate, et simul bini et bini exeant dormitorium et postquam manus singuli lavaverint, bini et bini simul progredientur ad ecclesiam ibidem facientes ceremonias consuetas.

(fol. 80 b.) Ita quod primus expectet ultimum tam surgentem quam lavantem dummodo, tam extra dormitorium quam post lavacrum, omnes simul bini et bini incedant et sic ad primam reverenter et religiose accedant.

Et hiis finitis dissolvit visitationem data benedictione.

Stoke College, 1521.

(fol. 81 b.) 9 April, 1521.

Nono die mensis Aprilis 1521 in domo capitulari ecclesiæ collegiatæ de Stoke juxta Clare Norwicensis diœcesis coram venerabili viro Magistro Roberto Dikar in utroque jure baccalaurio reverendi in Christo patris et domini Domini Ricardi permissione divina Norwicensis Episcopi commissario in hac parte specialiter deputato, præsente me Thoma Godsalve notario publico dicti reverendi patris registrario principali. Venerabiles viri Magister Robertus Bekensaw sacræ theologiæ professor, decanus, Robertus Fabian artium magister et Thomas Whitehed, canonici residentes in dicta ecclesia collegiata de Stoke, capitulariter congregati et capitulum ad effectum infrascriptum facientes, unanimi et mutuo consensu ac voluntate submiserunt se et eorum quilibet se submisit ordinarii decreto, sententiæ et judicio dicti reverendi patris et commissariorum suorum quos in hac parte duxerit deputandos de et super reformatione sive renovatione quorundam statutorum ejusdem collegii rasuratorum interlineatorum cancellatorum vel repugnantium, eorum præsertim super quibus orta seu mota fuit aliqua lis controversia seu quæstionis materia ante hæc tempora inter decanum et canonicos dicti collegii promittentes et promiserunt dicti decanus et canonici ac eorum quilibet promisit se ratum gratum et firmum perpetuo habituros quicquid idem reverendus pater ac ejus commissarii hujusmodi duxerit seu duxerint in præmissis reformandis seu renovandis aut decernendis etc.

The master and fellows of Stoke agree to the reform of their statutes.

[The remainder of the MS. is concerned with the ordinary routine work of the Diocese.]

IV.

THE VISITATION OF BISHOP RICHARD NICKE,

A.D. 1526.

[The manuscript is somewhat torn and injured in the earlier pages, and is manifestly defective. The earlier portion is occupied with the ordinary routine work of the Diocese, such as resignations, probate of wills, complaints against the secular clergy, &c. The Visitation of the Monasteries begins abruptly on folio 8.]

* * * * * *

* * * * * *

Ecclesia Cathedralis Norwicensis vii Junii 1526.

(fol. 8.) [1] Dompnus Georgius Hengham prior cellæ de Lenn inquisitus et examinatus de statu domus. Et primo de servitio et cultu divino et conservantia essentialium necnon de temporalibus et aliis articulis inquisitis correctione et reformatione indigentibus, dicit quod omnia competenter fiunt et domum in mediocri statu esse ac cæremonias fieri pro numero et facultatibus.

Dompnus Walterus Chowmer prior cellæ de Yernemutha [2]
examinatus interrogatus et inquisitus dicit quod rumpitur fistula plumbea aqueductus sine lavacri in claustro culpa Domini Johannis Sall præcentoris cui incumbit onus reficiendi, et cetera omnia competenter fiunt pro facultatibus domus.

The conduit of the lavatory out of order.

Dompnus Edmundus Norwiche prior cellæ de Alby inquisitus [3]
dicit quod solet prior mittere incorrigibiles et rebelles ad cellulas. Et dicit quod omnia negotia graviora et ardua tractantur et peraguntur per priorem et iii alios reliquis omnibus contemptis.

Complaints against the prior and seniors.

Item prior habet in manibus suis officium sacristæ.

Item Dompnus Henricus Manuell habet officia elemosinarii et [4]
camerarii et infirmarii. Et dicit quod prior regitur consilio minus sagaci videlicet iii vel iiii.

Dompnus Robertus Frammyngham moram faciens in cella de [5]
Yarnemutha dicit quod omnia bene.

Dompnus Henricus Manuell camerarius elemosinarius et infirmarius dicit quod officium camerarii patitur non modicam ruinam et cetera omnia reformantur per priorem et quod spiritualia et temporalia pro facultatibus bene observantur.

Repairs needed.

Dompnus Ricardus Lopham dicit quod audivit Dompnum Ro- [6]
bertum Frammyngham dicentem quod Dompnus Thomas Sall tertius prior relicto habitu monachali amictu laicali indutus tempore nocturno in civitatem ivit sed quid illic agebat nescit.

A truant monk.

Dompnus Robertus Frammyngham examinatus super depositis per Dompnum Ricardum Lopham dicit quod audivit a Domino Johanne Marten quod Dompnus Thomas Sall tamdiu moratus est in civitate et quod mutato habitu, laicali habitu indutus reversus est in nocte in prioratum. Deprehensus per celerarium a quo impetravit, rogatu suo, quod celaret factum suum.

(fol. 8 b.) His misdeeds exposed.

The juniors have a grievance.

[7] DOMPNUS WILLELMUS BURTON
[8] DOMPNUS THOMAS GOLDINGE
[6] DOMPNUS RICARDUS LOPHAM
[9] DOMPNUS GEORGIUS HANWORTH
[10] DOMPNUS NICHOLAUS FRAUNSHAM
[11] DOMPNUS FRANCISCUS YAXLEY
[12] DOMPNUS JOHANNES KIRBY
[13] DOMPNUS THOMAS JOLY
[14] DOMPNUS WILLELMUS LONDON
[15] DOMPNUS ANDREAS NORWICHE

Dicunt quod coacti sunt per superiores et seniores confratres commendare memoriæ psalmos psalterii cum antiphonis responsoriis et aliis canticis et bonas horas in frequenti recitatione male perdere et hoc plerumque ubi nichil opus fuerit.

[Dominus duxit deliberandum fore super responso.]

Et dicunt præterea quod SHELTON recepit de proficuis officii sui, post recessum suum, xx^{li} in detrimentum successoris et officii. Et dicunt quod seniores non accedunt ad matutinas et præcipue DOMPNUS JOHANNES SALL qui vix semel in biennio accessit, et idem utitur crumena sive locula serica et deaurata. Et dicunt quod in refectuario et domo capitulari fenestræ carent reparatione vitrea.

John Sall very objectionable to the juniors.

Item conqueruntur de venditione meremii in officio ortulanarii vulgo dicti *gardener*.

Item quod DOMPNUS JOHANNES SALL utitur festis diebus pileo satineto.

Item conqueruntur de stipendiis et pensionibus non solutis.

Item conquesti sunt de pastu et cibis minus salubriter ministratis et paratis eisdem.

Item claustrum patitur ruinam tectura, culpa DOMINI JOHANNIS SALL communiarii, cui incumbit onus reficiendi et cujus culpa aqua distillat per tectum in claustrum.

Item conqueruntur de subornatoribus et susurratoribus domino priori.

Irregularities among the juniors.

DOMPNUS GEORGIUS HENGHAM, prior de Lenn, dicit quod juniores confratres frequentant taxillos et cartas in dedecus religionis.

Item quod confratres sive commonachi appellant priorem dominum videlicet *my lord* et non patrem priorem ut solent.

Item DOMPNUS THOMAS SALL tertius prior conviciabatur cum DOCTORE REPPIS dicendo, *that he wolde take him on the face*, et ex levi occasione, aut nulla potius, *wastour* nominat.

DOMPNUS JOHANNES SALL, præcentor et communiarius, dicit quod officia hujusmodi patiuntur ruinam videlicet in fenestris domus capitularis in tectura claustri et in lavatorio. Petit ut fiat injunctio quod status monasterii ostendatur conventui semel in anno videlicet in festo S. Trinitatis et quod officiarii faciant suos compotos paratos tempore xl ut solent. [16] (fol. 9.) Repairs needed in the monastery.

Item fiat injunctio quod priores cellarum et ceteri officiarii exhibeant etiam, tempore compoti, libros rationum particulatim videlicet receptorum et expositorum ut ex hoc liqueri poterit status cellarum et officiorum et forma singulorum librorum. John Sall is a man of business.

DOMPNUS JOHANNES MARTEN inquisitus dicit quod DOMPNUS JOHANNES SALL habet cameram sibi deputatam contra antiquum morem in scandalum domus in qua saepe pernoctat, ideo mala oritur contra eum suspitio et in absentia sua reliquit claves cum DOMINO ROBERTO NOTTELL ad quem ut creditur accesserunt mulieres. [17] He is under grave suspicion.

Item dictus DOMPNUS JOHANNES SALL est pluribus indebitatus.

Item dicit religionem plus solito decrevisse et observantias regulares male observatas.

Item DOMPNUS JOHANNES SALL raro interest matutinis.

Item est seminator discordiæ inter priorem et confratres et etiam DOMPNUS THOMAS SALL tertius prior * * *

* * * * * * *

[At this point there is a vacant space left as if for the insertion of evidence which has not been supplied. It seems that John Marten was more than ordinarily communicative, and, if I understand the paragraph which follows, that he had gone into the accounts and was prepared to lay the result before the Visitor in the afternoon.]

Dicit etiam quod expedit uxorem scissoris a monasterio removeri ad evitandum scandalum.

Dicit etiam quod computavit de singulis, ut liquet in compotis quos habet exhibere post meridiem, et dicit quod remanent penes dominum priorem.

[18] DOMPNUS THOMAS SALL tertius prior dicit quod uxor scissoris videlicet *the wardroper's wiff* suspectos habet accessus ad DOCTOREM REPPIS et amplexatur illum præsentibus aliis in malum exemplum et scandalum manifestum domus et aliorum.

Doubtful stories. *Item* dicit quod prior locavit manerium de Plumpsted Magna Willelmo Harmer cujus culpa ædificia ibidem sunt combusta quæ de novo reædificari vix possunt cum xl libris. Et subtraxit ab eodem manerio certa utensilia ibidem reperta et etiam prostravit arbores in præjudicium domus.

NOTE.

[Dominus ad petitionem hujus deponentis licentiavit eum habere domum quam jam tenet inferius juxta infirmariam.]

(fol. 9 b.) DOMPNUS ROBERTUS WORSTED presbyter dicit inquisitus [19] DOMINUM JOHANNEM SHELTON gravia crimina et nephanda (A vicious monk complained of.) peccata commisisse et propter hoc non fuisse punitum, in malum exemplum et perniciosum aliorum confratrum. Nam cum idem JOHANNES SHELTON missus fuerat Yernemutham ad poenitentiam ibidem agendam longe licentius et liberius ibidem vixit quam domi, villam taxillos et cartas quotidie frequentando. Et sua culpa multum deterioratur officium camerarii cui olim præfuit; ita quod non speratur pensiones integras ab illo officio debitas et solvendas posse persolvi imposterum.

Item dicit quod pessima reliquit exempla apud illos in perniciem manifestam præsentium et futurorum confratrum. Deponit etiam John Sall complained of again. quod DOMPNUS JOHANNES SALL præcentor absentat se non solum a matutinis verum etiam a missis et horis canonicis. Insuper dicit ad officium præcentoris spectare, per se vel succentorem, sufficienter instruere totum conventum, in principio cujuslibet ebdomadæ, de divino officio per totam septimanam sequentem peragendo, quod hactenus facere neglexit. Dicit etiam quod tectura claustri ruinosa est et nisi celerius occurratur brevi futurum formidatur quod corruat cujus reparatio et refectio ad præfatum DOMINUM JOHANNEM SALL communiarium, prætextu officii hujusmodi, pertinent et pertinere solent.

Item dicit quod olim injunctum erat per Dominum, præfato JOHANNI SALL et aliis confratribus habentibus privata cubicula extra dormitorium, quod deinde non haberent lectos in cameris; cui injunctioni omnes paruerunt, et removerunt cubilia, excepto DOMINO J. SALL qui adhuc habet lectum in cubiculo injunctionem violando.

Deponit præterea quod dictus DOMPNUS JOHANNES SALL utitur interdum sotularibus punctis sericis rubei coloris clausis, aliquando trepidis, interdiu, et longis caligis cum duploide insolenter ad modum laicorum factis in perniciosum exemplum juvenum confratrum maxime cum idem JOHANNES præsente priore non erubescit erectis vestibus ostendere omnibus modum incessus sui.[a]

The dandyism of John Sall.

Item dicit quod uxor Ricardi Scissoris, si commode id fieri poterit, est removenda propter scandalum et malum exemplum; non credit tamen aliquid commissum inter doctorem et eam sed mala oritur inter confratres suspicio.

Item DOMPNUS J. SALL male solvit confratribus pensionem et credit quod nimium oneratur ære alieno tam confratribus quam extraneis, et credit multum expedire utilitati domus quod J. SALL conficeret et exhiberet billam debitorum suorum.

Sall believed to be in debt. (fol. 10.)

Dicit quod prior nimis remisse puniebat DOMPNUM J. SHELTON et DOMPNUM J. SALL propter gravia et manifesta crimina, quia multum illis favet. Et DOMPNUS J. MARTEN sine omni charitatis zelo tractavit et punivit austere. Et de crimine ipsius, interprandendo coram famulis et aliis jactitabat et prædicabat.

DOMPNUS RADULPHUS SIBLEYS refectuarius, dicit quod omnia [20]
bene observantur quantum ipse novit quoad religionem, quia omnia reformantur per priorem.

DOMPNUS THOMAS LEMAN hostilarius, dicit silencium non esse ob- [21]
servatum locis congruis secundum regulam. Et aliter nescit deponere.

[a] See Introduction.

[22] DOMPNUS ROBERTUS STANTON quintus prior dicit se nihil scire correctione vel reformatione dignum dicit quod DOMPNUS WILLELMUS BURTON est indocilis nec vult erudiri et est suscitator brigarum.

NOTE.

[Ponatur BURTON in stallo inferiori].

[23] DOMPNUS ROBERTUS CATTON iiii prior dicit quod religio incipit perire propter cæremonias non observatas quia juniores contempnunt observare cæremonias. Et credit prædicta vix posse reformari nisi juniores seniorum exemplis instruantur et ad meliorem reformationem inducantur.

NOTE.

[Inquiratur an a lotione manuum solent dicere psalmum *Miserere mei Deus*].

[24] DOMPNUS WILLELMUS HARRIDAUNCE celerarius, dicit quod supprior est facilis et remissus in relaxatione poenitentiarum injunctarum per iii priorem, iiii priorem et quintum priorem, quæ facilitas præbet audaciam junioribus non observandi poenas sibi injunctas.

Dicit etiam quod juniores commonachi, postquam fuerint ad sacerdotium promoti, impetrant a domino priore, licentiam peregrinandi aut visitandi amicos et ea occasione male dissipant quod eis donatum fuerit vel ab amicis vel oblatum in celebratione primæ missæ, et sic egeni redeunt.

(fol. 10 b.) Nominatus pro officio sacristæ committendo alicui idoneo confratri cui in utilitatem domus et officii poterit exponere proficua ejusdem (*sic*).

Item confratres deservientes in choro non instruuntur per præcentorem vel succentorem plerumque, quo pacto observarent ordinale.

Item præcentor non solvit pensiones incumbentes officio præcentoris.

NOTE.

[Fiat injunctio Suppriori quod non relaxet poenas inflictas commonachis per tertium, quartum aut quintum priores sine consensu et consilio duorum seniorum confratrum videlicet Dominorum

Willelmi Harridance et Henrici Manuell aut alterius eorum altero absente.]

Dompnus Stephanus Dersham prior cellæ de Hoxne exami- [25]
natus et inquisitus dicit quod parum novit de observantia religionis quia residet apud Hoxne et quo ad temporalia similiter deponit.

Dompnus Willelmus Burton dicit quod Dompnus Robertus Tweits dixit publice coram confratribus, quod novit quid ille conquestus erat domino de succisione arborum crescentium in orto gardinarii. Et examinatus, quis intimavit sibi aut revelavit, dicit quod Dompnus Georgius Hanworth, qui comparens et super, hoc inquisitus fatebatur se hoc revelasse eidem Tweits. Et propter præmissa dominus decrevit utrumque incarcerandum usque crastinum et commisit eos priori puniendos, reducendos ad capitulum in crastino hora capitulari.

Dompnus Willelmus Reppis supprior sacræ theologiæ professor [26]
dicit quod nihil novit de novo.

Dompnus Andreas Ringland succentor inquisitus conqueritur [27]
de risu et silentio non observatis.

Dompnus Willelmus Burton dicit quod non est sufficienter provisum pro infirmis confratribus maxime in medicinis necessariis exhibendis. Et quod fragmenta mensæ in refectorio non distribuuntur inter pauperes sed inter alios non indigentes, culpa elemosinarii.

Dompnus Ricardus Lopham queritur de conversatione præcen- fol. 11.)
toris et tertii prioris—et quod rumor est et violenta suspicio præcentorem furatum fuisse monetam Doctoris et Flowerdew.

Another insinuation against John Sall.

Dompnus Robertus Trows, capellanus prioris dicit quod nihil [28]
novit reformatione dignum.

Dompnus Franciscus Yaxley dicit quod officiarii non reddunt [35]
compotum particularem de receptis et expositis.

Dompnus Johannes Kirby dicit quod ostia claustri et dormitorii [36]
non clauduntur nocturno tempore, et quod seculares frequentant dormitorium, et quod novicii vestiuntur sumptibus juniorum et olim vestiti erant sumptibus seniorum.

Signs of lax discipline.

[37] DOMPNUS NICHOLAUS FRAUNSHAM dicit quod bona confratrum morientium non disponuntur ut solent, videlicet inter pauperes confratres, sed ea dominus prior sibi reservat et habet. Dicit quod DOMPNUS THOMAS SALL tertius prior in camera osculabatur DOMPNUM RICARDUM LOPHAM et tetigit pudibunda ipsius et amplexatus est eum.

(fol. 11 b.) *Item* denegata fuit huic inquisito necessaria in infirmitate sua, per duos dies, videlicet panis, potus et cibaria, jussu DOMINI T. SALL tertii prioris.

Irregularity in attending hall, &c.

Dicit quod consuetudo est ab antiquo observata omnes confratres, excepto celarario, simul prandere ter in ebdomade in refectuario quod jam non est observatum et, interessent mandato in die sabbati quod non faciunt.

Item non sufficienter ministratur confratribus in alimentis nec parentibus eorum cum veniunt.

[38] DOMPNUS THOMAS GOLDING conqueritur de alimentis infirmorum et parentum monachorum cum accesserint.

[39] DOMPNUS WILLELMUS LONDON inquisitus dicit quod DOMINUS THOMAS SALL tertius prior est severus.

[Half-page blank.]

COMPERTA ET REFORMANDA IN ECCLESIA CATHEDRALI.

(fol. 12.) Lavatorium et fistula aqueductus minantur ruinam. Claustrum est ruinosum in tectura, pertinet officio communiarii.

DOMPNUS ROBERTUS STANTON quintus prior est indoctus et ignavus nec scit officium.

Officium sacristæ minus utiliter exercetur et ministratur.

Officium camerarii patitur ruinam non modicam.

DOMPNUS T. SALL est inobediens suppriori.

DOMPNUS JOHANNES SHELTON recepit proficua officii camerarii pro medietate anni post expulsionem suam.

Refectuarium et domus capitularis patiuntur deformitatem in fenestris.

Seniores non accedunt ad matutinas.

Venduntur arbores sine consensu prioris.

Monachi utuntur longis caligis et pileis satinetis videlicet brachattis.

Pensiones non solvuntur confratribus maxime per DOMINUM J. SALL.

Officiarii non reddunt particulatim rationes de expositis per eos in officiis.

Ostia claustri et dormitorii nunquam clauduntur et pueri et laici frequentant dormitorium.

Juniores commonachi utuntur taxillis et chartis.

Status monasterii non ostenditur semel in anno.

Priores cellarum non exhibent aut ostendunt particulares rationes receptorum et expositorum.

DOMPNUS JOHANNES SALL habet cameram et lectum ibidem contra antiquum morem cujus occasione accedunt mulieres ad ejus cubiculum.

Novicii solebant vestiri in ingressu, sumptibus seniorum confratrum, et jam juniores subeunt onus.

Status maneriorum non debite supervidetur.

Denegantur aliquando fratri infirmo necessaria pro victu videlicet panis, potus et cibaria.

DOMPNUS J. SALL est pluribus indebitatus.

DOMINI J. SALL et T. SALL sunt seminatores discordiæ. (fol. 12 b.)

Manerium de Plumpsted combustum et ruinosum culpa prioris locantis.

Præcentor, vel ejus deputatus non instruit singulis ebdomadis in principio, alios confratres de divino servitio, per totam septimanam fiendum.

Silentium et aliæ ceremoniæ male observantur.

Dompnus injunxit et præcepit DOMINO WILLELMO BURTON

quod infimus sedeat in choro et in mensa donec sciat reddere psalterium. Postea dominus voluit quod sedeat infimus professorum.

Dompnus continuavit visitationem suam usque proximum diem Augusti proximo futuri cum continuatione et prorogatione dierum tunc sequentium necnon quemcunque diem citra si necesse fuerit.

Ardua et gravia negotia monasterii tractantur et expediuntur per priorem et iii reliquis omnibus non vocatis.

Fiat injunctio quod SALL non præsit officio communiarii *

* * * * *

Ordinatio juniores appellent eum *patrem priorem* et non *dominum priorem*, vel *magistrum* secundum antiquum morem.

Item quod officiarii faciant suos compotos paratos tempore xl ut solent.

HOSPITALE SANCTI ÆGIDII IN NORWICO XI JUNII 1526.

(fol. 13.) Undecimo die mensis Junii Anno Domini millesimo quingentesimo vicesimo sexto. Idem reverendus in Christo pater RICARDUS NORWICENSIS EPISCOPUS reverenter cum processione ad ostium occidentale ecclesiæ dicti hospitalis a magistro et confratribus, capis sericis honorifice indutis, erat receptus more consueto. Et processione oblatione orationibus ac benedictione finitis, idem reverendus pater domum capitularem ingrediens convocatis ibidem custode et confratribus propositisque etc.

[Quarter-page blank.]

MAGISTER JOHANNES HEKKER magister sive custos hospitalis prædicti examinatus et inquisitus, primo exhibuit compotus de statu domus unacum fundatione et inventario bonorum, dicit quod non habent completum numerum confratrum quia juxta fundationem haberent vi. de quibus tres deficiunt.[a]

Dicit quod cetera omnia pro facultatibus bene observantur.

DOMPNUS JOHANNES BREDENHAM dicit quod omnia reformantur (fol. 13b.)
per magistrum sive custodem. [2]

DOMPNUS ROBERTUS TRESWELL confrater senescallus hospitalis [3]
dicit quod hospitale oneratur aere alieno in l li custodi et huic House in debt.
inquisito.

DOMPNUS WILLELMUS HEKKER socius et confrater hospitalis [4]
dicit quod omnia bene.

(Dompnus objecit huic examinato quod tenet uxorem Ropkyn de Holmestrete et negavit articulum.)

DOMPNUS WILLELMUS STELE conductitius dicit quod omnia bene [5]
quantum ipse novit vel audivit.

DOMPNUS JACOBUS JACSON capellanus conductus concordat cum [6]
STELE.

DOMPNUS WILLELMUS FOSTER capellanus stipendiarius dicit quod [7]
omnia bene.

DOMPNUS RICARDUS WELL capellanus moram faciens in dicto [8]
hospitali sed nullum recipiens stipendium ex collegio, dicit quod Things very wrong.
nihil non reformatione dignum, sed dicit quod divinum servitium male observatur in choro quia interdum conviciantur ibidem videlicet DOMPNUS JOHANNES BREDENHAM et W. HEKKER.

DOMPNUS WILLELMUS SKERNYNG capellanus noviter ordinatus [9]
dicit quod nihil novit correctione dignum quia nuper conductus.

Et hiis peractis dominus dissolvit visitationem suam ibidem.

---

[a] It appears that there was a Master and three Fellows, with three *Conduct* (*i.e.* stipendiary) chaplains, and two chaplains who were serving for their board and lodging.

COLLEGIUM BEATÆ MARIÆ DE CAMPIS IN NORWICO XII JUNII 1526.

(fol. 14.) The College poor. MAGISTER NICHOLAUS CARR, Legum doctor, decanus dicti collegii exhibuit ratificationem cum compoto et inventario et dicit quod reliqua omnia in bono statu juxta facultates collegii.

[2] MAGISTER JOHANNES COOKE præcentor dicit quod decanus omnia reformavit.

[3] MAGISTER THOMAS BOWER cancellarius dicit quod omnia bene pro facultatibus collegii quæ tenues sunt et exiles.

[4] DOMPNUS WILLELMUS COPPING senescallus dicit quod collegium oneratur ære alieno sed nescit quantum.

[5] DOMPNUS ANTONIUS HODGESON capellanus decani dicit inquisitus quod omnia bene fiunt.

[6] DOMPNUS THOMAS CHEVELEY examinatus et inquisitus dicit et concordat.

[7] DOMPNUS JOHANNES WYNTER capellanus conductus dicit ut supra præcontestis deposuit.

[8] DOMPNUS ROBERTUS FULLER capellanus stipendiarius concordat.

[9] DOMPNUS RICARDUS WHETELEY concordat.

[10] DOMPNUS ROBERTUS MIGO dicit quod non est de consilio.

Post meridiem hora iii idem reverendus pater convocatis decano et confratribus in domo capitulari quia nihil ex inquisitione hujusmodi comperiit reformatione dignum, dissolvit visitationem suam ordinariam ibidem.

CARROW NUNNERY. XIIII JUNII 1526.

(fol. 14 b.) DOMINA ISABELLA WIGAN priorissa dicit quod domus non oneratur aere alieno et quoad cetera dicit quod bene observantur.

DOMINA ANNA MARTEN suppriorissa, dicit quod nihil novit reformatione dignum sed dicit quod sorores dicunt et cantant velotius quam debent et sine debita pausatione. [2] Fuit in religione lx annos.

Item conqueritur de potu tenui.

DOMINA MARGARETA STEWARD habitu religionis induta xxviii annos inquisita dicit quod male pausant cantando et dicendo. Violatio silentii non punitur. [3]

DOMINA KATERINA JERVES præcentrix et iiii priorissa, professa xxxviii annos dicit examinata quod potus est tenuis et cetera omnia. [4]

DOMINA AGNES WARNER dicit inquisita quod non observatur pausa in cantu, et aliis horis dicendis sed velotius cantant. [5]

DOMINA AGNES SWANTON sacrista, quæ fuit in habitu xxi annos dicunt quod non habent horilogium. [6]

DOMINA ANNA LONDON refectuaria, dicit quod omnia sunt in bono statu tam spiritualia quam temporalia. [7]

DOMINA JOHANNA BOTULPHE dicit quod non celebrant festa nominis Ihesu et Sancti Edwardi neque aliquid inde observant. [8]

Item habent in festo Natalis Domini juniorem monialem in abbatissam assumptam, vocandi gratia; cujus occasione ipsa consumere et dissipare cogitur quæ vel elemosina vel aliorum amicorum largitione acquisierit. Christmas game of *Lady Abbess.*

Item officiarie domus compelluntur reficere pannos et vasa ad officia spectant de propriis et inde nihil allocantur a priorissa. Obedientiaries liable for breakages. (fol. 15.)

DOMINA CECILIA SUFFELD dicit se nihil novisse correctione seu reformatione dignum. [9]

INJUNCTIONES.

Principio. Injunctum est priorissæ quod habeat et reficiat horilogium citra festum Sancti Michaelis proximum.

Item quod paretur et provideatur lotrix qui magis sufficienter inserviat et officium suum faciat.

Item quod divinum servitium cum majori devotione et debita pausatione celebretur et in cantando et in dicendo.

Item quod sumptibus priorissæ deinceps supportentur onera reparationum pannorum et vasorum ad officia pertinentium ubi opus fuerit.

Item quod de cetero non observetur assumptio abbatissæ vocandi causa.

Item quod silentium debite futuris temporibus observetur sub graviori pœna.

Item quod festa nominis Ihesu et Sancti Edwardi de cætero observentur prout in ceteris locis istius diœcesis observantur.

INGHAM PRIORY.

(fol. 15 b.) 18 June, 1526. Die lunæ videlicet xviii Junii anno Domini millesimo quingentesimo xxvi dictus reverendus in Christo pater in prioratu de Ingham per priorem et confratres processionaliter debita cum reverentia fuit receptus, et eodem die ingrediens domum capitularem exposito verbo Dei per DOMINUM RICARDUM BAILWEY sub hoc themate [ ]. Declaratisque causis adventus et super quibus fuerunt examinandi per MAGISTRUM EDMUNDUM STUARD, prædicti reverendi patris in hac parte commissario, idem reverendus pater convocari fecit priorem et confratres ac eos modo sequente examinavit tunc ibidem.

[1] DOMPNUS THOMAS CATFELD prior dicti prioratus dicit quod domus oneratur ære alieno xxvi s. viii d. et quoad cetera dicit quod bene observantur.

[2] DOMPNUS JOHANNES SAYE, licentiatus per dominum ad curam ecclesiæ parochialis de Walcote deserviendam, dicit quod omnia bene.

[3] DOMPNUS RICARDUS FOX sacrista, ac eo prætextu deserviens curam de Ingham, dicit quod omnia bene.

DOMPNUS JOHANNES KECHYNE dicit quod omnia bene reformanter per priorem. [4]

DOMPNUS ROBERTUS BARTON dicit quod omnia bene. [5]

JOHANNES HALISDON acolitus dicit quod omnia bene. [6]

JOHANNES TUNSTED novicius dicit quod omnia bene. [7]

CHRISTOFORUS BUNSTED novitius dicit quod omnia bene. [8]

Deinde dictus reverendus pater hora iiii post merediem in domo capitulari convocatis priore et confratribus dicti domus hujusmodi visitationem suam dissolvit. (fol. 16.)

HICKLING PRIORY.

Die Martis videlicet xix die mensis Junii anno Domini millesimo quingentesimo xxvi dictus reverendus pater RICARDUS NORWICENSIS episcopus per priorem et conventum debita cum reverentia receptus fuit cum processione. Et statim domum capitularem intrans convocari fecit idem reverendus pater priorem et capitulum quibus congregatis et comparentibus ac declarata causa adventus per MAGISTRUM EDMUNDUM STUARD, deinde singulos examinaverunt prout sequitur. 19 June, 1526.

[1] The prior too strict. John Hikling will not stay.

DOMPNUS JOHANNES HIKLING supprior dicit priorem nimis gravem et austerum præsertim in licentiandos confratres suos ut exirent sæpta prioratus gratia recreationis. Idem dicit priorem habere multos consanguineos in domo quos pascit et nutrit sumptibus prioratus. Et dicit quod dicti consanguinei seminant discordiam inter priorem et confratres suos dicit insuper quod non vult amplius morare in domo. Ac dicit quod DOMPNUS RICARDUS HOLT canonicus appellavit a correctione prioris ad dominum episcopum. Et dicit quod prior non ostendit annuatim statum domus confratribus.

(fol. 16 b.) [2] The prior recriminates. ROBERTUS BOTILLER, prior, dicit quod confratres sui sunt incorrigibiles, rebelles et inobedientes et recusant subire correctionem suam. Et dicit DOMINUM RICARDUM HOLTE dedisse occasionem suis confratribus malis suis exemplis quod non obedierent.

[3] Prior serves the cure of Hanworth. DOMPNUS ANDREAS NORWICHE dicit quod prior de Hikling solvit annuatim pensionem Domino Episcopo Norwico xiiii s. pro licentia dicto priori concessa ut possit per confratrem dicti domus deservire curæ de Hanworthe, et cetera bene.

[4] Complaints against the prior. ROBERTUS WALSHAM dicit quod cocus habet regimen totius domus. Prætcrea dicit quod prior diffamavit ipsum cum quadam Margareta Curtes.

Item quod non simul singulis . . . . egrediuntur dormitorium sed divisim.

The cook and his perquisites. *Item* petit cocum removeri quia dicit illum suscitare discordias inter priorem et confratres suos et dicit cocum ditari bonis prioratus, quia egenus venit ad prioratum et modo dives est.

[5] RICARDUS HOLT præcentor exhibuit billam querelarum plenam.

[Here follows a space for the bill of complaints.]

(fol. 17 b.) [6] DOMPNUS RICARDUS NORWICHE succentor examinatus per dominum dicit quod frigescit inter eos caritas per totos tres annos et hoc sit, ut credit, mediis consanguineorum domini prioris in prioratu commorantium videlicet coci et patris sui et dicit quod non ministratur salubriter confratribus ægrotis et hoc mediis coci qui vilipendit et parvifacit omnes confratres.

Item dicit quod parce ministratur eis de cibariis.

[7] DOMPNUS ROBERTUS BASTWIKE, presbyter, dicit quod regnat discordia inter priorem et DOMINOS JOHANNEM BLOFELD, ROBERTUM WALSHAM, RICARDUM HOLT et RICARDUM NORWICHE canonicos, Dissensions in the priory. dicit quod uxor coci est communis lotrix prioris et confratrum et quod accedit semel in septimana ad prioratum et non ultra pro lintheaminibus lavandis.

Item dicit quod prior non accessit ad capitulum per triennium nisi instantia et mediis consanguineorum.

JOHANNES MICHELL dicit quod omnia bene quo ad ejus notitiam, sed quod non satis ministratur eis juvenibus cum cibariis tempore prandii jantaculi et cenæ etc. [8]

ROBERTUS WEBSTER novitius, dicit quod omnia bene. [9]

ROBERTUS ALEN novitius, dicit quod omnia bene. [10]

Et dominus continuavit dictam suam visitationem ordinariam usque festum Sancti Bartholomei et concessit priori facultatem et potestatem corrigendi puniendi et reformandi quæ interim illic reformandæ fuerint aut corrigendæ, non obstante visitatione dependentia, præterea dominus admonuit priorem ne sineret confratres suos exire sæpta monasterii, etiam causa visitandi parentes, nisi gravi infirmitates laborantes et hoc sub pœna arbitrio ordinarii imponenda. (fol. 18.)

[Three-quarter page blank.]

ABBEY OF ST. BENET'S, HULME.

DOMPNUS WILLELMUS BECCLES infirmarius dicit quod reparationes maneriorum non debite supervidentur et dicit quod multi canes nutriuntur in domo. (fol. 18 b.)

VENERABILIS PATER JOHANNES SALCOTE, sacræ theologiæ professor, abbas dicti monasterii, exhibuit compotum de officio abbatis et celerarii et etiam billam debitorum monasteriorum . . . . Dicit quod WILLELMUS BYNHAM monachus est remissus et raro surgit ad matutinas prætendens et fingens se infirmum. [2] The abbot complains.

[3] DOMPNUS ROBERTUS SALL dicit quod DOMPNUS WILLELMUS BYNHAM est sompno deditus et raro surgit ad matutinas.

[4] DOMPNUS WILLELMUS HORNYNG, *oute-rider*, dicit quod multa ædificia et orrea maneriorum sunt prostrata et collapsa præsertim violentia venti hoc anno.

A great wind.

Item DOMPNUS WILLELMUS BYNHAM non accedit ad matutinas.

Item non deputantur oeconomi ad supervidendum reparationes maneriorum.

(fol. 19.) [5] DOMPNUS ROGERUS RANWORTHE, supprior et sacrista, dicit quod DOMPNUS WILLELMUS BYNHAM præbet malum exemplum ceteris confratribus quia colore infirmitatis semper absentat se a matutinas et quantum confratres norunt, idem BYNHAM gaudet sanitate quia in die commedit et bibit ut ceteri.

Brother Bynham shams illness.

[6] DOMINUS THOMAS SCOTTOW, camerarius, dicit quod omnia bene reformantur industria et diligentia abbatis.

[7] DOMPNUS NICHOLAUS NORWICHE pietentiarius, dicit quod omnia bene.

[8] DOMPNUS THOMAS STONEHAM infirmarius, et iiii prior concordat.

[9] DOMPNUS THOMAS HAUSE, præcentor, dicit quod essentialia religionis et divinum servitium bene observantur dicit quod panni altarum sunt immundi.

[10] DOMPNUS RICARDUS NORWICHE, magister cellarii, dicit quod omnia bene.

[11] DOMPNUS JOHANNES HARRIDAUNCE dicit quod Bynham non surgit nec venit ad matutinas.

[12] DOMPNUS JOHANNES AILESHAM dicit quod omnia bene.

[13] DOMPNUS JOHANNES LAMMES dicit quod non debite ministratur infirmis.

[14] DOMPNUS ROBERTUS CAMBRIGE dicit quod omnia bene.

[15] DOMPNUS RICARDUS BARKEWEY concordat.

[16] DOMPNUS JOHANNES LONDON concordat.

[17] DOMPNUS JOHANNES DILHAM dicit quod non congrue ministratur infirmis.

Dompnus Willelmus Bynham concordat et dicit quod omnia reformantur per abbatem. [18]

Dompnus Willelmus Michels dicit quod omnia bene. [19]

Dompnus Robertus Stratford. [20]

Injunctiones.

Quod duo de senioribus et magis idoneis deputentur qui semel in anno diligenter supervideant maneria et eorum reparationes. (fol. 19 b.)

Quod non alcatur infra monasterium superflua multitudino canum devorantium fragmenta mensarum quæ in usus pauperum distribuenda sunt.

Item quod deputetur prior claustralis quam primum commode fieri poterit videlicet citra festum omnium Sanctorum proximum.

Item reformetur Bynham arctiori pœna.

Item quod deinceps magis congrue et diligentius ministretur infirmis fratribus.

Item quod panni altarium mundiores serventur.

Præterea dominus injunxit Bynham quod subiret carceres in palatio suo Norwici ad beneplacitum domini. Quam pœnam Dominus, ad supplicacionem et instanciam abbatis, postea remisit. Et monuit suppriorem quod si Bynham imposterum inobediens fuerit aut deliquerit, quod tunc ita denuntiet inobedientem et delictum Domino Episcopo ac mittat Bynham ad palatium Norwici ibidem carceres subiturum.

Et hiis sic gestis dominus dissolvit visitationem etc.

PRIORATUS SANCTI OLAVI, XXII DIE MENSIS JUNII, 1526.

(fol. 20.) DOMPNUS WILLELMUS DALE, prior, ibidem dicit quod omnia bene.

[2] DOMPNUS JOHANNES MEK supprior concordat.

[3] DOMPNUS JOHANNES BEGOT
[4] DOMPNUS JOHANNES CASTELACRE
[5] DOMPNUS HENRICUS WESTACRE
[6] DOMPNUS JOHANNES MASSINGHAM
} Dicunt quod omnia debite fiunt tam spiritualia quam temporalia pro facultatibus domus.

PRIORATUS DE BLYTHBURGH, XXIII JUNII, 1526.

[1] DOMPNUS JOHANNES RIGHTON prior.

[2] DOMPNUS THOMAS CHAPET supprior dicit quod omnia bene.

[3] DOMPNUS CORNELIUS YPSWICHE concordat.

[4] DOMPNUS ROBERTUS FRAUNCES dicit quod divinum servitium
The mass said, not chanted. non debite observatur ut solet, quia solent cantare missam et jam non faciunt. Dicit quod prior corrigendo illis quibus favet est nimium favorabilis et hiis quos odit est crudelis et severus.

[5] DOMPNUS ROBERTUS HOYE dicit quod omnia bene.

Et dominus dissolvit visitationem suam ibidem.

BUTLEY PRIORATUS, XXVI JUNII, 1526.

(fol. 20 b.) DOMPNUS AUGUSTINUS REVERS prior ibidem dicit quod omnia debite fiunt.

DOMPNUS WILLELMUS WODBRIGE supprior dicit quod nihil novit reformatione dignum. [2]

DOMPNUS JOHANNES NORWICHE dicit quod prior non reddit compotum annuatim coram confratribus. [3]

DOMPNUS JOHANNES DEBENHAM podagra cruciatus dicit quod omnia bene. [Petit pro venia a matutinis in hieme in parte.] [4]

DOMPNUS JACOBUS DYSNYNGTON concordat. [5]

DOMPNUS THOMAS SUDBOURNE celerarius dicit quod omnia bene. [6]

DOMPNUS THOMAS ORFORD vexatus morbo gallorum exhibuit capacitatem sibi concessam per reverendissimum Dominum Cardinalem, et quoad inquisita de statu et essentialibus religionis dicit quod omnia bene consistunt. [7]

DOMPNUS ROBERTUS CHIPENHAM refectorius dicit quod omnia bene et industriose fiunt et reformantur per priorem. [8]

DOMPNUS NICHOLAUS OXBURGH, sacrista et succentor, dicit quod aqua in stagno quæ solet percurrere et mundare cloaca in dormitorio æget reformatione. [9] The sewer cannot be flushed.

DOMPNUS DIONISIUS RICHEMONT, præcentor, dicit quod non habent scholarem in universitate. [10]

DOMPNUS HENRICUS BASSINGBOURNE, tertius prior, dicit quod seniores confitentur quibus volunt. Libri in choro vix suntsufficientes. Nihil allocatur præcentori pro reformatione librorum. Aliquando non debite ministratur infirmis nec in victualibus convenientibus provisum est eis nisi voluerint exponere de pensione sua. Non habent janitorem . . . . . Ecclesia conventualis est ruinosa in tectura videlicet plumbo et pluit in diversis locis in ecclesia. [11] Various complaints.

Item prior non ostendit compotum de statu domus semel in anno coram confratribus. (fol. 21.)

DOMPNUS JOHANNES BAUDESEY, subsacrista, diaconus, dicit quod novicii infra sacros perciperent stipendium annuum xx s. quod jam non est solutum. [12]

Item non habent scholarem confratrem in universitate.

Item prior objurgat confratres coram laicis.

Rood Beam decayed. *Item* trabes in ecclesia conventuali corrumpitur ex pluvia quæ olim solet per tecturam distillare.

[13] DOMPNUS BRIANUS WINGFELD, presbyter, dicit quod vestimenti et libri egent reformatione.

Books and vestments need repair. *Item* tectura ecclesiæ indiget reparatione in plumbo.

[14] DOMPNUS THOMAS YPPESWICHE, novicius, subdiaconus, dicit quod nihil novit reformatione dignum.

[15] DOMPNUS THOMAS REVERS novicius professus, acolitus, dicit quod omnia bene.

[16] DOMPNUS THOMAS WODBRIGE professus, acolitus, dicit quod vestimenta egent refectione et capæ in vestiaria.

Dicit etiam quod non debite providetur noviciis in apparatu.

INJUNCTIONES.

Quod compotus annuus de statu domus reddatur et in capitulo coram iii aut iiii senioribus confratribus de sanioribus.

Quod vestimenta et libri reficiantur citra festum Paschæ proximum.

Quod sufficienter et salubriter provideatur in cibariis et potu pro confratribus infirmis sumptibus prioratus.

Quod tectura navis ecclesiæ et trabes ibidem quantum commode poterit, reficiantur et debite reparantur.

Quod exhibeatur scholaris in universitate sumptibus domus.

Quod ministretur et solvatur stipendium noviciis, infra sacros constitutis, consuetum vel aliis in apparatu et aliis necessariis competenter et congrue per priorem eis provideatur.

Campsey Nunnery, xxvii Junii, 1526.

Domina Ela Buttery priorissa dicit quod omnia bene. [1] (fol. 21 b.)

Domina Alicia Cooke dicit quod omnia bene observantur. [2]

Domina Elisabeth Willoughbie omnia bene. [3]

Domina Barbara Jernyngham suppriorissa nihil novit reformatione dignum. [4]

Domina Elizabetha Norwiche.

Domina Margareta Harman præcentrix per xxxv annos elapsos dicit se nihil novisse correctione seu reformatione dignum nisi quod libri divinorum in choro indigent reparatione. [6]

Domina Elizabetha Wingefeld celeraria dicit quod omnia sunt in bono statu. [7]

Domina Margareta Bacon cameraria omnia bene. [8]

Domina Katerina Logan omnia bene tam temporalia quam spiritualia. [9]

Domina Cristiana Abell omnia bene. [10]

Domina Anna Wynter omnia bene. [11]

Domina Petronella Feltoune omnia bene. [12]

Domina Katerina Grome omnia bene. [13]

Domina Brigitta Cokket subcameraria omnia bene. [14] (fol. 22.)

Domina Dorothea Bramptoune omnia bene. [15]

Domina Anna Bardwell omnia bene. [16]

Domina Anna Butler ii sacrista dicit omnia bene. [17]

Domina Margareta Clerke omnia bene. [18]

Domina Katerina Symondes refectuaria dicit se nihil cognovisse correctione vel reformatione dignum. [19]

Domina Katerina Blomefeld omnia bene. [20]

Ursula Heidoune novitia. [21]

Injunctiones.

Quod libri reformentur et domus magis ampliatur quantum commode poterit.

Prioratus Sancti Trinitatis Gipwici, penultimo die mensis Junii, 1526.

(fol. 22 b.) [1] Dompnus Thomas Whighte prior ibidem dicit quod Dompnus Johannes Carver non est obediens et cetera bene.

[2] Dompnus Thomas Edgore dicit quod status domus ignoratur quia prior non reddit compotum coram confratribus annuatim.

[3] Dompnus Johannes Elys dicit quod omnia bene.

[4] Complaints. Dompnus Johannes Shribbe inquisitus deponit quod non fit debita correctio excessuum in domo capitulari juxta regulam et quod canonici exeunt septa monasterii sine licentia prioris. Dicit quod confitentur cui confratrum voluerint. Non celebratur capitulum quotidie.

[5] Dompnus Johannes Carver dicit quod omnia bene.

Injunctiones.

Quod celebretur capitulum quotiens opus fuerit juxta regulam.

Quod deputetur confessor ad audiendum confessiones confratrum.

Quod confratres de cetero absque licentia prioris et causa rationabili per eum approbanda non edant vel commedant aut vagentur in villa vel exeant septa prioratus maxime in villam.

Quod CARVER deinceps sit obedientior priori sub poena carceris.

Quod semel in septimana observent refectuarium, videlicet feria vi.

Quod observent silentium in claustro dormitorio refectuario et choro.

Quod singulis annis reddatur compotus de statu domus coram duobus confratribus senioribus.

Et hiis finitis dominus dissolvit visitationem, etc.

PRIORATUS SANCTI PETRI GIPWICI, SECUNDO JULII, 1526.

DOMPNUS WILLELMUS BROWN prior ibidem, exhibuit compotum de statu domus et quo ad cetera tam spiritualia quam temporalia dicit quod omnia observantur pro facultatibus domus. (fol. 23.) [1]

DOMPNUS JOHANNES LAURENCE dicit quod omnia bene. [2]

DOMPNUS JOHANNES BARON } Dicunt quod omnia bene. [3]
DOMPNUS ROBERTUS GOODEALE [4]
DOMPNUS THOMAS CHAMBERLAYNE [5]

WILLELMUS SUTTON } Novicii. [6]
WILLELMUS DONABY [7]

Et quia in hujusmodi inquisitione nihil erat repertum reformatione dignum, dominus dissolvit visitationem suam ibidem.

NOTE.

Fiat injunctio de præceptore providendo ad docendos novicios in grammatica.

PRIORATUS DE EIA.

Die Jovis videlicet quinto die mensis Julii anno Domini millesimo quingentesimo xxvi recepto reverenter dicto reverendo patre, idem (fol. 23 b.) 5 July, 1526.

reverendus pater ingrediens domum capitularem convocari fecit priorem ac omnes et singulos commonachos ibidem, et proposito verbo Dei per DOMINUM [ ] MULTON declarataque causa visitationis et accessus per magistrum EDVARDUM STUARDE, dictus reverendus pater examinavit priorem et commonachos prout sequitur.

[1] DOMPNUS JOHANNES ELA prior exhibuit statum domus et dicit quod omnia bene quantum ad ejus notitiam.

[2] DOMPNUS WILLELMUS NORWICHE supprior dicit quod omnia bene reformantur per priorem.

[3] DOMPNUS RICARDUS IPPISWICHE dicit quod omnia bene.

[4] DOMPNUS CRISTOFORUS REKINGALE, præcentor, et iiii prior concordat.

[5] DOMPNUS ROBERTUS STOW, sacrista, dicit se nihil cognovisse reformatione vel correctione dignum.

[6] DOMPNUS HENRICUS COMBES, subcentor, dicit quod cista in qua sigillum commune remanet non est clausa tribus seruris sed unica dum taxat, quæ potest apperiri sine clave.

Common seal negligently kept.

[7] DOMPNUS WILLELMUS HADLEY celerarius, dicit et concordat cum HENRICO COMBES.

(fol. 24.) [8] DOMPNUS RICARDUS SNAPE refectuarius, concordat.

[9] FRANCISCUS ELA novicius, dicit quod omnia bene.

[10] THOMAS HADLEY novicius, concordat cum Combis.

INJUNCTIONES DICTI REVERENDI PATRIS FACTÆ EISDEM MONACHIS.

In primis quod præparetur cista tribus seruris et tribus clavibus diversæ fabricæ pro sigillo communi aliisque monimentis ad dictum prioratum pertinentibus custodiendis. Et quod nullus eorum custodiat claves.

Item quod tres sacerdotes intersint completoriorum officiis singulis diebus pro festis, et festis diebus omnes commensales nisi legitime impediantur. Ac his peractis idem reverendus in Christo pater dissolvit hujusmodi suam ordinariam visitationem.

Collegium de Wyngfelde, sexto die mensis Julii, 1526.

Dominus Thomas Halys, socius collegii, dicit quod sigillum commune collegii est in custodia unius commodi et cetera bene reformantur per Magistrum collegii. (fol. 64 b.)

Dominus Thomas Bowen dicit quod nihil novit reformatione vel correctione dignum quia omnia bene reformantur per magistrum. [2]

Dominus Johannes Hyxe senescallus dicit et concordat. [3]

Dominus Willelmus Seaman concordat. [4]

Injunctiones reverendi in Christo patris Ricardi Norwicensis episcopi in collegio factae.

Injunctum est magistro et confratribus ibidem quod praeparent cistam cum tribus seris et totidem clavibus diversae fabricae pro custodia sigilli communis dicti collegii citra festum Natalis Domini proxime futurum, et quod quilibet sociorum dicti collegii ultra unam habeat clavem. Et sic dissolvit idem reverendus pater suam visitationem ordinariam.

[Quarter-page blank.]

PRIORATUS DE REDLINGFELD, SEPTIMO JULII, 1526.

(fol. 25.) Names of the Prioress and eight nuns.

DOMINA GRACIA SANSOUN priorissa dicit omnia bene

[2] DOMINA ISABELLA ALEYN, præcentrix, omnia bene.

[3] DOMINA JOANNA DEAN capellana dominæ, omnia bene.

[4] DOMINA JOANNA SMYTH suppriorissa, omnia bene.

[5] DOMINA ALICIA BEDYNGFELD omnia bene.

[6] DOMINA AGNES NICOLL omnia bene.

Noviciæ. (Dicunt omnia bene)

[7] JOANNA PETNELL

[8] MARGARETA POLEY

[9] AGNES GARDENER

Et quia nihil præsentatum fuit in hujusmodi inquisitione reformatione dignum idem reverendus pater dissolvit visitationem suam ordinariam.

COLLEGIUM DE SUDDBURY, DECIMO JULII, 1526.

(fol. 25 b.)

MAGISTER RICARDUS EDEN magister sive custos collegii Sancti Gregorii de Sudburio inquisitus et examinatus de statu domus et vita moribus ac conversatione confratrum aliisque articulis in hac parte solitis dicit quod omnia bene observantur.

Doctus reverendus pater ex certis causis ipsum ad hoc moventibus prorogavit et continuavit visitationem suam ordinariam ibidem ad in et usque festum Omnium Sanctorum proximum et quemcunque diem citra.

[Die Jovis vel Veneris post sinodum Michaelis fient injunctiones.]

Adjourned Visitation of Sudbury College.

Dompnus Thomas Legate capellanus et socius collegii ac ejusdem præsidens absente Magistro, examinatus de et super enormitatibus et defectibus collegii. Dicit quod non redditur compotus singulis annis et quod status domus ignoratur confratribus. [2] The master an absentee.

Item quod temporalia collegii multum dissipantur et hoc negligentia Domini Willelmi Nutman senescalli.

Item quod domus oneratur ære alieno ut credit.

Great disorder in the College. The seneschal especially complained of.

Item quod cotidie ferme regnant rixæ convicia et jurgia inter Dominum Willelmum Nutman senescallum et Dominum Johannem Sykelynge confratrem et quod hujusmodi rixæ et jurgia non possunt pacari per præsidentem et confratres absente magistro.

Dominus Willelmus Tubleyn capellanus confrater examinatus dicit quod Dompnus Willelmus Nutman senescallus non est diligens et circumspectus in officio suo exercendo. [3]

Item dicit quod senescallus non bene solvit stipendia confratrum quarternatim. Et quod non facit debitas reparationes in maneriis firmis et grangiis.

Dompnus Willelmus Nutman capellanus et confrater examinatus de defectibus et . . . . dicit quod omnia bene præter quod collegium oneratur debitis. [4] The college in debt.

Dompnus Johannes Sykelynge confrater et socius examinatus dicit quod ipse non audivit nec interfuit alicui compoto per spatium xiiii annorum. Et quod senescallus non reddit compotum singulis mensibus prout tenetur et obligatur per statuta domus. [5] No accounts kept.

Item quod senescallus non solvit stipendia confratrum sive . . . . quarternatim prout tenetur.

Item quod parce ministratur confratribus victualibus.

Item quod dissipantur temporalia et possessiones collegii negligentia Domini Willelmi Nutman senescalli.

Item quod Dompnus Thomas Coche alias Kerver quondam confrater hujus collegii dedit et assignavit domui vocatæ infirmariæ certa lectula plumia . . . . et alia suppellectilia. Et quod confratres collegii tempore infirmitatis nullum habent relevamen de dictis lectulis et supellectilibus neque eisdem confratribus ægrotis relevetur aut subveniatur cum eisdem.

(fol. 26 b.) [6] DOMPNUS ROBERTUS CHIKERINGE capellanus et confrater examinatus dicit quod maneria grangia firmæ et domus extraneæ pertinentes collegio patiuntur maximam ruinam et hoc defectu et negligentia senescalli.

Item quod non diligenter operam impendit agriculturæ collegii sed dissipantur terræ ratione malæ culturæ et hoc pertinacitate et obstinantia senescalli.

Item quod status domus ignoratur quia senescallus non reddit compotum.

Item parcius et insalubrius ministratur confratribus in victualibus quam antiquo tempore solebat.

[7] DOMPNUS WILLELMUS FISSHER capellanus confrater dicit quod senescallus non bene et debito tempore solvit confratrum stipendia.

STOKE JUXTA CLARE.

(fol. 27.) 12 July, 1526 Duodecimo die mensis Julii anno Domini millesimo quingentesimo xxvi. In domo capitulari, videlicet vestiaria, quæ pro loco capitulari reputant, infra collegiatam ecclesiam de Stoke.

MAGISTER THOMAS WHITEHED canonicus dicti collegii in præsentia & de consensu MAGISTRI ROBERTI FABIAN, THOMÆ WARDOLL et THOMÆ KEALL canonicorum et præbendariorum ibidem, coram reverendo in Christo patre et domino, DOMINO RICARDO permissione divina Norwicensi episcopo, loci ordinario et diœcesano [ ] dixit et proposuit et asseruit palam atque publice quod Ricardus Griffin, generalis receptor ac secretarius serenissimæ principis Katerinæ Reginæ Angliæ, de mandato et jussu dictæ excellentissimæ reginæ, statuta atque munimenta dicti collegii inferius annotata, ab eodem collegio per vim et violentiam

The Receiver of Queen Katharine had taken away the muniments of the college.

eripuit, et abduxit secum, ad dictam serenissimam reginam, ut asseruit delaturus, invitis et reclamantibus confratribus dicti collegii.

In primis videlicet unum librum statutorum dicti collegii. List of these muniments.

Item bullam Johannis Papæ xxii sub plumbo continentem erectionem et fundationem collegii.

Item confirmationem Martini Papæ super fundatione collegii.

Item cartam regis Henrici quinti suorum jurium confirmatoriam.

Item cartam Edmundi Comitis Marchiæ super possessionibus dicti collegii et super dotatione ejusdem.

Item cartam Ricardi Ducis Eboraci super confirmatione statutorum cum nonnullis aliis cartis munimentis et evidentiis ad dictum collegium pertinentibus.

Item sigillum commune cum iii aliis sigillis.

Quæ quidem munimenta, cartas et evidentias aut eorum aliqua, dicti canonici negant se hactenus recepisse vel habuisse exceptis sigillis quæ ut creditur decanus recepit et penes se habet.

Et dicit MAGISTER WHITEHED . . . .

* * * * * *

[It seems that when the Visitation had reached this point the Bishop was startled by an unexpected announcement.

Cardinal Wolsey was at this time attempting to carry out his scheme of suppressing many of the smaller monasteries which were of little or no use, and with their endowments setting up the two foundations which he contemplated at Ipswich and Oxford. He had obtained very ample powers from the Pope, as the following letter proves; and, among other religious houses on which he had cast his eyes, was the wealthy college of Stoke by Clare. When he learnt that the Bishop of Norwich was engaged upon his Visitation it became a matter of some moment that that Visitation should not be allowed to proceed. The Cardinal's Commissioners would have their briefs, and would be sure to make out a good case for the suppression of the College. Whatever faults there were to find would be duly exposed, and moreover, the Master of the College, who was non-resident and no estimable person, had been already gained over. But there was another personage to deal with, and this was no less a personage than the Queen. Stoke College had somehow come to be under the *patronage* of the Queens of England, and when Queen Katharine learnt what was intended she acted with great decision and promptness and sent down her faithful friend and receiver, Griffith, to take possession of all the evidences and title-deeds of the College. Griffith carried out his instructions with courage and thoroughness. The Cardinal, on the other hand, bungled. On the 8th July he wrote the following letter to the DEAN of the COLLEGE, or his deputy, announcing that he was about to make a Visitation of the College on the 1st August following, armed with enormous powers as *legatus a latere* from the Pope.

The Bishop of Norwich had just begun his Visitation when the Cardinal's letter was handed to him. It is not a little to his credit that under such trying circumstances he did not lose his head. He found himself in a position of some peril, but he acted with dignity and decision. If the Legate had inhibited *him* from continuing or commencing his Episcopal Visitation (which it was quite open to him to do by virtue of his Legatine authority) the Bishop would have had no alternative but to obey the mandate; but as for this letter *it was not addressed to him*, and therefore did not concern him. Without hesitation he continued his own Visitation as if no such letter had been sent. Meanwhile, however, the Cardinal actually had apparently sent a letter to the Bishop on the subject of the Visitation, but this letter, possibly by some fault of the messenger, came too late to be of any use.

The suppression of Stoke College did not take effect for some years, in fact not till the great crash came. Anne Boleyn as Queen became patron of the College in due course, and in 1534 she bestowed the headship, which had fallen vacant, upon Matthew Parker, then her chaplain, and subsequently Archbishop of Canterbury when her daughter Elizabeth had succeeded to the Crown.]

Letter of Cardinal Wolsey to the Dean of the College of Stoke by Clare or his representative in the said College.

(fol. 28.) 8 July, 1526.

Thomas miseratione divina tituli sacrosanctæ Romanæ ecclesiæ presbyter cardinalis, Eboracensis archiepiscopus, Angliæ primas, ac apostolicæ sedis etiam per regnum Angliæ et loca illi subjecta et alia illi adjacentia de latere legatus, Dunelmensis episcopus exemtique monasterii Beati Albani Lincolniensis diœcesis Commendatarius perpetuus; dilecto nobis in Christo decano ecclesiæ collegiatæ de Stokeclare, seu ejus vicem gerenti, Norwicensis diœcesis, infra fines et limites legationis nostræ hujusmodi notorie existentis, aut ejusdem loci præsidenti cuicunque, salutem gratiam et benedictionem. Cum, tam ex specialibus indultis quam ex juris communis dispositione etiam rescripto per quasdam primævas, dictæ sedis concessas confirmatasque, postmodum ac prorogatas etiam ad nostri vitam innovatas, sub plumbo litteras, nobis sit attributa facultas, omnes et singulas dicti regni et locorum prædictorum superiores et inferiores tam metropoliticas et cathedrales sedes quam monasteriorum, prioratuum, collegiorum et hospitalium, atque parochialium ecclesias, exemptas et non exemptas, tam virorum quam mulierum seu mixtim quascunque earundemque præsidentes et personas in eisdem degentes, in capitibus et membris, ac in spiritualibus et temporalibus per nos, vel alium seu alios quem aut quos ad id duxerimus deputandum seu deputandos, visitandi, illaque prout nobis secundum Deum et canonicas sanctiones ac dictarum ecclesiarum pie instituta atque laudabiles consuetudines expedire videbitur—reformandi, deque statu ecclesiarum et personarum hujusmodi vitaque et moribus in illis degentium—inquirendi, et illos qui criminosi reperti fuerint juxta excessuum suorum exigentiam castigandi corrigendi et puniendi, ac contradictores et rebelles quoscunque per censuras ecclesiasticas compescendis, ac nonnullas alias facultates etiam ampliores [ ]

Powers given by the Pope recited

(fol 28 b.)

exercendas, prout in dictis litteris apostolicis desuper concessis (ad quas nos reverenter referimus) plenius continetur.

Sane ad nostrum nuper ex fide digna relatione pervenit auditum, quod licet in dicto collegio de Claire et locis illi subditis sive ab eo dependentibus, ab illustrissimis Anglorum regibus aliisve eorundem legiis et subditis viris quidem spectabilibus seu clarissimis et præpotentibus retroactis temporibus fundatis et dotatis, qualificatarum personarum in eisdem degentium vita exemplaris claruerit, quarum salutaribus monitis et devotis orationibus cultus divinus plurimum auctus et illarum res publica ab hostium faucibus erepta extitit et intacta, attamen a nonnullis temporibus citra, canonicis et ministris ibidem paulatim vivendi modum et normam relaxantibus, in illis vita hujusmodi exemplaris et observantia texuit adeo ut personæ ipsæ quæ vita moribus et bonis operibus laicis exemplo esse deberent, Dei timore postposito, tam in habitu quam in moribus vitam minus honestam quam tales deceat (quod dolenter referimus) ducant in animarum suarum perniciem, divinæ majestatis offensam, religionis opprobrium ac clericorum inhonestatem malumque exemplum, et scandalum plurimorum. Quocirca nos THOMAS CARDINALIS et legatus de latere antedictus, hujusmodi visitationis onus, pro divina et ipsius sacrosanctæ Romanæ sedis reverentia juxta datam nobis a Deo providentiam, sollicite adimplere cupientes (ac uti præmittitur) tam ex juris communis dispositione quam dictæ sedis commissione speciali, non modo præfatum collegium de Clare sed alia loca majora et minora ac parva quæcunque regni et locorum prædictorum exempta et non exempta et personas in eis degentes visitandi potestatem habentes; te decanum et collegium tuum prædictum tam in capite quam in membris ad Dei laudem ipsius quoque collegii commodum necnon reformationem morum degentium in eodem, visitare proponimus Deo concedente.

The religious life in the College is said to have declined.

(fol. 29.)

The Dean and Canons cited to appear.

Idcirco te decanum ante dictum peremptorie citamus et monemus, ac per te omnes et singulos ejusdem collegii clericos quoque et ministros sic citari et moneri volumus, quatenus die Mercurii, videlicet primo die mensis Augusti proxime futuri post datam præsentium hora nona ante meridiem in domo capitulari dicti collegii, vel ipsius ecclesiæ choro aliove loco congruo veluti [*sic*] securo honesto communi et amplo, cum continuatione et prorogatione, ac tam anticipatione quam procrastinatione, unius, duorum, trium, quattuor, quinque, sex vel septem dierum tunc sequentium vel præcedentium, et locorum hujusmodi etiam præ aut post quatenus et si tunc oporteat, deceat aut vobis expedire videbitur, coram dilectis filiis nostris, MAGISTRO ROBERTO SHERTON[a] sacræ theologiæ professore, ecclesiæ nostræ metropolitanæ Eboraci, ac JOHANNE ALYN utriusque juris doctore ecclesiæque cathedralis Lincolniensis, respective canonicis, in hac instanti visitatione, nostra activa vestrarumque passiva, cum omnibus suis incidentibus emergentibus dependentibus connexis et annexis necnon ad omnem juris effectum qui exinde sequi valeat delegatis, nostris specialibus a nobis sufficienter et legitime auctoritate etiam præsentium et per præsentes etiam deputatis, compareat et compareant, visitationem nostram hujusmodi etiam humiliter subituri fundationem dicti collegii ac statum ejusdem. Necnon (fol. 29 b.) inventaria duplicata et indentata quorumcunque bonorum immobilium et mobilium et præsertim pretiosorum, alias confecta aut interim conficienda, fundationesque et ordinationes cantariarum in ipso collegio fundatarum atque gratias et licentias beneficiorumque et ecclesiarum parochialium appropriationes, ac cetera munimenta quæcunque dictum collegium et ipsius ministros qualitercunque concernentia. Necnon litteras ordinum ac titulum dignitatis realiter exhibituras et ostensuras et veras inde copias penes registrum nostrum nobiscum dimissuras facturasque ulterius et recepturas quod justum videbitur et consonum rationi.

Tibi etiam firmiter injungentes mandamus quatenus præmissa tibi demandata firmiter exequi ac omnia et singula quæ ad dictam visitationem nostram hujusmodi pertinent quantum ad te attinet perimplere cures. Tibi quoque inhibemus in his scriptis et interdicimus ne pendente nostra visitatione hujusmodi quicquam in præjudicium

[a] Master of Pembroke College, Cambridge.

ejusdem attemptare præsumas, facias sive permittas, ab aliis palam vel occulte directe aut indirecte quovisne alio quæsito colore aut ingenio quomodolibet, attemptari. Procurationem autem nostram nobis pro hujusmodi nostra visitatione debitam et alia jura nobis obtentu præmissorum competentia ibidem promptam sive prompta habeatis pariter et parata. De diebus vero receptionis præsentium executionisque tuæ ac modo et forma eorundem, et quid feceris in præmissis [ad] nos aut dictos delegatos nostros hujusmodi dictis die et loco debite certifices litteris tuis patentibus præsentibus annectendis, nomina et cognomina omnium et singulorum per te in ea parte citatorum et monitorum in se continente sigillo tuo sigillata. Datæ in ædibus nostris prope Westmonasterium octavo die mensis Julii anno Domini millesimo quingentesimo vicesimo sexto.

Thes lettres were deliverd the xi daie of Julie 1526.

BISHOP NIX CONTINUES HIS VISITATION XII JULII. COLLEGIUM DE STOKE.

Non [præsens] MAGISTER WILLELMUS GRENE sacræ theologiæ professor decanus. (fol. 34.)

Præsens MAGISTER JOHANNES KEAL in decretis baccalaureus vicemgerens et præsidens.

Names of the prior and six prebendaries.

Præsens MAGISTER THOMAS WHITEHED præbendarius ii stalli ex parte australi.

Præsens MAGISTER THOMAS WARDALL præbendarius ii stalli ex parte boreali.

Non præsens MAGISTER GILBERTUS LATHUM præbendarius iii stalli ex parte australi.

Præsens MAGISTER ROBERTUS FABIAN præbendarius iii stalli ex parte boreali.

Præsens MAGISTER WILLELMUS NEWTON præbendarius iiii stalli ex parte australi.

Names of the eight vicars.

Magister Thomas Norres præcentor
Dompnus Ricardus Brown.
Dompnus Willelmus Dicons
Dompnus Petrus Boothe
Dompnus Ricardus Boroughs
Dompnus Nicholaus Daxe
Dompnus Georgius Gelibrond
Dompnus Ricardus Heyward
} Vicarii

Names of the lay stipendiaries.

Nicholaus Sampson
Nicholaus Gladwyn
Hugo Turnour Senior
Hugo Turnour junior
Edmundus Chapman
} Conducti laici.

(fol. 34 b.) MAGISTER THOMAS WHITEHED inquisitus et examinatus de et super observatione divini servitii et statu collegii dicit quod divinum servitium debite observatur juxta statuta. Et dicit quod onus refectionis seu reparationis cancelli de Clare pertinet et spectat ad decanum de Stoke cujus prædecessores de notitia istius inquisiti subierunt onus hujusmodi tanquam annexum dignitati decanali.

The dean of Stoke answerable for the repairs of the chancel.

Inquisitus præterea super observatione statutorum dicit quod statuta non possunt recte et debite observari quia viciata cancellata et abrasa ac mutata existunt necdum reformata.

The statutes have been tampered with.

Examinatus de communi sigillo dicit quod erat ereptum a collegio per Ricardum Griffith jussu Reginæ cum aliis scriptis et munimentis ut patet in billa.

Dicit etiam quod Ranulphus Raddelys janitor collegii qui juxta statuta personaliter resideret et per se exerceret officium, est absens in servitio Reginæ et tamen recipit integrum feodum et substituit capellanum parochialem ad portas custodiendas et interdum puerum.

The janitor is non-resident and in attendance upon the Queen.

Dicit quod DOMINUS GEORGIUS GELIBROND vicarius est seditiosus litigiosus discordiarum et rixarum suscitator et litium inter confratres seminator ac quibusdam minatur verbera et vitæ pericula in perturbationem confratrum dicti collegii in tantum quod peritiores vicarii et cantores dicti collegii diutius manere ibidem nolunt nisi dictus DOMINUS GEORGIUS statim removeatur et expellatur.

Gelibrond a troublesome person.

Item decanus revocavit et irritavit dimissiones factas per præsidentem et capitulum et de novo concessit, adhibit, secum uno canonico non residente, sine consensu canonicorum residentium ad hoc non vocatorum.

Irregularities of the dean.

Item dicit quod sunt duo sigilla ad causas, quorum alterum decanus habet alterum præsidens in grave dampnum et præjudicium collegii quia decanus noviter sine consensu confratrum præsentavit per litteras suas sub sigillo hujusmodi apud eum remanente, DOMINUM JOHANNEM ALLSON capellanum ad vicariam ecclesiæ parochialis de Stoke cui olim per removibilem deserviri solebat et sic canunt statuta collegii.

The dean and president each had a seal. Inconvenience of this.

(fol. 35.) *Item* dicit quod decanus tenetur facere continuam et personalem residentiam in collegio juxta statuta alioquin habebit nisi viginti libras annuas de corpore decanatus sui, secus tamen observatur. The dean is bound to reside.

MAGISTER ROBERTUS FABIAN sacræ theologiæ baccalaureus dicit quod nunquam novit vel audivit quin refectio cancelli de Clare pertineret decano pro tempore existenti.

De ii iii et iiii articulis, super quibus præcontestis suus interrogatus et examinatus est, concordat cum MAGISTRO WHITEHED.

Dicit quod DOMINUS GEORGIUS GELIBROND magis favet extraneis et servis nuper decani quam confratribus.

Et quod decanus modernus admisit eundem DOMINUM GEORGIUM inconsultis residentibus et quod ipse DOMINUS GEORGIUS in primo adventu examinatus per vicarios erat repertus in cantu inhabilis. Gelibrond had been forced upon the canons.

DOMINUS WILLELMUS NEWTON canonicus et præbendarius in eodem collegio, inquisitus et examinatus de statu collegii dicit quod est absens et parum aut nihil novit vel de statu domus vel de observatione divini servitii. Audivit tamen, ut dicit, a confratribus dicti collegii quod decanus non faciens suam residentiam conatur percipere totam portionem decanatus sui decano residenti debitam, contra forman statutorum. (fol. 35 b.)

MAGISTER THOMAS WARDOLL canonicus et præbendarius in dicto collegio dicit statuta omnino reformanda fere quia corrupta et viciata, et ante reformationem dictorum statutorum non est spes collegium debito ordine regi. The statutes need revising.

MAGISTER JOHANNES KEYLL præsidens et vicem gerens decani absentis, dicit quod decanus non faciens residentiam vendicat et petit integram portionem decano residenti debitam, asserens secum super hoc auctoritate sufficienter esse dispensatum. Et dicit quod janitor neque virgarius exercent officia sua juxta ordinem statutorum. The non-resident dean complained of

Et dicit quod DOMINUS GEORGIUS GELIBROND vicarius nuperime per decanum sine consensu capituli admissus, est revelator secretorum, collegii detractor, discordiæ seminator, brigator et percussor ac inobediens.

Et quod decanus adnullat dimissiones factas per vicem gerentem decani et canonicos residentes ac de novo, sine eorum consensu et ipsis reclamantibus, aliis concedit hujusmodi firmas. [*Sic.*]

Item dicit quod sunt duo sigilla ad causas in præjudicium collegii.

Item decanus sub sigillo suo sine consensu capituli præsentavit vicariam de Stoake.

(fol. 36.) *Item* dicit suppellectilia ad collegium pertinentia perire et male observari culpa boni custodis præficiendi.

The dean had dismissed a vicar choral.

Item dicit quod decanus sine causa et absque consensu capituli expellebat et removebat Dompnum Ricardum Heward nuper vicarium choralem collegii.

Et quod ad cetera in billa fatur quod sunt vera. [*Sic.*]

Examinatio Vicariorum.

(fol. 36 b.) Magister Thomas Norres dicit quod omnia quoad divina servitia bene et sufficienter fiunt cum diligentia et quo ad temporalia nihil novit reformatione dignum.

Dompnus Ricardus Brown dicit quod omnia bene.

Dompnus Willelmus Dicons vicarius dicit litem et controversiam inter decanum et canonicos sed causam litis ignorat.

Dicit etiam quod janitor non facit officium suum.

Dicit præterea Dompnum Georgium Gelibrond esse minus idoneum, indignum et inhabilem ad officium faciendum in choro et sic fuit repertus per examinationem vicariorum in primo suo adventu ac per dictos vicarios ut inhabilis rejectus, decanus tamen illum admisit inconsulto capitulo et reclamantibus vicariis. Et dicit quod idem Dompnus Georgius habuit verba, conviciosa et diffamatoria contra Reverendissimum Dominum Cardinalem videlicet frequentia. *It is pitie that he berith the Rule that he doithe, and if other men wolde doo as I wolde, he shoulde be pluckd out of his house by the eyres, &c. I wolde to God there were* XL *thousand of my mynde.* Præmissa protulit in præsentia DOMINORUM PETRI BOOTH, RICARDI HEWERD et RICARDI BOROUGH. Gelibrond has defamed Card: Wolsey.

DOMPNUS PETRUS BOTHE vicarius choralis dicit quod decanus modernus inconsulto capitulo admisit DOMPNUM GEORGIUM GELIBERND in vicarium choralem repertum per examinationem indignum officio suo. (fol. 37.)

Et dicit quod idem DOMPNUS GEORGIUS est seditiosus murmurator et detractor et publice in mensa protulit verba injuriosa contra reverendissimum Cardinalem Eboracensem videlicet ista vel eis similia: *It is pitie that my Lord Cardinall berith the Rule that he doith, and if men wold doo as I wold do, We shuld pluk hym oute of his dores by the eyres.* Et dicit quod multi audierunt præsertim DOMINI RICARDUS BOROUGH, WILLELMUS DICONS, RICARDUS HEWARD et alii, &c.

Dicit quod ignorant statuta quia non habent. The vicars have no statutes.

DOMPNUS RICARDUS BOROWS vicarius, dicit quod decanus sine consensu residentium et vicariorum admisit DOMPNUM GEORGIUM GELIBROND contra formam statutorum et quod idem DOMINUS GEORGIUS prius propter inhabilitatem erat rejectus per vicarios per debitam examinationem. Et quoad verba contra Dominum Cardinalem concordat cum DOMINO PETRO BOTHE hoc addito *if he might haue* XL *thousand of his mynd he wold fache him out by the eyres rather than he shuld beyre the Rule that he doithe.*

Et quoad spiritualia et temporalia dicit quod omnia bene observantur et fiunt.

DOMPNUS GEORGIUS GELIBROND dicit quod omnia bene. (fol. 37 b.)

DOMPNUS NICHOLAUS DAXE dicit quod DOMPNUS GEORGIUS GELIBROND est seditiosus et alia bene.

INJUNCTIONES SUMMARIÆ.

The chancel of Clare to be repaired at the expense of the dean.

Injunctum est vicedecano, sive præsidenti nomine decani in remotis agentis, quod reficiatur et debite resartiatur atque reparetur cancellus de Clare citra festum Omnium Sanctorum proximum, sumptibus et expensis decani recipientis fructus ibidem.

The statutes to be revised forthwith.

Item injunctum est illis quod cum omni diligentia, et quam primum commode poterunt justis mediis, procurabunt ut statuta sua localia purgentur corrigentur et reformentur vocatis ad hoc omnibus quorum interest.

Item quod facient diligentiam suam pro sigillis aliisque cartis et munimentis, jampridem (ut asserunt) ereptis et subtractis eidem collegio, quam cito fieri poterit, restituendis.

Item quod portæ sive januæ exteriores collegii debitis horis claudantur et aperiantur per janitorem residentem juxta collegii statuta, alioquin subtrahatur sibi salarium.

Non processit, sed dominus monuit eum quod sit bonæ et honestæ gesturæ non rixosus aut seditiosus inter confratres. Et monuit vicem gerentem decani quod si secius fecerit, certificet eum quam primum. (fol. 38.)

Item quod DOMPNUS GEORGIUS GELIBROND contra formam statutorum per decanum admissus, inconsultis canonicis residentibus et vicariis, per quorum examinationem juxta statuta factam in primo suo adventu repertus erat minus idoneus, ac propter alias causas in visitatione compertas, citra festum [. . . . .] a stallo suo removeatur et a collegio expellatur, vel interim causam coram nobis alleget et probet sufficientem quare sic removeri et expelli merito non deberet.

Item quia compertum est duo fuisse et esse sigilla communia ad causas in dicto collegio in præjudicium ejusdem injunctum est quod alterum sigillorum cassetur et adnulletur et de cetero unicum tantum habeant sigillum ad causas.

Item quod dimissiones firmarum vel earum revocationes de cetero non fiant sine consensu residentium seu saltem majoris partis eorundem.

Item quod commune sigillum in firma et robusta cista sub triplici serura in dicto collegio fideliter custodiatur cum tribus clavibus diversæ fabricæ, quorum primam habebit decanus, seu ipso absente vicem ejus gerens, reliquæ duæ claves penes duos canonicos residentes remaneant aut si unicus canonicus resideat tertium clavem habebit senior et probior vicariorum choralium. Proviso omnino quod nulla clavium dimittatur cum laico vel alio sacerdote non vicario.

Item quod provideatur infra annum proximum sequentem magna ac fortis et firma cista in qua cartæ munimenta ac jocalia et alia pretiosa dicti collegii de cetero fideliter custodiantur sub tribus clavibus ut prius remansuris.

Item quod si deinceps aliquis canonicorum et præbendariorum residentium rixosus et seditiosus reperiatur et post trinam monitionem sibi per decanum vel ejus vices gerentem de consensu aliorum residentium non resipiscat quod tunc ab hujusmodi collegio statim expellatur et ammoveatur. Et de cetero tantum recipiat xl s. pro corpore præbendæ suæ annuatim.

Unfit canons to be dismissed.

Item quod unus clericorum inferiorum cubat et dormiat continue omni nocte in vestiario juxta formam statutorum.

One of the clerks to sleep in the vestry.

Item injunctum est quod fiat inventarium bipartitum et indentatum omnium et singulorum jocalium vestimentorum librorum ornamentorum bonorum supellectilium et catallorum dicti collegii et exhibeatur una pars ejusdem eidem reverendo patri citra festum Paschæ proximum.

An inventory of all moveables to be produced.

Item injunctum est quod decanus non faciens residentiam juxta forman statutorum recipiat tantum de proventibus sui decanatus viginti libras et non ultra.

The dean to reside.

Item injunctum est quod virgiferus faciat et exerceat officium suum in dicto collegio sicut faciunt virgiferi in ecclesia collegiata Sancti Stephani prope Westmonasterium vel collegio de Wyndesour.

The verger to be in attendance at the church.

PRIORATUS DE IXWORTHE, XVI JULII, 1526.

(fol. 39 b.) DOMPNUS JOHANNES JERVES prior, examinatus de statu domus et vita moribus ac conversatione concanonicorum et confratrum aliisque articulis in hac parte solitis et dicit quod omnia bene.

[2] DOMPNUS NICHOLAUS WIFLINGHAM supprior examinatus dicit quod omnia bene reformantur per priorem.

[3] DOMPNUS RICARDUS ALDRICHE dicit quod omnia bene.

[4] DOMPNUS JOHANNES GARARDDE, Asshefeld capellanus,[a] percipit personalia ibidem et decimas minutas pro labore suo.

[5] DOMPNUS JOHANNES JONSON omnia bene.

[6] DOMPNUS JOHANNES COLURE dicit quod quinque solidi debentur confratribus in festo Annuntiationis Beatæ Mariæ ultimo elapso, debito nondum soluto.

There is no convent tailor. *Item* deest illis scissor pro vestimentis consuendis.

Item dimittit maneria ad firmas absque consilio et confratrum consensu et sigillo communi et ibidem non recitantur conventiones.

[7] DOMPNUS ADAM PUNDER omnia bene.

[8] The butler is insolent. DOMPNUS JOHANNES SMYTH dicit quod pincerna floxipendit confratres quando petunt cervisiam sibi necessariam nec habent in necessitate extrema constituta cibaria.

Stipendia canonicorum non integre solvuntur sed carent quinque solidis pro hoc anno præterito.

[9] Laxity in the discipline. (fol. 40.) DOMPNUS WILLELMUS AILBRIGHT dicit quod de bonis et catallis non fiunt inventaria utensilium ad diversa officia pertinentium præsertim camerarii. Fiunt dimissiones et locationes firmarum per priorem absque consensu fratrum solo et modo verbo prioris sine scriptis. Non habent infirmariam nec sufficienter providetur confratribus infirmis tempore necessitatis.

[10] DOMPNUS ROBERTUS BARACLIFF, præcentor et elemosinarius, dicit omnia bene.

[a] *i.e.* Chaplain of Ashfield receiving the "surplice fees" there, &c.

Dompnus Willelmus Reynberd sacrista omnia bene se habent. [11]

Dompnus Willelmus Blome nimium dicit familiaritatem esse [12]
inter canonicos et laicos occasione cujus contempnuntur canonici.

Dompnus Willelmus Seward dicit quod subtrahuntur quinque [13]
solidi de stipendio singulorum concanonicorum in festo Annuntiationis Beatæ Mariæ ultimo elapso debito.

Dompnus Thomas Fuller dicit quod solebant habere scissorem [14]
Anglice *a werdroper* infra prioratum pro vestibus confratrum.

Item fiunt dimissiones per priorem inconsultis confratribus.

Item laicus gerit officium camerarii in præjudicium domus.

Frater Thomas Somerton dicit quoad salarium subtractum [15]
ut supra.

Simon Fisher concordat cum priore examinato quoad salarium. [16]

Frater Reginaldus Takon dicit quod omnia bene. [17]

Injunctiones.

Quod fiant inventaria non solum omnium bonorum monasterii sed etiam particularia inventaria pertinentium singulis officiis infra prioratum citra festum [ ].

Quod dimissiones non fiant firmarum vel maneriorum sine consensu confratrum vel senioris partis.

Quod provideatur de infirmaria quamcito juxta facultates commode fieri poterit in loco saltem congruo pro infirmis.

Prioratus de Bromehill.

Dominus Willelmus Barlow prior examinatus de statu domus (fol. 40 b.) vita moribus ac conversatione concanonicorum et confratrum aliisque articulis in hac parte solitis dicit quod omnia bene se habent.

[2] Dominus Edmundus Bannyard dicit quod concanonicis infirmis non debite ministratur nec habent infirmariam.

No regular confessor.

[3] Dominus Johannes Wetebred dicit quod non habent certum confessorem deputatum sed unus alteri confitetur.

An annuity granted to Mr. Redmayn.

Dicit prioratum obligatum esse Magistro Redmayn pro decem libris annuis nomine pensionis. Et prior nullos posuit fidejussores pro indempnitate prioratus loci secundum suam promissionem.

[4] Dominus Ricardus Mason idem conqueritur de pensione ut supra.

The church is ruinous.

Dicit navem ecclesiæ esse ruinosam. Dicit quod non habent infirmariam.

[5] Dominus Ricardus Brecles non servatur silentium in dormitorio.

Injunctio.

Quod quamprimum deputetur unus confessor per priorem ad confessiones audiendas.

Thetford Canonicorum, xviii Julii, 1526.

Unpunctuality of the canons complained of.

Dominus Johannes Thetford, prior, dicit quod canonici servientes curis ecclesiarum in diebus dominicis et principalibus festis tam diu moram faciunt in villa quod non accedunt ad supremam missam in prioratu, et in principalibus festis. Ex prætextu non fiunt debite in prioratu.

Baxter et Ivey detinent canonicos diebus festis.

DOMPNUS WILLELMUS BURGES est proprietarius quia recusat revelare priori juxta regulam etc. [2]

DOMPNUS NICHOLAUS SKITT dicit quod potus aliquando non est salubris quia dulcis et tenuis. [3]

The beer is sweet and weak.

DOMPNUS THOMAS HERD dicit quod status domus non ostenditur conventui. [4]

DOMPNUS ROBERTUS BERNHAM dicit omnia bene. [5]

DOMPNUS WILLELMUS BRYDGES dicit omnia bene. [6]

DOMUS MONIALIUM DE THETFORD, EODEM DIE.

Names of the prioress and ten nuns.

DOMINA SARA FROST, priorissa
DOMINA ELISABETH OTH, suppriorissa
DOMINA MARGERIA LEGATE, præcentrix
DOMINA URSULA GERVES, celeraria
DOMINA DOROTHEA SMYTH, refectuaria
DOMINA EMMA GARDENER
} Professæ.

Conceditur corrodium cuidam Foster.

Non habent eruditricem.

DOMINA ROSA REVE
DOMINA AGNES MASON
DOMINA ALICIA WODGATE
DOMINA KATERINA HASTY
} Novitiæ.

DOMINA ELIANORA HANAM monialis professa in Wike.

Et facta singularum examinatione dominus dissolvit visitationem suam ibidem.

RUSSHWORTH COLLEGIUM, XX JULII, 1526.

(fol. 41 b.) Aut admittatur vel removeatur. DOMPNUS JOHANNES PURPET, custos collegii ibidem, dicit quod carent socio de numero confratrum et per annum vacavit et DOMPNUS THOMAS STEPHANUS unus capellanorum nondum est admissus in confratrem quia non finitur annus probationis.

[2] DOMPNUS THOMAS BARNYSDALE senescallus collegii dicit quod vacant duæ societates in collegio.

[3] The schoolboys neglected and allowed to keep sheep. DOMPNUS ROBERTUS LOK capellanus et socius, unus capellanorum Dominæ Annæ Scrope, dicit quod pueri in collegio non continue aluntur sumptibus collegii sed custodiunt pecora parentum nonnunquam.

Dicit quod compotus annuatim ostendatur confratribus sed quantum superest, deductis omnibus, hoc penitus ignorant confratres nec ostenditur illis.

The statntes neglected Dicit quod requiritur de statutis Dominæ Annæ Scrope singulos puerorum suorum habere debere togam annuam sumptibus collegii et non observatur. Elemosina non largitur prout requirit fundatio statutis diebus.

Pueri Dominæ Annæ Scropp non recipiunt in obitu suo annuo secundum quod fundatio requirit videlicet singuli eorum ii d.

and are not read publicly. Ordinationes sive statuta Dominæ Annæ Scropp non leguntur coram confratribus semel in anno juxta ordinationes et voluntatem dictæ Annæ.

Panis minus salubris ministratur confratribus.

The boys not elected by the canons. Pueri Dominæ Scrope non eliguntur a confratribus juxta statuta sed assumuntur per custodem.

Two fellowships vacant, and not filled up. Dicit quod vacavit locus duorum confratrum sive societas duorum capellanorum juxta fundationem a tempore ultimæ visitationis et ante præterquam quod a festo Michaelis ultimo. [*sic*]

[3] DOMPNUS T. STEPHANUS erat receptus nondum admissus.

(fol. 42.) [4] DOMPNUS JOHANNES CROFTES confrater et socius collegii admissus per biennium elapsum dicit quod tempore admissionis suæ in confratrum collegii dumtaxat erant duo confratres collegii ubi requiritur de fundatione collegii quod sex proficerentur.

Fiat injunctio quod exhibeat verum compotum omnium terrarum et bonorum collegii in festo Inventionis Sanctæ Crucis proximo. [5]

Dicit præterea quod tantum tres pueri Dominæ Annæ Scrope inveniuntur juxta statuta quibus cavetur vii exhibendos sumptibus collegii.

DOMPNUS WILLELMUS FISSHER admissus in confratrem die Veneris proxime post Dominicam in Albis ultimam præteritam,[a] dicit quod tempore admissionis suæ erant tres confratres in dicto collegio.

Dicit quod per totum biennium post recessum DOMINI T. AWNGER erant dumtaxat duo confratres admissi in eodem collegio.

Great laxity.

Dicit etiam quod requiritur ex fundatione Dominæ Annæ Scroppe exhibendos fere vii pueros sumptibus collegia et exhibentur nunc nisi tres juxta fundationem.[b]

Convocatis magistro et confratribus, dominus interrogavit custodem an aliquam causam rationabilem poterit allegare quare propter manifestum perjurium etc. propter [The scribe breaks off abruptly.]

(fol. 42 b.)

DOMPNUS THOMAS BARNYSDALE }
DOMPNUS ROBERTUS LOK } Confratres fatebantur et confessi sunt quod immediate post examinationem et inquisitionem super articulis per Dominum factis, MAGISTER JOHANNES PURPET custos collegii misit pro eis et sciscitatus est ac interrogavit eosdem quid deposuissent contra eum.

---

* * * * * *

Dominus prorogavit et continuavit visitationem suam in dicto collegio usque iiii diem post festum Purificationis Beatæ Mariæ Virginis proximum et quemcunque diem citra si necesse fuerit.

The bishop prorogues his visitation.

[a] *i.e.* Friday after Low Sunday (Dominica in Albis). In 1526 this would fall on the 13th April.

[b] Juxta fundationem = *on the foundation.*

Injunctum est custodi quod conficiat verum et fidelem compotum de omnibus et singulis receptionibus et solutionibus factis et fiendis a festo Inventionis Sanctæ Crucis ultimo præterito usque idem festum Inventionis proxime futurum et hujusmodi compotum exhibeat eidem reverendo patri infra mensem proximum sequentem apud Hoxne.

Item injunctum est quod citra festum Michaelis proximum exhibeantur vii pueri continue juxta ordinationem Dominæ Annæ Scrope in collegio residentes.

Quod fiat elemosina debite juxta ordinationen prædictam maxime pauperibus inhabitantibus villam de Russheworth et pueris.

An additional chaplain appointed.

Et subsequenter de consensu Magistri et sociorum admissus erat Dompnus Thomas Steven in confratrem collegii qui juravit de observando statuta et ordinationes ejusdem præstita obedientia magistro juxta statuta, etc.

[Quarter-page blank.]

Collegium de Tompson, xxi Julii, 1526.

(fol. 43.) Magister Rogerus Rawlyns magister, sive custos ibidem dicit quod non reddit compotum de receptis et solutis neque aliquem librum facit de hujusmodi.

[2] Dompnus Nicholaus Marshall confrater dicti collegii ubi moram traxit per annum dicit quod non habent cistam pro communi sigillo et munimentis juxta statuta collegii nec redditur compotus annuus de statu collegii.

[3] Dompnus Ricardus Ramme confrater et socius.

PRIORATUS DE BOKENHAM, 24 JULII, 1526.

JOHANNES MILGATE PRIOR, examinatus de statu domus, vita moribus ac conversatione concanonicorum et confratrum ac aliis articulis in hac parte solitis. (fol. 43 b.)

DOMPNUS THOMAS BEVERLEY supprior omnia bene. [2]

DOMPNUS RICHARDUS NORFFOLKE omnia bene. [3]

DOMPNUS THOMAS BROWN Sacrista omnia bene. [4]

DOMPNUS RICARDUS GOODMAN omnia bene. [5]

DOMPNUS RICHARDUS WINTER omnia bene. [6]

DOMPNUS THOMAS BENETT omnia bene. [7]

DOMPNUS RICARDUS CROWDER. [8]

DOMPNUS THOMAS FLIXTOUNE novicius, dicit quod Johannes Sampson serviens subtrahit a canonicis quæ parantur pro eis et quod solet carpere et reprehendere canonicis et suscitat lites inter priorem et confratres suos. [9] An insolent servant.

DOMPNUS JOHANNES SHARPYN novicius omnia bene dicit quod stipendium noviciorum tam exile est quod non possunt novicii inde necessaria sibi providere quia singuli novicii recipiunt annuatim xiii s. iiii d.

WILLELMUS HARVY novicius conqueritur de Sampson ut supra.

THOMAS REVE novicius conqueritur de exilitate stipendii noviciorum.

WYMONDEHAM ABBEY, XXVI JULII, 1526.

WILLELMUS CASTILTEN abbas, dicit quod THOMAS OSMUND est rixarum suscitator et discordiarum seminator inter abbatem et confratres suos et cetera bene. (fol. 44.)

[2] WILLELMUS BURY prior dicit THOMAM OSMUNDE esse incorrigibilem, dicit quod abbas et conventus de Langley subtrahunt a confratribus xxiiii solidos debitos eisdem nomine pensionarum. Et dicit quod monachi non simul ingrediuntur dormitorium post completorium.

[3] JOHANNES RICHERS dicit quod omnia reformantur per abbatem.

[4] JOHANNES HARLISTON sacrista dicit quod omnia bene.

[5] THOMAS THAXSTED celerarius dicit quod THOMAS OSMUND est litigiosa persona et talis quam confratres suos reducere non possint, et velit ad discordiam [*sic*].

[6] JOHANNES HENGHAM conqueritur de pensione annua eis ab abbate et conventu de Langley debita et aretro solut̄ per xxiiii annos.

[7] THOMAS LYNN, dicit quod omnia bene reformantur per abbatem.

[8] RICARDUS CAMBRIGE conqueritur de pensione eis debita per abbatem et conventum de Langley.

[9] THOMAS OSMUND dicit quod omnia bene.

[10] ROBERTUS COLCHESTRE dicit quod libri chorales non debite reparantur.

[11] EDWARDUS SAHAM diaconus conqueritur de reparatione librorum ut supra.

[12] JOHANNES WYMONDEHAM dicit quod novicii non habent instructorem ad illos erudiendos.

[13] GALFRIDUS SNETESHAM dicit quod omnia bene reformantur per abbatem.

INJUNCTIONES.

(fol. 44b.) Quod monachi de cetero post completorium simul ingrediantur dormitorium, et mane simul egrediantur primo novissimum expectante.

Quod libri chorales quam primum commode poterunt debite reparentur.

Quod provideatur instructor ad novicios erudiendos et docendos.

Westacre Priory, primo Augusti, 1526.

Proposito verbo Dei per Dominum Johannem Clerk canonicum ibidem sub hoc themate *Ex Egipto vocavi filium meum.*

[1] Dompnus Thomas Gyles dicit quod omnia tam in spiritualibus quam in temporalibus juxta facultates domus fiunt et observantur.

[2] Dompnus Thomas Palmer dicit priorem habere officium celerarii et iste inquisitus de consensu confratrum deputatur sibi in subsidium illius officii infra tamen sæpta prioratus.

Dicit quod opus est supervisore alio extra sæpta prioratus experto et idoneo in munimentis cartis et evidentiis domus pro jure domus.

Arreragia domus non computantur annuatim.

Dompnus Johannes Barbour dicit quod vestimenta in [3]
ecclesia et ornamenta egent reformatione.

Dompnus Johannes Clerk magister noviciorum dicit quod non [4]
providetur infirmis sufficienter, neque habent locum pro infirmis deputatum et ministratur infirmis sicut sanis, neque infirmi habent linthiamina et cetera ad lectum pertinentia pro infirmis necessaria.

Statuta papalia non leguntur ut solent in capitulo quotidie.

Antiquus numerus canonicorum non observatur cujus prætextu cultus divinus diminuitur et non sufficiunt præsentes ad supportandum onus de necessario et ex injuncto, &c.

Studentes non spatiuntur nec habent recreationes consuetas ad (fol. 45.)
ingeniorum acumen et consolationem.

Dominus Thomas Cardon dicit quod nihil novit reformatione [5]
vel correctione dignum.

[6] WILLELMUS STORTWAITE novicius concordat.

[7] WALTERUS FORBY alias SYMOND concordat.

[8] WILLELMUS KIRBY dicit suppriorem in novicios magis severum quam in reliquos confratres cum deliquerint.

[*Erased* :—D. Jo. Barbour, commisit crimen sod: cum puero masculo et deprehensus erat in delicto per seculares et sepius fuit detectus super hujusmodi crimine.]

The sub-prior complained of. Supprior dispensat fragmenta conviviorum non in usus pauperum sed ad libitum inter familiares sibi, maxime uxori Waseney et Isabellæ Seuster quam prior nuper exclusit.

Silentium non observatur, maxime a suppriore.

[9] JOHANNES THORY novicius dicit quod non debite ministratur infirmis. Et quod DOMPNUS JOHANNES BARBOUR notatur super crimine ut præmittitur.

[10] DOMPNUS RICARDUS HARTELEY } Dicunt quod omnia bene.
[11] DOMPNUS RICARDUS HALL }

(fol. 45 b.)[12] DOMPNUS RICARDUS AUNGER supprior dicit quod omnia bene.

[13] DOMPNUS ROBERTUS PEPER dicit quod non debite necessaria ministrantur infirmis.

[14] DOMPNUS WILLELMUS MAYNER dicit omnia in bono statu.

[15] DOMPNUS W. WYNGFELD prior concordat.

Domus oneratur in C libris.

INJUNCTIONES.

Quod provideatur quam cito commode fieri poterit de lectis et aliis necessariis pro infirmis confratribus, et quod cibaria salubria ministrentur eis tempore infirmitatis.

Quod supprior non magis uni quam alteri faveat in correctionibus faciendis sed juxta delictorum qualitatem delinquentes puniat.

Quod statuta papalia legantur in capitulo more solito.

Quod elemosinæ de fragmentis fiant pauperibus et non aliis.

Quod lectiones sophisticæ et philosophicæ fiant ut solent ab antiquo.

[Here follows, as if it were supplementary] :—

Dompnus Johannes Haw moram faciens juxta pontem Magdalenæ. Lutheranus.

Pentney Prioratus, Jovis secundo Augusti.

Dompnus Robertus Codde, prior ibidem, dicit quod omnia tam in spiritualibus quam in temporalibus debite fiunt juxta facultates domus. (fol. 46.) Names of the prior and nine canons.

Dompnus Ricardus Watton præsidens capituli dicit quod prior est industrius et utilis monasterio.

Dompnus Johannes Bachyn
Dompnus Johannes Orwell
Dompnus Ricardus Lynne
Dompnus Christoferus Cutherow } Dicunt quod omnia bene.

Thomas Litle
Ricardus Bowgeon
Robertus Bilmy
Johannes Smyth } Fratres novicii.

Cokkesforth Priory, viii Augusti, 1526.

Dompnus Johannes Mathew prior dicit quod compotus non redditur annuatim de statu domus.

[2] Dompnus Johannes Nightinghale supprior dicit quod prior non reddit compotum annuatim nec erat ibidem usitatum reddere compotum per XL annos de notitia istius examinanti.

[3] Dompnus Johannes Greye
[4] Dompnus Henricus Salter } Presbyteri
[5] Dompnus Robertus Porter diaconus
Dicunt quod omnia bene.

Injunctiones.

Quod compotus fiat annuus de receptis et solutis et exhibeatur ac legatur coram senioribus dicti domus.

Quod augmentetur numerus canonicorum.

Quod provideatur præceptor idoneus ad confratres et novicios erudiendos.

Walsingham Priory, xi Augusti, 1526.

(fol. 47.) Dompnus Edmundus Warham dicit quod juniores confratres absentant se a matutinis.

Item dicit quod non habent præceptorem ad docendum et instruendum confratres.

[2] Dompnus Johannes Walsingham alias Dixe præcentor
[3] Dompnus Willelmus Race infirmarius
[4] Dompnus Johannes Ailesham custos capellæ beatæ Mariæ
Dicunt quod omnia bene.

DOMPNUS THOMAS WELLIS sacrista dicit potum et panem, culpa servientium, malum et insalubrem. [5]

DOMPNUS NICHOLAUS CAMBRIGE capellanus prioris. [6]

DOMPNUS ROBERTUS WYLFY dicit quod juniores non habent præceptorem ad eos erudiendos. [7]

DOMPNUS JOHANNES CLENCHEWARTON celerarius, dicit quod non habent confratrem scholarem studentem in universitate ut solent, et juniores confratres non habent magistrum ad instruendos eos in grammatica. [8] Neglect of learning.

DOMPNUS NICHOLAUS MYLEHAM subcelerarius, dicit quod omnia bene et laudabiliter fiunt tam in spiritualibus quam in temporalibus. [9]

DOMPNUS ROBERTUS SALL elemosinarius, dicit quod non exhibetur scholaris. [10]

DOMPNUS SIMON OVEY concordat et dicit quod supprior est partialis in corrigendo. [11]

DOMPNUS WILLELMUS CASTELACRE, subcustos capellæ beatæ Mariæ, dicit quod omnia bene fiunt. [12]

DOMPNUS JOHANNES HARLOW conqueritur de severitate supprioris qui post correctiones factas solet referre crimina domino priori. [13] The sub-prior complained of.

Item plus favet senioribus quam junioribus.

DOMPNUS RICARDUS GARNETT dicit quod non exhibetur scholaris confrater studens in universitate cum olim duo solebant exhiberi istius domus. (fol. 47 b.) [14] No scholars at university

DOMPNUS JOHANNES LAMPLEY dicit quod non habent præceptorem ad erudiendos juniores. [15]

THOMAS UFFORD	Novicii non professi.	[16]
EDWARDUS DALE		[17]
JOHANNES WATSON xxx annorum in habitu per medietatem anni.		[18]
JOHANNES KARRE		[19]
THOMAS WRIGHT		[20]
WILLELMUS BURWARD		[21]

THE VISITATION OF STOKE COLLEGE.

[The four or five weeks which passed after the 12th July, 1526, must have been a very anxious time for Bishop Nikke. He was at this time considerably past seventy years old, and had been Bishop of Norwich for more than twenty-five years. Cardinal Wolsey was almost at the zenith of his power. The project of the divorce of the king had hardly been whispered about; except among a very small number of such as were in the secret it was not even suspected. The Bishop almost certainly knew nothing about it; yet here was the Cardinal audaciously attempting to deprive the Queen of one of her most valuable pieces of preferment, and the very existence of the great College of Stoke seriously threatened. Having decided on his course, the Bishop evidently carried out his visitation with unusual thoroughness and care, and he appears to have remained at Stoke till the 15th or 16th of the month. Having drawn up his injunctions he proceeded to deal with the master of the College, Dr. Green. Green had shown himself an unprincipled rogue ready to sell himself and the College for what he could get; it would be a point gained if such a man were placed upon his defence and the Bishop's authority vindicated. Dr. Green had not only taken no notice of the Bishop's citation but had done his best to incite the other Incumbents of the College to follow his example; thereupon the Bishop, before leaving the college, issued his mandate calling upon Green to appear before him at Norwich on the 20th August, there to explain his contumacy. After this the visitation proceeded in due course. We can trace the Bishop's movements pretty clearly till the 11th August when he arrived at Walsingham. The Colloquies of Erasmus had been published about two years before, and the famous relation of the great scholar's pilgrimage to Walsingham had already been in the hands of the learned for some time. Erasmus had been at Walsingham in 1511, and many of the inmates of the Priory must have remembered his visit. It is tantalizing to have a mere fragment of the Report of Bishop Nikke's Visitation of Walsingham—probably the last episcopal visitation which was ever made.

Meanwhile Wolsey's messenger "oon John Stacy," clearly a Norwich man, living in St. Stephen's parish, had waited at Norwich to deliver the Cardinal's letter. The man not improbably had received false information, but finding that the Bishop did not return to the Palace he started in search of him. Unluckily ten days had been lost, and the Cardinal's missive was not delivered till the 21st July at Thompson College. Bishop Nikke immediately wrote the reply which follows, and a very wary reply it is. There was little or nothing that Wolsey could learn from it. By this time, we may be sure, the Queen and her advisers had made the most of their opportunity, and, as the event proved, they had succeeded in saving the College from suppression. When the 20th August arrived, John Kiel put in an appearance, produced the original letter of Dr. Green, and the sentence which follows was pronounced. At this point we are left in the dark.]

* * * * *

Bishop Nikke's Letter to Cardinal Wolsey.

Pleasith it your grace tundrestand . . . . . moneth of Julie at v of the clok after non . . . . . . moost honourabill lettres by oon John Stacy . . . . . . in the parissh of Saynct Stephan . . . . . bering date the secund day of . . . . Julie concernyng your pleasour for the visitation of the . . . . of Stoke Clare where I had been . . . . . . visited the xij day of this said moneth before the Receit of your said lettres. So that I coude not accomplissh the pleasour of your grace in that behalue. Notwithstanding inasmoche as I had knowlege sone after I came to the said Collage that your grace had prefixid the first day of August next ensuyng to visite by your commissaries the saide Collage I did noo thing there but that youre said commissaries may at their comyng reforme and ordre as they shall seme best.

The bokes of statutes haue been aforetyme rasid, cancellid, and interlined in such wise that it hath caused grete variaunce and onquietnes betwix the Dean and chanons ther, and as yet not perfightly refourmed and redressid, which bokes as I am infourmed remayne at this tyme with Maister Doctor Alayn, oon of your said commissaries. In reformacion wherof both your grace and commissaries shall not oonly do a meritorious and graceous dede but also thereby cause great quietnes in the said Collage in tyme comyng as knoweth God, &c. At . . . . . . the xxii day of Julie aforesaid.

(fol. 38 b.) Of the citation of Dr. Green.

MAGISTER THOMAS WHITEHED
MAGISTER ROBERTUS FABIAN
MAGISTER JOHANNES KEALL

} Fatentur se interfuisse et vidisse quando mandatarius dicti reverendi patris tradidit MAGISTRO WILLELMO GRENE decano ibidem parte præsenti mandatum dicti reverendi patris sigillo suo sigillatum ad subeundam visitationem suam et ad monendos omnes canonicos et confratres etc. virtute cujus mandati idem decanus monuit et citavit dictos MAGISTROS T. WHITEHED, ROBERTUM FABIAN, JOHANNEM KEYLL ac GILBERTUM LATHUM tunc præsentem ad subeundam visitationem etc.

(fol. 30.)

The Copie of the lettres sent from MAISTER DOCTOR GRENE Dean of Stoke Collage deliverd and direct to MAISTER JOHN KEALL president and vicedeane of the saide collage.

Dr. Green's letter.

MAISTER KEYLL, I hartely commaunde me to you. And wher I fully purposed to have com doun at this tyme to my lordes visitacioun of Norwiche this day I perfightly vnderstond that my lorde legattes grace wyll vysytt vs. And thervpon I have commaundement to sende doune this his monycion vnto the College to this entent that if my lord of Norwiche wold vysytt (accordyng to his prefixcion) that ye shold showe vnto hym this my lorde legattes mandatum dezyryng hym that he wyll be contented to gyve place for this tyme, And not to meddell. If he wyll not the Visitour mende is that ye shall nott ne non of the Coledge do no thynge sed vivere oportet in silentio (as ther wyll is) to suche tyme as they my lorde Commissionars come accordyng to his commaundement. Wherfor Mr. Keyll I pray you se that all thynges necessary be provyded ageynst ther cummynge. And that ye gyve commaundement to euery man accordyng to this his precept. Thus for hast. Far the well in our lorde who preserve you. Scribled this tuysday at Powlls by your owne

WILLIAM GRENE, Preist.

I pray you recomend me to MAISTER WHIGHTHED and FABIAN and also to MAISTER NORICE. And show to hym that I haue spokyn with MAISTER CHETCHELEY and he hathe put the matter to me. I to order it. And he seith he wyll stond to ytt, what so euer I thynke right to be done.

Facta erat collatio istius copiæ cum litteris originalibus in præsentia reverendorum in Christo patrum. JOHANNIS LIDENSIS EPISCOPI, JOHANNIS ABBATIS SANCTI BENEDICTI DE HULMO MAGISTRI NICHOLAI CARR legum doctoris.

[Endorsed.] To his right wellbeloued Maister Keyll at the Collage of Stoke be this delivered. (fol. 30 b.)

PROCEEDINGS TAKEN AGAINST THE DEAN OF STOKE COLLEGE.

(fol. 33.) John Kiel certifies that he has cited the Dean.

Constitutus personaliter MAGISTER JOHANNES KEILL certificavit se vigore mandati sibi per dictum reverendum facti, peremptorie citasse MAGISTRUM WILLELMUM GRENE decanum ibidem in domo capitulari, forte apprehensum, præsentibus WHITEHED et FABIAN, ad comparendum coram ipso reverendo patre istis die et loco et ad effectum sibi in mandato commisso. Super quo fecit fidem cujus virtute certificavit decanum dedisse responsum infrascriptum. *I can not appere nor woll not appere, and ye were to blame and folis any of you tappere before my lorde, for I send you lettres to the contrary, &c.*

IN CAPELLA PALATII NORWICI XX AUGUSTI 1526, CORAM IPSO REVERENDO PATRE, &C.

The dean of Stoke College pronounced contumacious.

In Dei nomine Amen. Nos RICARDUS &c. rite et legitime procedentes, MAGISTRUM WILLELMUM GRENE sacræ theologiæ professorem decanum ecclesiæ collegiatæ Sancti Johannis Baptistæ de Stoke ad hos diem et locum legitime monitum et citatum, publice præconisatum atque ex gratia expectatum et nullo modo comparere curantem, pronuntiamus contumacem et in poenam contumaciæ suæ hujusmodi ipsum a celebratione divinorum suspendimus in hiis scriptis. Et decrevimus eum citandum fore ad comparendum coram nobis in capella manerii nostri de Hoxne die Veneris proxime post mediam dominicam xl dicturum causam quare ad graviora contra eum juxta juris exigentiam procedere non &c.

(fol. 39.) In Dei nomine Amen. Nos RICARDUS DEI GRATIA NORWICENSIS EPISCOPUS visitationem nostram ordinariam in ecclesia collegiata Sancti Johannis Baptistæ de Stoke juxta Clare nostrarum diœcesis . . . . actualiter exercentes rite et legitime procedentes, MAGISTRUM WILLELMUM GRENE sacræ theologiæ professorem decanum dictæ ecclesiæ collegiatæ ad subeundam visitationem nostram hujusmodi juxta juris exigentiam et præteriti temporis morem legitime monitum præmunitum et citatum de nostris monitionibus hujusmodi non parentem sed continuantem sese absentantem ac nos de et super executione mandati nostri sibi pro visitatione nostra hujusmodi in dicto collegio exercenda per nos directi, juxta formam dicti mandati rectificare non curantem . . . . pronuntiamus contumacem et inobedientem pœnam suarum contumaciæ et inobedientiæ pro loco tempore sibi infligendam nobis reservantes et reservatas decernentes et per præsentes decrevimus eundem Magistrum Willelmum Grene decanum absentem, infra unum diem post reditum suum ad dictum collegium per te Magistrum Johannem Keyll, vicem ipsius gerentem ac præsidentem istius collegii, citandum fore quod comparcat coram nobis aut nostro in hac parte commissario in capella palatii nostri Norwici die lunæ proxime post festum Assumptionis beatæ Mariæ Virginis proxime futurum. Causam rationabilem, si quam pro se allegare possit, quare propter contumaciam et inobedientiam suas hujusmodi juxta sanctiones canonicas puniri non deberet dicturum ostensurum et allegaturum Mandamus insuper tibi quod super executione istius nostri mandati nos vel commissarium nostrum hujusmodi die et loco prædictis debite certifices personaliter vel authentice et ibidem sis ad recipiendas injunctiones nostras super compertis.

Lecta scedula de mandato Domini organa voce Magistri Ed. Steward.

Similiter pronunciavit Magistrum Gilbertum Lathum præbendarium contumacem, pœna reservata.

Collegium de Metingham, xxiii Augusti, 1526.

(fol. 48.) Convocatis magistro sive custode ac singulis confratribus in domo capitulari, propositoque verbo Dei et causa congregationis per MAGISTRUM EDMUNDUM STEWARD exhibita statim mandato dicti reverendi patris cum certificatorio et scedula nomina confratrum continentibus, dominus examinavit eos singulatim prout sequitur.

MAGISTER RICARDUS SHELTON magister sive custos ibidem, dicit quod statuta collegii continentur in quaterna pergameni non duplicata aut exemplificata vel transuta.

Plate sold. Dicit quod vasa argentea pertinentia ad mensam custodis vendebantur pro mutuo regio.

An old custom discontinued. DOMPNUS RICARDUS WYBURGH capellanus et socius dicti collegii, dicit quod in primo suo adventu et admissione solebant socii et confratres quotidie dicere bini et bini vigilias mortuorum.

Extravagance of the master. Dicit præterea quod magister sive custos collegii tenet et habet superfluam familiam et otiosam et exponit sumptus excessivos et depauperat et se et collegium.

Fiat injunctio quod duplicentur statuta infra annum.

Bungaye Nunnery, xxiii Augusti, 1526, post meridiem.

(fol. 49.) Names of the prioress and seven nuns. DOMINA MARIA LOVEDAY suppriorissa dicit quod omnia laudabiliter fiunt in spritualibus et temporalibus pro facultatibus domus.

DOMINA CECILIA FASTOLF priorissa concordat.

DOMINA ELISABETH BEDINGFELD
DOMINA ANNA KING
DOMINA ELISABETH DUKE — Concordant.
DOMINA ELISABETH NOTELL
DOMINA KATERINA HUBBERD

DOMINA MARIA ROWSE novicia non professa.

Convocatis priorissa et sororibus in domo capitulari xxv Augusti dominus dissolvit visitationem suam ordinariam.

FLIXTON PRIORATUS, XXV AUGUSTI, 1526.

DOMINA MARGARETA PUNDER dicit quod nihil de temporalibus aut parum novit quia vacat divinis obsequiis quæ debite fiunt ut dicit. (fol. 49 b.)

DOMINA MARGARETA OLTON suppriorissa dicit quod claustrum [et] refectuarium patiuntur ruinam in tegmine. [2]

[Priorissa habet ad reparandum quam cito poterit.]

DOMINA ALICIA LAXFELD dicit quod omnia bene. [3]

DOMINA AGNES ASSY [4]
DOMINA MARGARETA ROWSE [5] — Dicunt quod omnia laudabiliter et industriose fiunt.

DOMINA ELISABETH WRIGHT priorissa dicit quod nihil novit correctione vel reformatione dignum. [6]

Et hiis finitis dominus dissolvit visitationem suam ordinariam ibidem.

V.

THE VISITATION OF BISHOP RICHARD NICKE,

A.D. 1532.

NORWICH PRIORY.

[The document is evidently no more than a fragment, and defective at the beginning and the end.]

(fol. 51.) Anno consecrationis dicti reverendi patris xxxii incipiente vi Junii.

Tertio die mensis Junii anno Domini millesimo quingentesimo trigesimo secundo et regni regis Henrici octavi vicesimo quarto. Reverendus in Christo pater et dominus DOMINUS RICARDUS Dei et apostolicæ sedis gratia NORWICENSIS EPISCOPUS visitationem suam ordinariam in ecclesia sua cathedrali Sanctæ Trinitatis Norwicensis inchoavit. Et ingressus domum capitularem, convocatis et præsentibus priore et commonachis DOMINUS RICARDUS NORWICH monachus et confrater dictæ ecclesiæ cathedralis verbum Dei sub hoc themate *Estote perfecti sicut et Pater vester perfectus est* (Mathei quinto) publice latino sermone proposuit. Quo finito, exclusis omnibus interesse non habentibus, venerabilis et religiosus in Christo pater WILLELMUS CASTILTEN prior dictæ ecclesiæ cathedralis mandatum dicti reverendi patris una cum certificatorio ejusdem sub sigillo communi ad causas ipsius prioratus, nomina et cognomina omnium et singulorum commonachorum et confratrum ejusdem, in quadam scedula eidem certificatorio annexa conscripta continente, eidem reverendo patri humiliter præsentavit et exhibuit. Quibus perlectis de mandato dicti reverendi patris per me THOMAM GODSALVE notarium publicum registrarium suum principalem lectoquo capitulo, quia plerique [. . . . .] per magistrum MILONEM SPENSER utriusque juris doctorem ex præcepto dicti reverendi patris [. . . . . .] Ipse reverendus pater [. . . . .] voce præfati MAGISTRI MILONIS sententiam excommunicationis in omnes et singulos contravenientes contentiose in hujusmodi capitulo publice coram dictis priore et conventu legi fecit prout in eadem continetur. Et deinde confratres examinavit prout sequitur.

DOMPNUS EDMUNDUS NORWICHE prior de Alby examinatus et inquisitus de statu prioratus dicit quod ignorat quia absens. (fol. 51 b.) [1]

Et quoad spiritualia et temporalia dicit quantum ipse novit omnia debite et commode fiunt juxta vires.

Dicit tamen quod supprior habet duos famulos, quia est supprior et sacrista, quibus officiis sufficienter potest deserviri per unicum servientem.

Item dicit quod aliqui confratrum sunt singulares in vestibus videlicet DOMPNUS JOHANNES SALL, DOMPNUS NICHOLAUS ATTILBURGHE, et DOMPNUS THOMAS SALL qui utitur calceis contra regulam. Laxity in dress.

Fiat injunctio quod utantur *strailes*[a] more antiquo et non linthiaminibus uti jam faciunt omnes.

[a] A coarse kind of sackcloth. The injunction refers to the sheets for the beds of the monks, not to their clothing.

Item injungatur quod scolares exhibeantur in universitate juxta regulam.

[2] DOMPNUS ANDREAS TOOKE moram faciens in cella de Lenn, dicit quod omnia laudabiliter fiunt in spiritualibus et temporalibus quantum ipse noverit.

(fol. 52.) [3] The chapel of S. Anne and the Jesus chapel out of repair.

DOMPNUS JOHANNES SALL præcentor, inquisitus de statu domus refert se ad rationes et compotos, officium sacristæ dicit reformatione indigere quia ecclesia et capellæ Sanctæ Annæ et nominis Ihesu patiuntur ruinam in tectura videlicet plumbo.

Item dicit quod confratres non utuntur stragulis laneis sed linthiaminibus quia non possunt providere de stragulis.

Item dicit quod non debite providetur pro infirmis custodiendis tempore infirmitatis.

Two young monks give themselves airs.

Item DOMPNUS RICARDUS NORWICHE et DOMPNUS MORTON, scolares, dedignantur ceteros confratres et seminatores discordiarum sunt inflati spiritu alti cordis, et indebitantur in universitate.

Et cetera omnia laudabiliter fiunt.

[4] Too many dogs kept in the Priory.

DOMPNUS RADULPHUS SIBBYS infirmarius ætatis LXII annorum dicit inquisitus quod nutritur excessus numerus canum in prioratu in detrimentum elemosinarum pauperum.

Et ad alios singulos articulos de quibus inquisitus est respondet quod bene fiunt.

[5] The buildings out of repair.

DOMPNUS NICHOLAUS ATTILBURGH, prior cellæ de Hoxne, dicit quod officium sacristæ minus debite supervidetur quia ecclesia dormitorium et aliæ capellæ infra ecclesiam patiuntur ruinam et deformitatem culpa ut credit malæ supervisionis.

Item dicit quod male providetur pro infirmis tempore infirmitatis.

Injunctions

Item evidentiæ cellarum remanent in cellis et non restitutæ vel repositæ in thesaurario infra prioratum juxta injunctiones domini in visitatione sua 1514.

of the bishop disregarded.

Item evidentiæ officiorum remanent in custodia officiariorum et non thesaurario.

Item officiarii et priores cellarum non reddunt compotum de *finibus* temporibus suis contingentibus.

Records not strictly kept.

Item quando litteræ patentes conceduntur non registrantur neque manumissiones nativorum.

DOMPNUS WALTERUS CROMER supprior, inquisitus et exami- [6]
natus super singulis articulis, dicit quod nihil novit reformatione dignum.

DOMPNUS STEPHANUS DERSHAM, prior de Yarmouthe, dicit quod [7]
FRATRES WILLELMUS LONDON et RICARDUS LOPHAM nuper moram facientes in dicta cella de Yarmouth murmurant adversus dictum priorem pro eo quod ille prior eos pro tempore moræ suæ apud Yarmouth voluit reformare frequentes taxillos et talos ac alios ludos inhonestes.

Monks who persist in playing backgammon.

Item dicit quod juniores faciunt inter se conventicula murmurando contra alios confratres et eos dedignando. (fol. 53.)

DOMPNUS THOMAS SALL infirmarius et unus poenitentiariorum, [8]
inquisitus et examinatus dicit quod DOMPNUS JOHANNES KIRBY, DOMPNUS RICARDUS UNDREWOD, alias LOPHAM, et DOMPNUS WILLELMUS LONDON, necnon DOMPNUS ADAM SLOLEY seminant discordias et lites inter confratres et male gemunt adversus eos et confidunt in supportatione domini abbatis Sancti Albani[a] cui scribunt litteras in præjudicium ecclesiæ et confratrum, suscitando brigas et sunt nimium verbosi immiscentes se in omnibus causis et materiis tanquam capitanei intendentes reformare et regere omnes præter se.

A party in the monastery in favour of reform.

[a] This is Robert Bronde, or as he is usually called Robert Catton. Blomefield says he became Prior of Norwich in 1504; if so he was very young at the time. When Cardinal Wolsey was deprived of his preferments in 1529, Catton succeeded him as Abbot of St. Albans, and he appears to have become a creature of Cromwell's in the years that followed.

The sacrist negligent.

Item dicit quod sacrista fuit negligens in officio suo non supervidendo ea quæ pertinent ad officium suum et habet deputatum satis etiam negligentem.

An idle set in the house.

Item juniores non vacant studio sed magis intendunt voluptati vigiliis et aliis rebus non decentibus.

Item Dompnus Johannes Kirby, suspectus, conversatur cum multis cujus prætextu infamia oritur in scandalum ecclesiæ.

[9] Dompnus Thomas Moreton iiii prior et gardinarius, inquisitus et examinatus dicit infirmis confratribus, tempore infirmitatis eorundem hucusque male fuit provisum.

[10] Dompnus Botulphus Parker, moram nunc faciens in cella de Yarnemuthe, dicit quod omnia bene quantum ille novit.

No scholar monks sent to Oxford.

[11] Dompnus Willelmus Thirkell dicit quod non exhibentur scholastici in universitate Oxoniensi prout fieri est solitum cujus occasione domus ibidem constructa et ædificata pro scholaribus de verisimili patietur ruinam.

[12] Dompnus Thomas Leman camerarius et elemosinarius dicit quod omnia bene in quantum ipse novit.

The cathedral needs repair.

[13] Henricus Manuell, magister Normannorum, inquisitus et examinatus dicit quod ecclesia cathedralis in multis locis patitur ruinam in tectura, in plumbo.

[14] Dompnus Ricardus Norwiche scholaris tertius prior et pietentiarius, dicit quod omnia reformantur.

The subsacrist unfit for his office.

(fol. 54.) [15] Dompnus Robertus Stanton capellanus prioris, dicit quod Dompnus Adam Sloley quintus prior subsacrista est levis et remissus inter juniores cum quibus nimis est familiaris et vanas habet vigilias et communicationes cujus prætextu tardius accedunt juniores ad divina officia, et subtrahuntur tempore jocalia et lapides pretiosi e vestiaria. Et credit illum indignum hujusmodi officiis.

The obedientiaries have too large households in their official residences.

Dompnus Johannes Sall præcentor raro accedit ad chorum in malum exemplum ceterorum.

Et sunt infra præcinctum prioratus plures perhendinantes in domibus pertinentibus officiariis quam solent.

Dompnus Thomas Sall multum absentat se a divinis officiis et habet loca et domos quæ frequentat pro artibus suis exercendis cujus prætextu oritur infamia et scandalum per accedentes ad hujusmodi loca. The precentor engaged in curious arts.

Dompnus Robertus Nottell inquisitus dicit quod scholares non exhibentur more solito. [16]

Item conqueritur de terris subtractis per ipsum reverendum patrem videlicet *Lollardes, Pittes, the lymekilne* et certum redditum pertinentem priori de Hoxne et cellerario. The bishop to be blamed.

Dompnus Johannes King fatur quod propter inobedientiam est incarceratus. [17]

Dicit quod Dompnus Johannes Sall præcentor habet pulvinar pertinens summo altari de serico. A silken cushion taken from the church.

Dompnus Johannes Kirby succentor dicit quod scholares non exhibentur et cetera omnia bene. [18]

Dompnus Willelmus London dicit quod infirmis minus sufficienter providetur tempore infirmitatis. [19]

Item scholares non exhibentur juxta ordinationem factam per abbatem Sancti Albani nuper priorem dictæ ecclesiæ.[a]

Dompnus Ricardus Undrewod alias Lopham dicit quod infirmis minus sufficienter providetur. [20]

Item scholares non exhibentur.

Dompnus Franciscus Yaxley subcellerarius dicit quod turris juxta stabulum Magistri Townesend est deformis et ruinosus culpa sacristæ. [21]

Item dicit quod Dompnus Willelmus Gardener moram faciens in cella de Lenn oneratur multum ære alieno.

Dompnus Willelmus Harridaunce cellerarius, inquisitus dicit quod juniores confratres nimia libertate gaudent. (fol. 55.) [22]

Dompnus Adam Sloley quintus prior et subsacrista inquisitus conqueritur de scholaribus non exhibitis more solito in universitate. [23]

Dompnus Franciscus Norwiche dicit quod omnia bene. [24]

[a] See note at No. 8.

[25] DOMPNUS JOHANNES WELLIS concordat.

[26] The fifth prior, Sloley, shows a bad example. DOMPNUS JOHANNES ELMEHAM dicit quod quintus prior est partialis et favet DOMINO WILLELMO LONDON, DOMINO W. MYNTING, DOMINO JOHANNI TOLLER, cum quibus nimia utitur familiaritate nec observat silentium sed fabulatur cum eis in vestiaria. Et negligens est in officio subsacristæ et tarde pulsat ad matutinas aliquando hora secunda vel iii post mediam noctem.

The precentor rightly deprived of his private room. Præcentori subtrahitur camera non injuria quia ibidem juniores congregati conterunt tempus et fabulantur. Et præcentor raro accedit ad divina officia neque frequentat refectuarium unquam.

Item DOMPNUS WILLELMUS LONDON est indebitatus multis et omnino indoctus. Anno superiori erat apud Yarmuth.

[27] DOMPNUS WILLELMUS WODHOWSE accolitus, dicit quod male providetur infirmis tempore infirmitatis.

[28] DOMPNUS WILLELMUS MYNTING, in ordine diaconatus constitutus, dicit quod omnia laudabiliter fiunt in spiritualibus et temporalibus. (fol. 55 b.)

[29] DOMPNUS ROBERTUS SMYTH, accolitus, concordat.

[30] DOMPNUS RICARDUS WYKHAM, presbyter, concordat.

[31] DOMPNUS ROBERTUS CATTON magister Normannorum concordat.

[32] The Priory is in debt. DOMPNUS WILLELMUS CASTELTEN prior ecclesiæ cathedralis exhibuit statum domus per quem liquebat quod erant indebitati in C marcis, videlicet Augustino Steward L marcis et DOMINO EPISCOPO L marcis, in pecuniis mutuatis

Dominus ex certis causis ipsum moventibus continuavit visitationem suam ordinariam in dicta ecclesia cathedrali usque diem Martis proximo post festum Sancti Ceddæ Episcopi proximo futurum.

COMPERTA IN VISITATIONE ECCLESIÆ CATHEDRALIS NORWICENSIS.

DOMPNUS WALTERUS CROMER supprior et sacrista habet duos famulos et sufficit unus pro utroque officio. (fol. 56.)

DOMPNUS THOMAS SALL utitur calceis contra regulam.

Commonachi non cubant in stragulis sed linthiaminibus.

Scholares non exhibentur in universitate prout solebant.

Ecclesia capella Sanctæ Annæ & capella Nominis Ihesu patiuntur ruinam in tectura videlicet plumbò, culpa sacristæ.

Minus debite providetur pro infirmis.

DOMINI RICARDUS NORWICHE et THOMAS MORTON, scholares, ceteros contempnunt et vilipendunt seminantque discordias.

Alitur excessus canum in prioratu in detrimentum elemosinarum.

DOMPNUS THOMAS SALL infirmarius, habens jocalia pertinentia hujusmodi officio impignorat multa sine consensu confratrum. (fol. 56 b.)

Evidentiæ cellarum remanent in cellis et non reponuntur vel restituuntur thesaurario juxta injunctiones domini prius factas.

Item evidentiæ officiariorum remanent in manibus eorum et non in thesaurario.

Officiarii non reddunt compotum de finibus terrarum temporibus suis contingentibus.

DOMINI WILLELMUS LONDON, RICARDUS LOPHAM, ADAM SLOLEY seminant discordias.

Juniores non vacant studio.

DOMPNUS JOHANNES KIRBY suspecte conversatur cum multis in scandalum ecclesiæ.

DOMPNUS JOHANNES SALL raro accedit ad divina.

DOMPNUS ADAM SLOLEY quintus prior est levis et nimium familiaris cum junioribus monachis cum quibus habet confabulationes et vigilias.

Dompnus Thomas Sall habet domos diversas pro artibus suis cujus prætextu oritur scandalum et infamia prætextu accessus ad eadem loca.

[The comperta break off at this point abruptly. They are evidently incomplete.]

Collegium de Campis in Norwico, vii Junii, 1532.

(fol. 57.) [1] Magister Milo Spencer utriusque juris doctor.
Nomina [2] Magister Willelmus Newton.
præbenda- [3] Magister Edmundus Steward decretorum doctor.
riorum. [4] Magister Willelmus Hedge.
[5] Magister Thomas Cappe decretorum doctor.
[6] Magister Thomas Pellis legum doctor.
[7] Magister Ricardus Tailour.
Nomina [8] Dominus Ricardus Wheiteley senescallus.
capellano- [9] Dominus Adam Hamond succentor.
rum. [10] Dominus Thomas Cheveler.
[11] Dominus Georgius North.
[12] Dominus Robertus Hall.

Dominus Ricardus Wheiteley senescallus dicit quod redditus et proventus dictæ ecclesiæ collegiatæ non sufficiunt ad onera et expensas domus. Et cetera bene quantum pro facultatibus collegii.

Dominus Adam Hamond succentor chori, dicit tam spiritualia quam temporalia ejusdem collegii debite fiunt et ministrantur juxta vires possessionum ejusdem collegii.

Dominus Thomas Cheveler concordat.

Dominus Robertus Hall capellanus concordat.

Qua examinatione finita dominus decrevit visitationem suam ibidem dissolvendam.

Hospitale Sancti Ægidii in Norwico, viii Junii, 1532.

Exhibito mandato cum certificatorio in domo capitulari dicti hospitalis, præconisatis et comparentibus magistro et sociis, dominus examinavit eos ut sequitur. (fol. 57 b.)

[1] Dominus Willelmus Hekker confrater dicti hospitalis dicit se nihil scire quia multum absuit.

[2] Dominus Robertus Churche confrater dicit quod omnia laudabiliter fiunt et observantur juxta fundationem.

Dicit quod pistrinum patitur ruinam in tectura et magna camera supra parluram similiter cum ædificiis annexis. *The buildings in decay.*

Dicit quod solebant habere præcentorem in choro et nullum habent in præsenti.

(fol. 58.) [3] Dominus Johannes Fyssher confrater, dicit quod pistrina patitur ruinam et quædam ingens camera vel parlura similiter patitur ruinam nihil aliud scit deponere quia parum temporis est ex quo factus fuit confrater.

Dominus Edwardus Osberne confrater, dicit quod pistrina patitur ruinam et magna parlura similiter patitur ruinam. Et quod sunt servientes in domo maritati, ut pincerna et pistor, et putat illos non esse idoneos dicto hospitali. Et quod necesse est quod amoveantur. Præterea dicit quod obitus Magister Johannes Smythe observatur et Magister Hecker recepit pecuniam videlicet xxvi s. viii d. in festo Purificationis ultimo præterito, et non erat solvenda usque ad festum Sancti Barnabæ. Et nullus satisfecit confratribus pro observatione hujusmodi obitus. *General laxity and decay.*

Injunctiones factæ in capitulo per Magistrum Milonem Spencer utriusque juris doctorem.

In primo injunctum est magistro quod reparationes defectuum et ruinarum congrue fiant quam cito commode poterunt.

Item quod provideatur de præcentore citra festum Michaelis proximum.

Omnibus peractis dominus dissolvit visitationem suam ibidem.

Status domus ignoratur usque ad tempus compoti. Oneratus erat et indebitatus Magister Hekker die obitus sui in vi li. xvi s. iii d.

Et dicunt confratres quod Magister Hekker ante mortem suam remisit totum sibi debitum ab eodem hospitali videlicet xxvii li.

[Magister Hekker and Dom: Willelmus Hekker are clearly two different persons.]

In Hospitali Normannorum, viii Junii, 1532, coram Magistro Milone Spenser utriusque juris doctore commissario, etc.

(fol. 58 b.) Dominus Henricus Manuell magister Normannorum.

Margareta Dynn gardiana.
Katerina Bekkham.
Anna Benstye.
Alicia Skynner.
Agnes Lyon.
Elizabeth Thymylthorpe.
Johanna Botulphe.
Alicia Nottell.
Cecilia Qwarles.
Margareta Elys.

Names of the ten sisters.

Dominus continuavit visitationem dicti reverendi patris in dicto hospitali usque proximum regressum ad Norwicum.

[NUNNERY OF CARROW,] DECIMO JUNII.

Names of the prioress and twelve nuns.

DOMINA ISABELLA WIGAN priorissa.
DOMINA ANNA MARTEN infirmaria.
DOMINA MARGARETA STEWARD suppriorissa.
DOMINA KATERINA JERVES.
DOMINA AGNES WARNER infirmaria.
DOMINA AGNES SWANTEN sacrista.
DOMINA ANNA LONDON refectuaria.
DOMINA JOHANNA BOTOLF.
DOMINA CICELIA SUTHFELD.
DOMINA MATILDA GRABY.
DOMINA JOHANNA BOUND }
DOMINA AGNES HAMOND } Non professæ.
DOMINA CRISTIANA BROWNE }

[1] (fol. 59.) DOMINA ISABELLA WIGAN priorissa inquisita et examinata de statu domus et essentialibus religionis necnon de observatione regularum ordinis et de administratione spiritualium et temporalium ad dictum prioratum pertinentium. Dicit quod omnia debite fiunt et observantur juxta vires et facultate domus.

[2] DOMINA MARGARETA STEWARD suppriorissa dicit quod aliquæ sororum utuntur cingulis sive zonis cericis usum hujusmodi commendantes.

The nuns persist in wearing silk waistbands.

Dicit quod erat ab antiquo observatum in dicta domo quod juniores moniales non habentes officia post meridiem singulis diebus in una camera ad hoc deputata, solebant una sedere supervisæ per unam de senioribus. Et nunc per singulas cameras discurrunt.

The younger nuns are addicted to gossip.

Item fiat injunctio suppriorissæ quod semel dumtaxat in septimana vocet aliquas monialium extra chorum a completorio, et interdicatur suppriorissæ ne sæpius quam semel in hebdomoda licentiet aliquam sororem absentare se a choro tempore completorii.

(fol. 59 b.) [3] DOMINA KATERINA JERVIS tertia priorissa, dicit quod chorus non habet januas cujus prætextu accessus fit a multis, et fieri potest ad moniales in choro.

No screen between the nave and the choir.

[4] DOMINA AGNES SWANTON sacrista dicit quod omnia debite fiunt.

[5] DOMINA ANNA LONDON conqueritur de choro non clauso, cujus prætextu licet laicis quotidie intueri moniales, cetera bene.

[6] DOMINA JOHANNA BOTOLFF dicit quod festum Reliquiarum non observatur apud eas in dominica prout observatur in aliis locis, sed simpliciter fit in crastino octavarum Nativitatis Beatæ Mariæ.

Item dicit quod moniales non habent facies velatas quando exeunt prioratum.

The nuns do not wear their veils outside the nunnery.

Item dicit quod moniales nullam habent pensionem annuam.

Item laici habent accessum et intuitum in chorum deficientibus januis sive ostiis

Item presbyter dicens officia vespertina vix auditur a sororibus

There is no

existentibus in choro, defectu lecturni pro libro presbyteri reponendo. lectern in the choir.

DOMINA CECILIA SUTHEFELD dicit quod moniales nullam percipiunt pensionem de proventu domus et cetera bene fiunt. [7] (fol. 60.)

DOMINA MATILDA GRAVELL (*sic*) dicit quod moniales in refectuario solebant, juxta regulam, habere unam de monialibus ad serviendum ceteris in mensa, et nunc non habent et cetera bene. [8] The rule not strictly observed.

Item dicit quod non celebrantur octavæ Sancti Benedicti in eodem prioratu.

INJUNCTIONES.

Quod juniores moniales non habentes officia una sedeant tempore pomeridiano in eadem camera ad hoc assignanda per priorissam, juxta morem præteriti temporis.

Item ne suppriorissa licentiet aut vocet aliquas monialium a choro tempore completorii, præterquam semel dumtaxat in hebdomada.

Item quod citra festum Sancti Petri quod dicitur ad Vincula, fiat clausura ne laici accessum habeant ad ostium occidentale chori.

Item quod festum Reliquiarum de cetero observetur ut in aliis locis, videlicet dominica proxima post festum Translationis Sancti Thomæ, et celebretur duplex festum.

Item quod juxta morem antiquum priorissa provideat ut serviatur monialibus in refectuario per unam de monialibus.

PRIORATUS DE INGHAM. XII DIE MENSIS JUNII, 1532, CORAM REVERENDO IN CHRISTO PATRE ET DOMINO DOMINO RICARDO DEI GRATIA NORWICENSI EPISOPO.

(fol. 60 b.) Nomina confratrum.

JOHANNES SAYE prior
ROBERTUS BURTONNE
JOHANNES TUNSTED vicarius de Ingham
JOHANNES HAYLESDON
CHRISTOFERUS BRUMPSTED

[1] DOMINUS JOHANNES SAYE prior, inquisitus et examinatus dicit essentialia religionis ac cetera concernentia religionem tam in spiritualibus quam in temporalibus debite fiunt et observantur juxta numerum et facultates.

[2] DOMINUS ROBERTUS BARTOUNE examinatus et inquisitus dicit et concordat cum domino priore.

[3] DOMINUS JOHANNES TUNDSTED, qui servit curæ ecclesiæ parochiali de Ingham, dicit quod nihil est quod indiget reformatione.

[4] JOHANNES HAYLESDON examinatus dicit quod nihil est quod opus est reformatione.

(fol. 61.)[5] CHRISTOFERUS BRUMPSTED dicit quod nihil scit dignum reformatione.

Et quia nihil compertum est in ipso prioratu ex depositione prioris vel confratrum reformatione dignum dominus visitationem suam ibidem dissolvendam decrevit.

PRIORATUS DE HYKELYNGE.

Tertio decimo die mensis Junii anno Domini millesimo quingentesimo xxxii coram reverendo in Christo patre et domino DOMINO RICARDO Dei gratia NORWICENSI EPISCOPO in domo capitulari comparuerunt.

DOMINUS ROBERTUS BUTTILD prior ibidem exhibuit statum [1]
domus et dicit quod omnia debite fiunt in prioratu juxta facultates.

DOMINUS ROBERTUS WALSHAM supprior examinatus et in- [2] (fol. 61 b.)
quisitus tam de priore quam de confratribus ac de essentialibus religionis divino cultu et servitio ac de ceteris spiritualibus et temporalibus, dicit quod omnia debite observantur.

DOMINUS RICARDUS NORWICHE præcentor, inquisitus de sin- [3]
gulis articulis concernentibus observantiam religionis necnon administrationem spiritualium et temporalium ad dictum prioratum pertinentium concordat cum præexaminato confratre.

Gradus ascendentes extra clausam in aulam sunt deformes et triti in periculum descendentium et ascendentium per illos gradus sive gressus. Steps to the hall in a dangerous state.

DOMINUS ROBERTUS BASTWIK sacrista concordat. [4]

DOMINUS ROBERTUS WEBSTER camerarius dicit quod omnia [5]
debite fiunt.

DOMINUS JOHANNES HICKLING diaconus examinatus et in- [6] (fol. 62.)
quisitus dicit quod ministratur infirmis sicut sanis in cibis et non habent custodem tempore infirmitatis, nisi conductum expensis infirmi. Expense of attendance in the infirmary laid upon the sick.

DOMINUS ROBERTUS ALEYN diaconus inquisitus dicit con- [7]
fratres infirmi conducunt custodem sumptibus suis et alia bene.

Memorandum for clubbes to be provided.

MATHEUS NORWICH } in junioribus constituti, dicunt quod omnia bene. [8]
ROBERTUS RIKINGGALE [9]
EDMUNDUS GYSLINGHAM [10]

Dominus injunxit quod provideatur per priorem de sanis et salubribus victualibus pro infirmis confratribus tempore infirmitatis et etiam de custode pro infirmis sumptibus prioratus.

Item quod gressus ascendentes in aulam reformentur citra festum Nativitatis proximum.

Item quod provideat de fustibus ad defensionem prioratus.

Et hiis peractis dominus dissolvit visitationem suam ibidem.

MONASTERIUM SANCTI BENEDICTI DE HULMO.

(fol. 62 b.) Quarto-decimo die mensis Junii anno Domini millesimo quingentesimo tricesimo secundo coram reverendo in Christo patre RICARDO DEI GRATIA NORWICENSI EPISCOPO et suæ consecrationis anno xxxii.

Reverendus in Christo pater et dominus DOMINUS RICARDUS DEI GRATIA NORWICENSIS EPISCOPUS in visitatione sua ordinaria ad monasterium Sancti Benedicti de Hulmo personaliter accedens et processionaliter more consueto, honorifice receptus data benedictione, statim progressus est ad domum capitularem dicti monasterii ubi congregatis abbate et conventu, aliisque nonnullis præsentibus, DOMINUS RICARDUS BARKEWEY sacræ theologiæ baccalaureus commonachus dicti monasterii, accepta benedictione ab eodem reverendo patre verbum Dei publice sermone latino proposuit sub hoc themate. [ ] Quo finito exclusis sæcularibus et aliis interesse non habentibus venerabilis ac religiosus in Christo pater MAGISTER WILLELMUS REPPIS sacræ theologiæ professor, abbas dicti monasterii, mandatum dicti reverendi patris pro visitatione sua subeunda, una cum certificatorio ejusdem, eidem reverendo patri humiliter et cum ea qua decuit reverentia præsentavit et exhibuit. Quo certificatorio de mandato dicti reverendi patris perlecto præconisatisque nominatim singulis commonachis et confratribus dicti monasterii et coram dicto reverendo patre convocatis, idem reverendus pater causam accessus sui ad hujusmodi monasterium, videlicet visitationis suæ ordinariæ exercendæ gratia, præfatis abbati et conventui declaravit (fol. 63.) et publice intimavit. Eosdemque omnes et singulos juxta tenorem &c. districte monuit ne quid celarent quod noverint reformatione dignum et subsequenter idem reverendus pater, organa voce Magistri Milonis Spencer utriusque juris doctoris, quamdam schedulam in scriptis conceptam publice legit. Et deinde abbatem et confratres per ordinem examinavit prout sequitur.

Magister Willelmus Reppis sacræ theologiæ professor abbas dicti monasterii, inquisitus de statu ipsius monasterii necnon de singulis articulis inquiri consuetis exhibuit statum monasterii per The monastery quem liquebat monasterium indebitatum esse in * * * * et in debt. quantum ad religionem et ejus observantiam dicit quod omnia debite fiunt juxta facultates tam in spiritualibus quam in temporalibus.

Dominus Willelmus Hornynge camerarius dicit quod monasterium oneratur ære alieno prout in compoto domus plenius patet. [2]

Item dicit quod Domini Ricardus Norwyche et Ricardus Berkewaye utuntur lineis camesiis et iidem Ricardus Norwyche et Ricardus Berkewaye utuntur calceis et non ocreis extra monasterium. Præterea dicit quod manerium de Askeby patitur ruinam. The march of luxury.

Dominus Robertus Sall refectuarius inquisitus dicit quod (fol. 63 b.) [3] quidam Tryp, quondam frater nunc capellanus sæcularis, versatur A faithless in domo comedit dormit et bibit in monasterio quotidie. Præterea brother. dicit quod præcentor utitur camesia linea.

Dominus Willelmus Beccles magister cellerarum inquisitus [4] dicit quod superfluus numerus canum per quos elemosina distribuenda Too many dogs. pauperibus divoretur.

Item dicit quod Dominus Ricardus Norwych, *owte-ryder*, est negligens in reparando maneria dicti monasterii.

Item dicit quod prior habet alia officia præter officium prioris, et voluit quod prior non haberet plura officia nisi officium prioris.

Dominus Thomas Scottowe prior inquisitus dicit quod officiarii [5]

The prior excuses his irregular dress.

singuli solebant offerre compotum priori et per priorem domino abbati et per abbatem et seniores examinari, et per eos neglectum fuit anno præterito. Dicit quod ipse utitur caligis et calceis de licentia abbatis ex eo quod aliquo morbo in tibiis laborabat.

Item dicit quod multitudo canum in domo divoret æscas quæ solent distribui inter pauperes.

General laxity in the discipline.

[6] ROGERUS RAWWORTHE sacrista dicit quod negligentia prioris juniores monachi non observant silentium et alias ceremonias et vagantur extra septa monasterii. Et prior non surgit ad matutinas et non accedit ad alia divina officia. Et in die Sanctorum Innocentium non cantabatur alta missa, culpa et negligentia prioris. Et quod cubant pueri in dormitorio cum monachis. Et quod sunt quidam juniores monachi qui nihil intelligunt grammaticæ videlicet (fol. 64.) DOMINUS WILLELMUS MYCHELL et DOMINUS JOHANNES HARRYDANCE, DOMINUS ROBERTUS CAMBRYDGE et DOMINUS JOHANNES DYLHAM et DOMINUS THOMAS HONYNG. Ac præcentor videlicet DOMINUS THOMAS AUSE non venit [ad] matutinas in nocte nec missam celebret semel in hebdomada.

The third prior wholly given over to hunting.

Item DOMINUS THOMAS STENHAM iii prior non venit ad matutinas in nocte sed vadet venatum incontinenter vel immediate, tam in æstate quam in hieme, post matutinas. Et quod sit nimis numerus canum in domo qui devorent cibaria danda pauperibus. Et quod prior utitur camesia linea et calceis et non ocreis. Et etiam RICARDUS NORWYCHE cellerarius abbatis ac RICARDUS BARKEWAYE baccalaureus utuntur tam camesiis quam calceis. Et cellerarius abbatis non reddet compotum coram senioribus semel in anno prout moris est.

Item quod victualia non tribuuntur monachis prout consueverunt.

[7] DOMINUS NICHOLAUS NORWYCHE supprior ac firmarius, inquisitus dicit quod prior habet duo officia et idem non venit ad matutinas. Et dicit quod DOMINUS THOMAS AUSE, RICARDUS BARKEWAY, DOMINUS ROBERTUS STRADFORD et DOMINUS RICARDUS NORWYCHE utuntur camesiis lineis, et RICARDUS caligis. Et quod multitudo

canum multum obest et deturpat domum. Et quod compotus abbatis non redditur semel in anno.

DOMINUS ROBERTUS STRATFORD subcentor, dicit quod DOMINUS RICARDUS MULTON est rixosus in confratres præcipue tempore prandii et cœnæ. (fol. 64 b.) [8]

Item dicit quod DOMINI WILLELMUS MYCHELLES, RICARDUS HARRYDANCE et DOMINUS ROBERTUS CAMBRYGE ac JOHANNES DYLHAM monachi vix possunt legere vel cantare. Some monks grossly ignorant.

Item quod præcentor abfuit a matutinis a tempore Paschatis ult°.

Item quod male providetur pro infirmis.

Item redditus officiariorum non redditur ut solebat.

Item quod RICARDUS MULTON sacrista subtrahit stipendia a commonachis videlicet xii d. pro exsequiis cujusdam Newton.

Item DOMINUS THOMAS STONHAM tertius prior est communis venator, et alitur excessivus numerus canum, et perraro accedit ad matutinas videlicet per decem vel viii dies. Et seniores obligant juniores singulis diebus celebrare missam.

DOMINUS RICARDUS BERKEWAYE dicit quod DOMINUS RICARDUS MULTON sacrista est communis diffamator commonachorum tempore prandii et coenæ. [9] Great irregularity in the house.

Item idem MULTON subtrahit salarium commonachorum.

Item erat quædam domus in Norwico vendita per commonachos et ipse recepit totas pecunias sed an distribuerit in usum monasterii vel non dubitat.

Item DOMINUS NICHOLAUS NORWYCHE pietantiarius subtraxit salarium monachorum quia ipse solvebat commonachis viii d. ubi alii solvebant xii d. vel xx d.

Item seniores non veniunt absque aliquo impedimento ad matutinas. Et cæremonias regulæ non observant videlicet ad pulsum campanæ ad primam in claustro.

Item male providetur pro infirmis fratribus quod quidam THOMAS GALFRIDUS erat mortuus sine custodibus.

Item DOMINUS THOMAS Stonham solet exire solus ad venatum mane in aurora. Et sunt aliqui qui cælebrant extra monasterium et non cubant in monasterio. Et præcentor non dormit in dormitorio sed in domo matris suæ.

(fol. 65.) *Item* locus ubi solent commonachi purgare vel caccare non debite observatur vel purgatur culpa et negligentia DOMINI RICARDI MULTON sacristæ.

Item iste DOMINUS BERKEWAY utitur linea camisia de licentia DOMINI JOHANNIS SALCOTE quondam abbatis istius monasterii.

[10] DOMINUS JOHANNES HARRYDANCE dicit quod RICARDUS BERKEWAY et DOMINUS RICARDUS NORWYCHE utuntur camisiis lineis. Et sacrista non solvit stipendia. Et juniores subeant omnia onera ministrandi divina et seniores absentant se a choro.

[11] DOMINUS RICARDUS NORWYCHE *owte-ryder*, dicit quod omnia bene.

[12] DOMINUS THOMAS HAUSE præcentor, dicit quod vestimenta et ornamenta pertinentia ad officium sacristæ sunt detrita et male sarcita, culpa et negligentia sacristæ.

Item superfluus numerus canum est in domo.

[13] DOMINUS ROBERTUS CAMBRYGE subsacrista, dicit quod vestimenta et ornamenta indigent resarcione. Et sacrista est nimis tardus in solutione stipendiorum monachis. Et dicit quod commune sigillum est clausum in duabus cistis una magna et altera parva intus, magna cista habet duas claves et parva cista habet vii claves. Et conductus aquæ claustri jam in præsenti non currit in claustrum. Et cloaca communis non debite observatur, culpa sacristæ.

The sacrist much at fault.

The conduit into the cloister does not work.

DOMINUS ex certis causis eum moventibus prorogavit visitationem suam ibidem usque festum Annuntiationis Beatæ Mariæ Virginis proxime futurae.

[Enquiry resumed. No date given.]

DOMINUS JOHANNES LAMMES petit licentiam se absentandi gratia sanitatis qui jam infirmus est. (fol. 65 b.) [14]

Item non debite supervidetur infirmis jacentibus in infirmaria.

Item illi qui habent potestatem audiendi confessionem similiter habent potestatem corrigendi in capitulo.

Item supprior renuit audire confessionem istius deponentis humiliter implorantis ut audiret confessionem priore tunc temporis absente etc.

Item DOMINUS THOMAS STONHAM iii prior solet exire solus mane in aurora videlicet circiter iii vel iv hora venatum.

Item DOMINUS NICHOLAUS NORWYCHE cum præfuit officio pietantiarii solet dare monachis uno termino vi d. et viii d. alio termino. Et iste jam fungens eodem officio dat uno termino commonachis xvi d. et alio termino ii s.

Irregularity in paying the monks their pocket-money

DOMINUS JOHANNES DYLHAM quoad venationem et infirmorum custodiam concordat cum DOMINO JOHANNE LAMMES. Et quod missæ quas observare tenentur minime celebrantur. Et hoc prætextu quod seniores conducunt juniores eorum locis celebrare qui sic conducti tenentur pro seipsis eodem die celebrare. Et quando celebrant non habent vinum congruum sed acetum. Et vestimenta patiuntur defectum culpa sacristæ. Prior non venit ad matutinas ratione alieni negotii. Et tertius prior non venit ad matutinas sed ad venatum exiit.

[15] General disorder and negligence.

DOMINUS WILLELMUS MYCHELL dicit quod non debite ministratur infirmis quia dum ipse infirmus est non habet aliquid de infirmaria. (fol. 66.) [16]

DOMINUS continuavit hanc suam visitionem ordinariam usque primum diem mensis Martii proxime futuri.

Summa totalis debitorum monasterii Sancti Benedicti de Hulmo tempore visitationis 1532. } ccccccc ti. xii s. v d. ob. quart.

[Three quarters of a page blank.]

Prioratus Sancti Olavi.

(fol. 66 b.) Inquisitio facta per reverendum in Christo patrem Ricardum Dei gratia Norwicensem Episcopum die Martis xviii videlicet die mensis Junii 1532.

Names of the prior and five priests.

Willelmus Dale prior prioratus prædicti
Johannes Make supprior
Johannes Pygotte
Henricus Westacre
Johannes Castelacre
Johannes Dale alias Massyngham
} Confratres et sacerdotes professi.

Johannes Make supprior inquisitus dicit quod omnia bene.
Johannes Pygotte dicit quod omnia bene.
Henricus Westacre dicit quod omnia bene.
Johannes Castelacre concordat cum præcontestibus suis.
Et quia nihil est compertum reformatione dignum igitur dominus dissolvit visitationem suam.

Prioratus de Bliburghe. xix Junii, 1532.

(fol. 67.) Dominus Johannes Rightonne prior ibidem dicit quod domus oneratur ære alieno in xxx ti. videlicet Domino Episcopo x ti. et aliis in xx ti.

Et quoad religionem dicit quod pro numero omnia debite observantur.

[2] DOMINUS JOHANNES BAKER inquisitus et examinatus nihil se dicit scire reformatione dignum.

[3] DOMINUS EDMUNDUS CROWE canonicus examinatus et inquisitus concordat.

[4] DOMINUS ROBERTUS HOYE canonicus inquisitus ut supra concordat.

Et examinatione finita DOMINUS dissolvit visitationem suam ibidem.

BUTLEY PRIORY. XXI JUNII, 1532.

(fol. 67 b.) Proposito verbo Dei in domo capitulari per religiosum in Christo patrem ELIGIUM FERRERS sacræ theologiæ baccalaureum Abbatem monasterii de Wymondham sub hoc themate, *Exite de medio Babilonis vos qui fertis.* * * * * Et deinde exhibito et perlecto certificatorio, exclusisque laicis et aliis interesse non habentibus, comparentibus priore et canonicis dominus examinavit eos ut sequitur.

[1] DOMINUS WILLELMUS WODBRIGE supprior inquisitus et examinatus de statu domus et essentialibus religionis dicit quod domus non oneratur ære alieno quantum ipse novit. Et quo ad essentialia religionis et ceteras observantias dicit quod omnia debite fiunt et ministrantur per priorem qui est politicus et circumspectus ut dicit.

[2] (fol. 68.) No scholars at the university. DOMINUS JOHANNES BAWDRESEY præcentor et sacrista inquisitus et examinatus super singulis articulis concernentibus religionem et ipsius observantiam. Dicit quod prior recipit omnia pertinentia ad singula officia infra prioratum. Dicit quod non exhibetur scholaris in universitate.

[3] No doctor or surgeon provided for.

DOMINUS JOHANNES NORWICHE tertius prior, examinatus et inquisitus ut supra dicit quod ministratur infirmis sicut sanis et confratres non habent medicum vel cirurgicum nisi conductum sumptibus infirmorum.

Libri in choro non reficiuntur.

The prior holds all the offices.

Prior habet omnia officia in manibus suis videlicet recepta omnia pertinentia ad officia.

Confratres transeunt pedestres pro ordinibus recipiendis in scandalum domus.

Other complaints.

Parcius ministratur et providetur de piscibus salsis quam solebat.

Prior non reddit compotum annuatim juxta injunctiones domini.

The presbytery out of repair.

Presbyterium ecclesiæ patitur ruinam in tectura videlicet in plumbo et etiam in utroque porticu.

[4] DOMINUS JACOBUS DENYNGTON refectuarius dicit quod vinum cum quo conficiunt confratres est acre culpa providentis.

The clerk of the church negligent.

Dicit quod clericus ecclesiæ est impeditus aliis negotiis sic quod non potest perficere et exercere officii sui debitum.

(fol. 68 b.) Other complaints.

Domus refectuarii est nimis frigida tempore præsertim hiemali cujus prætextu fratres incidunt podagram et alias gelidas infirmitates.

Parce ministratur confratribus in refectuario tam in carnibus quam in piscibus.

Item tempore XL[li] panis nimium grossus et potus tenuis ministrantur confratribus.

Certain pewter mugs taken away by the Subprior.

Item quod certa vasa stagnea erant legata ad usum canonicorum ægrotantium per DOMINUM WILLELMUM PAKERNAN quæ subtrahuntur per suppriorem.

Item quod non reddebatur compotus status domus per tempus XXX annorum.

Item quod juniores fratres quando itinerant ad sacros ordines recipiendos solent exire pedites et non equitare.

[5] THOMAS REVERS dicit quod non habent præceptorem ad canonicos instruendos.

A serving-man eats up

Item non congrue deserviuntur canonicis in refectorio in tantum quod quidam puer afferens olera et absorbens ea nescitur quo laborat morbo. the vegetables and suffers for it.

Item non aliter providetur pro infirmis quam pro sanis confratribus.

[6] DOMINUS NICHOLAUS OXBURGH cellerarius inquisitus et examinatus dicit quod DOMPNUS THOMAS WODBRIGE accessit ad Norwicum et recepit ibidem sacramentum presbyteratus ordinis sine licentia et notitia prioris et fabricavit litteras nomine prioris. A monk ordained priest by fraud.

Tectura domus capitularis est deformis videlicet in *le seling*. The chapter house out of repair.

(fol. 69.) [7] DOMINUS ROBERTUS CHIPENHAM, ætatis xlvi annorum, dicit quod sacrista est præcentor et per exercitium unius officii derogatur alteri nec sufficit ad utrumque officium debite peragendum.

[8] DOMINUS THOMAS SUDBOURNE, prior dicti prioratus, produxit et exhibuit compotum et statum domus pro anno finito ad festum Sancti Michaelis Archangeli ultimo præterito ante datam præsentium per quem compotum liquebat dictum priorem recessisse a compoto in superplusagio xlix. li ii s. ix d. Et super aliis articulis examinatus dicit quod omnia debite observantur. The priors accounts are faulty.

[9] DOMINUS THOMAS GIPSWICHE in ordine presbiteratus constitutus, fatur quod ille scripsit litteras pro DOMINO THOMA WODBRIGE ad ordines recipiendos videlicet presbyteratus in septimana Penthecostes ultima.

Cibaria minus salubria ministrantur aliquando in refectuario quia comederunt carnes bovinas infectas et insanas. The food bad.

Confratres invicem murmurant et sæpe fit inter eos detractio diffamatio et invidia et quasi nulla caritas inter eos. The tone of the house worse.

(fol. 69 b.) [10] DOMINUS REGINALDUS WESTERFELD inquisitus et examinatus dicit quod nimis parce ministratur tam in refectuario quam in infirmaria maxime infirmis, quibus tempore infirmitatis male providetur tam in cibariis quam in lectis.

Item immunde servitur canonicis in refectuario.

Memorandum. [Fiat injunctio pro loco congruo pro infirmis et pro custode et aliis necessariis.]

Petit iste dispensationem a matutinas quia tali laborat infirmitate quod sine periculo non potest accedere ad matutinas.

Memorandum. [Injungatur quod de uno potu serviatur tam priori quam confratribus quia serviens prioris melius servitur quam confratribus.]

The servants insolent. Servientes prioris contempnunt confratres ac vilipendunt.

[11] Churches served by the canons. DOMINUS THOMAS WODBRIGE presbyter et subsacrista, dicit servitur Boyton, Butley, Warmesden, Chesilford, Categrave et Capella [ ] per canonicos istius prioratus, sed deservitur Categrave per fratrem Augistiniensem de Orford.

[12] The sacrist much to blame. DOMINUS JOHANNES DEBENHAM magister noviciorum dicit quod cellerarius non surgit ad matutinas et ejus culpa male servitur confratribus in æsculent[ibus] quia pro majori parte absens est a coquina.

Conqueritur de potu tenui quia eis ministratur sicut agricolis et prior et servientes sui bibunt de meliori potu.

(fol. 70.)

[13] DOMINUS ROBERTUS WALTON subdiaconus dicit quod omnia laudabiliter fiunt.

[14] HENRICUS DENYNGTON accolitus professus, dicit quod novicii non habent stipendium.

[15] THOMAS HASKETON accolitus professus concordat cum præexaminato. Et dicit quod novicii non habent sufficientem apparatum.

[16] HENRICUS WIKEHAM accolitus professus dicit quod non habent vestes necessarias.

Reformanda.

Quod provideatur de magistro qui instruat novitios et pueros in cantu videlicet *Priksong* et grammatica.

Quod exhibeatur unus canonicus de Gremio in universitate.

Quod compotus annuus reddatur in capitulo coram iii vel iiii senioribus confratribus de singulis receptis et expositis.

Quod sufficienter et salubriter provideatur sumptibus prioratus tam de cibariis et potu pro infirmis confratribus quam de medico cirurgico et custode et assignetur locus pro infirmis idoneus.

Quod solvat prior singulis noviciis viginti solidos pro apparatu juxta morem antiquum vel saltem sufficienter provideat de singulis necessariis.

Quod provideatur de equis et unico servo pro confratribus quando (fol. 70 b.) recipiunt sacros ordines sumptibus prioratus.

Quod presbiterium reparetur et reficiatur in tectura quam cito commode poterit.

Quod unus confrater fit sacrista et alius præcentor.

Quod de eodem potu serviatur et ministretur tam priori quam confratribus.

Quod monitio fiat servientibus prioris ne vilipendant confratres.

Quod domus capitularis reficiatur in muris et tectura videlicet *le seling*.

Quod domus refectorii cum mensulis sub pedibus et a tergo confratrum fiat ad frigus evitandum tempore hiemali.

Dominus continuavit visitationem suam usque festum Purificationis Beatæ Mariæ.

[Quarter of a page blank.]

PRIORATUS MONIALIUM DE CAMPSEY. XX QUINTO JUNII 1532 ET REGNI REGIS HENRICI VIII XXIIII.

(fol. 71.) Proposito verbo Dei per MAGISTRUM ELIGIUM FERROURS abbatem de Wymondham, sacræ theologiæ bachallaureum sub hoc themate, *Egredimini filiæ Sion.*

Exhibito certificatorio et perlecto præconisatis omnibus monialibus et comparentibus exclusis laicis et secularibus, præfatus reverendus pater monitionem fecit juxta tenorem &c. Et deinde examinavit priorissam et moniales ut sequitur.

[1] DOMINA ELA BUTTRY priorissa dicit quod moniales habent frequenter colloquium privatim cum laicis.

[2] The prioress too parsimonious. DOMINA KATERINA SYMON suppriorissa dicit quod priorissa non permittit suos servos exire pro negotiis necessariis monialium sed conducunt extraneos suis sumptibus. Et ulterius dicit quod hospites generosæ accedentes ad prioratum conqueruntur de nimia parcitate priorissæ.

[3] DOMINA BARBARA JERNEGAN dicit quod omnia bene et laudabiliter fiunt.

(fol. 71 b.) [4] The prioress too strict. DOMINA ALICIA COOKE dicit quod priorissa est austera sororibus nec magis favet senioribus quam junioribus et parce ministratur sororibus in ferculis quotidianis.

[5] DOMINA MARGARETA HARMAN sacrista dicit quod ministrantur aliquando monialibus cibaria minus salubria et cetera omnia reformantur.

[6] DOMINA ISABELLA NORWICHE dicit quod non providetur honeste amicis monialium accedentibus ad prioratum.

Item dicit quod moniales infirmæ tempore infirmitates suæ subeunt onus sumptuum necessariorum et non providetur sumptibus domus.

[7] The cook a bad one, and unpunctual. DOMINA MARGARETA BACON ætatis xlviii annorum dicit quod cæna tarde providetur pro monialibus culpa coci quia solebant

cænare circiter vi et aliquando nunc negligentia coci est octava ante cænam finitam. Et præterea dicit quod carnes ovinæ assatæ nimium sunt adustæ.

DOMINA ELISABETH WINGFELD cameraria, dicit quod sorores omnes uni confitentur et interdicitur eis ne colloquium habeant cum aliquo licet graduato et licet omnes congregentur. [8] The prioress very austere, and stingy.

Item dicit quod singulæ moniales haberent vi s. viii d. annuatim per manus priorissæ pro obitu DOMINI WILLELMI UFFORD quos nunc non percipiunt.

Priorissa debet officio camerarie v li. quas ipsa priorissa mutuata est ab eodem officio tempore prædecessoris istius. (fol. 72.)

DOMINA KATERINA LOGAN elemosinaria dicit quod omnia bene et laudabiliter observantur. [9]

DOMINA PETRONILLA FELTOUNE infirmaria et celleraria concordat. [10]

DOMINA KATERINA GROME præcentrix dicit quod carnes ovinæ et bovinæ aliquando ministrantur insanæ et insalubres quia infra mensem præteritum occiderunt bovem macilentum qui alioquin moriretur si non fuisset occisus. [11] The prioress very mean, and compelled the nuns to eat a sick bullock.

Item dicit quod priorissa est nimis parca tam in mensa propria quam in hiis quæ ministrantur sororibus.

DOMINA BRIGITTA COKET magistra noviciarum dicit quod parce et insalubriter providetur sororibus et parcius solito et insanius. [12]

DOMINA ANNA BARDEWELL refectuaria dicit quod omnia bene observantur. [13]

DOMINA ANNA WYNTER succentrix ætatis XL annorum concordat. (fol. 72 b.) [14]

DOMINA DOROTHEA BRAMPTON subsacrista ætatis xxxiiii annorum conqueritur de cibariis minus sanis. [15]

DOMINA CRISTINA ABELL subcameraria ætatis xxxvi annorum dicit quod omnia bene. [16]

DOMINA ANNA BUTLER ætatis xxx annorum dicit quod priorissa est nimis parca et conqueritur de cibis insanis. [17]

DOMINA KATERINA BLOMEFELD capellana priorissæ, dicit quod omnia bene et laudabiliter fiunt. [18]

[19] DOMINA MARGARETA CLERK ætatis xxviii annorum, dicit quod priorissa est parca in cibis et cetera bene.

COMPERTA.

(fol. 73.) Priorissa est nimis parca.

Parce et insalubriter providetur sororibus.

Cocus non est diligens in parandis cibis debitis horis præsertim in cæna.

Fiat injunctio quod satisfiat sororibus pro obitu DOMINI WILLELMI UFFORD juxta morem antiquum.

Injunctum est priorissæ quod sufficienter et salubriter provideatur monialibus de cibariis et cocus sit diligentior in officio suo.

Et hiis peractis DOMINUS dissolvit visitationem suam ordinariam data benedictione.

[Half page blank.]

WODBRIGE PRIORY. XXVI JUNII 1532.

(fol. 73 b.) The house in debt and very poor.

DOMINUS WILLELMUS LUCHAM supprior dicit quod prior est remissus et minus politicus.

Ostia prioratus non clauduntur tempore congruo.

Domus oneratur ære alieno in x li. ex confessione prioris.

Non habent frumentum neque brasium in stauro pro autumpno futuro.

The south porch of the church in decay.

[2] DOMINUS ROBERTUS GOODEALL dicit quod porticus australis ecclesiæ conventualis est ruinosus quia meremium est defectivum.

Dicit quod domus nimium oneratur cum pensione MAGISTRI COKE nuper ibidem.

DOMINUS THOMAS PENDERLEY curatus de Wodebrige dicit quod facultates non sufficiunt ad onera et reparationes prioratus. [3]

DOMINUS WILLELMUS POPE dicit quod prior nimium oneratur in fabricando molendino aquatico videlicet marino. [4]

DOMINUS WILLELMUS DONEBY dicit quod prioratus laborat penuria et egestate, et cetera bene, quia domus et molendinum sunt ruinosa. [5]

DOMINUS RICARDUS HOGHTOUNE concordat. [6]

DOMINUS monuit priorem quod adhibeat omnem diligentiam in resarciendis defectibus et ruinis prioratus. (fol. 74.)

Et sic dissolvit visitationem suam ibidem.

[Three-quarter page blank.]

PRIORATUS SANCTÆ TRINITATIS GIPWICI. XXVII JUNII 1532.

DOMINUS THOMAS WHYGHT prior inquisitus exhibuit compotum et statum domus per quem compotum liquebat dictum priorem in superplusagio xxvli. xvi s. viii d. ob. qu. (fol. 74 b.)

DOMINUS THOMAS EDGORE dicit inquisitus et examinatus de et super singulis articulis concernentibus religionem et ipsius observantiam quod prior non reddit compotum annuatim coram confratribus. [2]

Dicit quod cibus malus et potus novus ministratur confratribus et etiam grossus panis. The food bad.

DOMINUS JOHANNES ELYS sacrista conqueritur de immunditia coci et cibi non bene condiuntur sed male sapiunt cum ministrantur [3] The cooking bad.

et in mensa apponuntur et etiam conqueritur de potu et pane noviter pandoxatis et ministratis.

The cook dirty. [4] DOMINUS JOHANNES CARVER examinatus et inquisitus dicit quod cocus est immundus circa escas et cibaria.

(fol. 75.) [5] DOMINUS BEVISIUS WRIGHT presbyter dicit quod omnia debite fiunt et observantur.

[6] DOMINUS ROBERTUS TURNOUR diaconus concordat.

REFORMANDA.

Quod compotus annuus fiat et legatur coram duobus senioribus confratribus de statu domus.

Quod provideatur de novo coco propter immunditiam coci moderni.

Item quod cibaria et potus salubriora et mundiora de cetero ministrentur fratribus.

Quibus peractis DOMINUS dissolvit visitationem suam ibidem.

[Quarter page blank.]

PRIORATUS DE EIA. SECUNDO DIE MENSIS JULII DE ANNO DOMINI MILLESIMO QUINGENTESIMO XXXII.

(fol. 75 b.) Exhibito mandato cum certificatorio continente nomina omnium et singulorum commonachorum dicti prioratus post verbum Dei propositum sub hoc themate, *Non sunt condigna passiones hujus temporis ad futuram gloriam quæ revelabitur in nobis*, DOMINUS examinavit priorem et commonachos omnes et singulos singulatim ut sequitur.

Dompnus Willelmus Hadley prior exhibuit compotum pro [1]
anno terminato in festo Sancti Michaelis archangeli ultimo præterito perquem liquebat priorem recessisse in superplusagio xlixs. vd. ob. q^{a}.

Dicit quod commune sigillum sub unica cera servatur cujus clavem custodit supprior.

Dompnus Willelmus Norwiche supprior dicit quod ille solus [2]
habet custodiam clavis cistæ sive pixidis ubi sigillum commune servatur cista remanente in custodia prioris.

Dompnus Ricardus Yppeswiche infirmus examinatus dicit quod (fol. 76.) [3]
non habent ordinale perfectum cujus prætextu oritur litis quæstio inter confratres.

Dicit quod nonnulli extranei utriusque sexus faciunt communem viam per ecclesiam et claustrum et per hortos.

A thoroughfare through the church and close. Fuit injunctum in ultima visitatione pro reforma istorum.

Item sigillum commune sub unico clave servatur.

Item evidentiæ et munimenta remanet in custodia prioris.

Dompnus Christoferus Rikingale præcentor inquisitus dicit [4]
quod habent duo ordinalia, antiquum videlicet et novum, et utrumque est rasum in multis locis et repugnant.

Uncertainty as to the Ordinal.

Item dicit quod non celebrant festa Visitationis Beatæ Mariæ et Nominis Ihesu quia non habent libros ad hoc de hujusmodi servitiis.

Item sigillum commune non custoditur juxta injunctiones domini.

Jocalia et cetera pertinentia ad officium infirmariæ in manibus supprioris et infirmarii.

Dompnus Henricus Combys cellerarius inquisitus conqueritur de custodia communis sigilli male servati.

Item conqueritur de ordinali minus perfecto.

Utensilia infirmariæ remanent in manibus confratrum et non in (fol. 76 b.)
commodum et usum infirmorum Supprior cubat in uno lecto pertinente infirmariæ et infirmarius in altero.

Irregularities.

Dompnus Ricardus Snape sacrista conqueritur de custodia [6]
communis sigilli et de ordinali imperfecto.

Dompnus Thomas Hadley refectuarius concordat cum præ- [7]
examinato.

[8] DOMPNUS FRANCISCUS EYA diaconus dicit quod ordinalis imperfectio est occasio dissentionis aliquando inter confratres.

[9] DOMPNUS JOHANNES TOSTES, succentor concordat inquisitus. Et dicit quod cubilia et cetera utensilia pertinentia officio infirmariæ non custodiuntur in usum ad hoc deputatum sed subtrahuntur.

Item conqueritur de male custodia communis sigilli.

REFORMANDA.

(fol. 77.) [This page is blank.]

COLLEGIUM DE WYNGFELDE. IIII DIE MENSIS JULII 1532.

(fol. 77 b.) MAGISTER ROBERTUS BUDDE magister collegii.
DOMINUS NICHOLAUS THURLYNGE confrater.
DOMINUS WILLELMUS STORRES stipendarius.
DOMINUS ROBERTUS TOMPSON stipendarius.

[1] DOMINUS NICHOLAUS THURLYNG confrater dicit omnia bene.

[2] DOMINUS ROBERTUS TOMPSON stipendarius et senescallus collegii dicit omnia bene.

[3] DOMINUS JOHANNES ROBYNSON capellanus parochiæ de Sylham dicit quod duo deficiunt sacerdotes.

Et quia nihil compertum est ideo DOMINUS dissolvit visitationem suam ordinariam in pace.

PRIORATUS DE REDYLYNGFELDE [NUNNERY].

Quinto die mensis Julii 1532 coram DOMINO EPISCOPO et MAGISTRO MILONE SPENSER auditore et officiali principali.

DOMINA GRACIA SAMPSON priorissa dicit omnia bene. [1]

DOMINA JOHANNA SMYTHE suppriorissa dicit omnia bene. [2]

DOMINA JOHANNA DEANE præsentat omnia bene. [3]

DOMINA ISSABELLA ALEYN præcentrix dicit omnia bene. [4]

DOMINA ALICIA BEDYNGFELDE refectuaria dicit omnia bene. [5]

DOMINA ANNA DRURY capellana dominæ dicit omnia bene. (fol. 78.) [6]

DOMINA AGNES NICOLL infirmaria dicit omnia bene. [7]

DOMINA JOHANNA PETWELL subsacrista dicit omnia bene. [8]

MARGARETA POLEY succentrix. [9]

DOMINA JULIANA CORNEWAYLL. [10]

Et quia nihil compertum est reformatione dignum igitur dominus dissolvit visitationem suam.

COLLEGIUM DE SUDBURYE. SEPTIMO DIE MENSIS JULII, 1532.

DOMINUS THOMAS LEGATE subcustos collegii dicit quod debitus numerus confratrum est defectivus.

DOMINUS ROBERTUS CHYKERYNG confrater dicit quod compotus non redditur singulis annis. Et quod debent esse viii confratres et non sunt nisi tres. Et quid sit in ærario ignotum est confratribus. Et nullus confratrum præter unum intrat in domum ubi thesaurus reponitur. Etiam nullus confratrum legit vel audivit inventarium jocalium et ceterorum mobilium. The number of the brethren is short.

DOMPNUS WILLELMUS FYSSHER confrater dicit quod non sunt nisi tres confratres nec fuere per triennium elapsum. Et non (fol. 78 b.) [3] Only three brethren.

reddebatur compotus per idem tempus coram confratribus. Et aliquando in choro tempore divinorum ex una parte existant non nisi duo capellani. Et quod nulli existant choristæ. Et quod quidam juvenis ætatis xviii annorum est senescallus collegii.

A lad of 18 is seneschal.

The master of the college called to account.

In domo capitulari post meridiem diei Martis videlicet ix Julii DOMINUS assignavit MAGISTRO RICARDO EDEN, decano sive præposito ibidem, ad exhibendas facultates quibus . . . retinet plura beneficia unacum institutionibus et collationibus eorundem, in crastino Nicholai proximo in capella manerii de Hoxne, et ad audiendam ulterius voluntatem suam tam super perjurio quam super aliis articulis sibi tunc objiciendis.

Et juravit dictus præpositus ad Sancta Dei Evangelia quod facultates unacum institutionibus et collationibus remanent in domo sua Londini in loco secreto ad quem ipse solus potest accedere.

DOMINUS monuit præpositum quod removeatur et excludatur capellanus gallicus a collegio.

The number of the chaplains to be filled up.

DOMINUS monuit eum quod citra festum Michaelis præficiatur numerus completus confratrum in collegio juxta fundationem videlicet octo.

DOMINUS prorogavit visitationem suam ibidem usque festum Annuntiationis Beatæ Mariæ proxime futurum.

Præsentibus in præmissis MAGISTRO MILONE SPENCER me ALEXANDRO MATHER et THOMA RADCLIFFE.

(fol. 79.)

Dominus insuper monuit dictum MAGISTRUM RICARDUM EDON ad sufficienter reparandum beneficium suum de Waldringfeld magna, citra festum Nativitatis Domini proximum sub pœna juris.

[Three-quarter page blank.]

Collegium de Stoke. Decimo die mensis Julii, 1532.

Magister Thomas Whitehed prebendarius dicti collegii inquisitus dicit quod multæ dissensiones et incommoda eveniunt collegio quia statuta et ordinationes sunt imperfecta pro regimine collegii ac decani canonicorum vicariorum et aliorum ministrorum. Cujus prætextu ignoratur quomodo regerent se et officia sua. (fol. 79 b.) The statutes in dispute.

Magister Johannes Keyll præbendarius conqueritur quod habet primum stallum præbendariorum et corpus præbendæ suæ consistebat in oblectionibus quæ modernis diebus sunt admodum diminutæ quod non sufficit ad ejus congruam sustentationem igitur petit augmentationem, etc. [2] The offerings have fallen short

Et dicit quod omnia in collegio debite fiunt et observantur præter statuta quorum reformatio maximam conferret quietem collegio ac decano canonicis et omnibus ministris.

Item dicit quod custos vestiarii non cubat singulis noctibus in vestiaria juxta injunctiones prius factas. The keeper of the vestry does not sleep in the vestry.

Magister Thomas Horseley præbendarius dicit quod mulieres habent suspectum accessum ad cameras vicariorum sub colore corporalium deferendorum. [Query:—taking away the 'body linen'?] [3]

Et aliquando intercedunt verba opprobriosa inter vicarios et clericos conductos.

Panni circa altaria sunt immundi.

Interrogetur ceteri canonici prebendarii quid noverint de corpore præbendæ hujus inquisiti quia in decasu.

Magister Willelmus Newton præbendarius dicit quod parum novit de statu collegii quia absens continue. (fol. 80.) [4]

Magister Robertus Fabian præbendarius conqueritur de imperfectione statutorum et cetera omnia dicit laudabiliter observari. [5]

Magister Gilbertus Lathum præbendarius dicit quod ignoratur possessiones collegii quia non habent extentam neque terrariam. [6]

The book of statutes had been sent to London.

Dominus monuit MAGISTRUM THOMAM WHITEHED confitentem se dimisisse librum statutorum Londini quod inducat et restituat dictum librum collegio citra festum Michaelis archangeli proximum sub pœna excommunicationis tunc pro nunc.

Examinati tam decanus quam præbendarii, an MAGISTER WILLELMUS NEWTON, præbendarius dicti collegii, poterit vigore præbendæ suæ facere continuam residentiam in eodem collegio, deposuerunt omnes * * *

EXAMINATIO VICARIORUM.

(fol. 80 b.)
[7] DOMINUS GEORGIUS GELIBROND vicarius choralis dicti collegii dicit quod rector de Bradeley parva subtrahit pensionem annuam vi s. viii d. debitam vicariis. Et subtraxit per vii viii annos videlicet a tempore visitationis suæ in eadem.

[8] DOMINUS RICARDUS HEWER vicarius choralis dicit quod per totum hoc quinquennium elapsum MAGISTER THOMAS WHITEHED nihil solvit pro firma certarum terrarum pertinentium vicariis legatarum per quendam Toppesfeld pro obitu suo.

[9] DOMINUS WILLELMUS DIXON vicarius choralis dicit quod omnia laudabiliter fiunt et observantur.

[10] DOMINUS PETRUS GATELING teutonicus vicarius dicit et concordat cum præexaminato.

[11] DOMINUS WILLELMUS DICONS vicarius choralis dicit quod omnia bene observantur.

[12] MAGISTER THOMAS NORREYS vicarius choralis.

(fol. 81.) Reverendus in Christo pater et dominus DOMINUS RICARDUS Dei gratia NORWICENSIS EPISCOPUS in domo capitulare dicti collegii, præsentibus et convocatis decano et canonicis ejusdem, prorogavit visitationem suam ordinariam ibidem usque mediam xl^{mam} proximam et quemcunque diem citra si necesse fuerit.

Et ex certis causis eidem reverendo Patri per dictos decanum et canonicos expositis, præsertim tum propter decimam domino nostro regi hoc anno solutam tum propter tresdecim libras solvendas eidem domino nostro regi pro procurationibus ratione visitationis dicti collegii per nuper Cardinalem pro quibus xiii li. remanet billa obligatoria dicti collegii in custodia domini regis; denique propter diversa jocalia dicti collegii ad summam XL marcarum nuper per latrones extra vestiariam et ecclesiam furata et surrepta decrevit nullam divisionem fiendam hoc anno de residuo proventuum residentiæ. Sed quod tota divisio convertatur in usum prædictum et in commodum commune collegii reponenda si quid supersit in thesaurario dicti collegii.

Et præterea dominus injunxit ne mulieres de cetero accedant ad cameras vicariorum pro lotione vestium vel sub colore delationis corporalium sed ad communem locum, videlicet aulam, publice ibidem recepturæ vestes. (fol. 81 b.)

Et etiam ne mulieres inserviant in domibus canonicorum et præbendariorum maxime ne pernoctent ibidem.

Et quod absente aliquo canonicorum nullus extraneus larem foveat seu alat familiam in domo alicujus canonici absentis.

Item injunctum est ut prius, quod munimenta et aliæ evidentiæ collegii sub triplici cera, diversæ fabricæ, in loco ad hoc deputato fideliter et firmiter reponantur et custodiantur, quorum clavium unus remaneat penes decanum reliqui duo penes duos canonicos residentes.

Item injunctum est quod unus clericorum collegii pernoctet et dormiat in vestiaria singulis noctibus maxime tempore hiemali.

Item quod compotus annuatim fiat de statu domus citra festum Purificationis Beatæ Mariæ annuatim juxta statuta.

Memorandum conveniatur Rector de Buxall pro pensione xiiis. iiiid. annuatim debita collegio de Stoke.

IXWORTH PRIORY. QUINTO DECIMO JULII, 1532.

(fol. 82.) Exhibito certificatorio comparentibus omnibus in domo capitulari exposita causa adventus, præfatus reverendus pater eos examinavit ut sequitur.

[1] DOMINUS JOHANNES GERVES prior inquisitus dicit quod omnia prout suppetunt facultates debite fiunt tam in spiritualibus quam temporalibus.

[2] DOMINUS WILLELMUS REYNBERD, supprior
[3] DOMINUS RICARDUS ALDERICHE
[4] DOMINUS JOHANNES SCOLAR
} Concordant.

[5] DOMINUS ADAM PUNDER concordat cum canonicis supra examinatis.

[6] DOMINUS JOHANNES HORSELAYE capellanus parochiæ de Badwell præsentat omnia bene.

[7] DOMINUS ROBERTUS BERACLYFF elemosinarius dicit quod omnia bene observantur.

(fol. 82 b.)[8] DOMINUS WILLELMUS BLOME capellanus parochiæ de Walsham dicit quod omnia bene et laudabiliter observantur.

[9] DOMINUS WILLELMUS SYWARDE dicit quod omnia bene.

[10] DOMINUS THOMAS SOMERTON dicit quod omnia bene.

[11] DOMINUS SYMON FYSSHER magister noviciorum dicit quod ex consuetudine solebant habere sutorem infra monasterium et in præsenti non habent.

No tailor in the Monastery.

[12] REGINALDUS FACON novicius dicit quod
[13] DOMINUS JOHANNES HUNTE dicit quod
[14] EDWARDUS NUNNE novicius dicit quod
[15] RICARDUS FYLDE novicius
[16] WILLELMUS HURSTE novicius
} præsentant omnia bene.

Et quia nihil compertum est reformatione dignum ideo dominus dissolvit visitationem suam.

[Quarter page blank.]

DOMUS CANONICORUM THETFORD. XVI JULII, 1532.

DOMINUS JOHANNES THETFORD, prior } Presbyteri { Singulatim inquisiti et examinati dicunt quod omnia bene fiunt juxta facultates. [1] (fol. 83.)
DOMINUS WILLELMUS BRIGES [2]
DOMINUS ROBERTUS BARNEHAM [3]
DOMINUS THOMAS HEERD [4]

JOHANNES PARKYN } Novicii professi. [5]
WILLELMUS LEEDER [6]
ANDREAS FULLER [7]

DOMINUS injunxit priori quod instruantur juniores in gramatica. Et continuavit visitationem suam ibidem usque mediam XL^{mam}.

[Quarter page blank.]

PRIORATUS MONIALIUM THETFORD. XXI JULII, 1532.

DOMINA ELISABETH HOTHE priorissa. [1] (fol. 83 b.)
DOMINA URSULA GERVES suppriorissa. [2]
DOMINA MARGERIA LEGATE sacrista. [3]
DOMINA DOROTHEA SMYTH tertia priorissa et refectuaria. [4]
DOMINA EMMA GARDENER. [5]
DOMINA ELIANORA HANHAM. [6]
DOMINA ROSA REVE succentrix. [7]
DOMINA AGNES MASON præcentrix. [8]
DOMINA ALICIA WODGATE celleraria. [9]
DOMINA KATERINA ASTY. [10]

Johannes Bixley de Thetford bocher vendidit corodium suum in ista domo Thomæ Foster generoso qui alit nimiam familiam eo prætextu, videlicet vi personas, videlicet Foster, uxorem iii proles cum ancilla.

Bixley dicit quod nunquam vendidit corodium suum T. Foster et publice ibidem sursum reddidit indenturam.

Examinatæ et inquisitæ singulæ moniales de articulis concernentibus statum domus et religionis observantiam dicunt et deponunt se nihil scire reformatione dignum.

Johannes Jerves generosus habet filiam nutritam in prioratu et nihil solvit.

Silentium vix observatur in refectuario.

Dominus data benedictione dissolvit visitationem suam ibidem.

RUSSHWORTH COLLEGIUM. XVIII JULII, 1532.

(fol. 84.) MAGISTER GEORGIUS WYNDAM custos sive magister collegii ibidem absens.

[2] DOMINUS THOMAS BARNESDALE
[3] DOMINUS ROBERTUS LOK
[4] DOMINUS WILLELMUS FISSHER
[5] DOMINUS JOHANNES CROFTES
} socii.

[6] DOMINUS THOMAS HORNE conductus.

[7] THOMAS BECON artium baccalarius accolitus præceptor puerorum conductus.

[8] DOMINUS EDWARDUS HANSON socius admissus et prius non juratus, jam præstitit juramentum.

DOMINUS THOMAS BARNESDALE confrater dicti collegii inquisitus et examinatus dicit quod sigillum commune non servatur juxta fundationem, quia canunt statuta sigillum commune custodiendum sub triplici cerura et tribus clavibus diversæ fabricæ et deficiunt una cerura et una clavis. Dicit quod habent in thesauro lx in pecuniis numeratis.

Dicit inquisitus quod Domini Robertus Lok et Willelmus Fissher consocii sunt presbyteri Dominæ Annæ Scrope *callid my lady Annes prestes.*

Dompnus Johannes Croftes confrater (fol. 84b.)
Dompnus Willelmus Fissher socius

*   *   *   *   *   *

Injunctiones.

Quia ignotum est qui sint capellani Dominæ Scrope, injunctum est quod primi qui assignentur presbyteri in specie et nominatim celebraturi pro anima Dominæ Annæ Scrope juxta fundationem ejusdem, et quod hujusmodi presbyteri publice nominentur *my lady Annis prestes* dicturi exequias mortuorum quotidie juxta fundationem. Dominus Robertus Lok est unus eorum.

Item quod suppleatur numerus confratrum citra festum Omnium Sanctorum proximum.

Item quod citra dictum festum tam copia fundationis primæ per Edmundum Gonvile quam fundationis Dominæ Annæ Scrope fiat in libro ad hoc necessario et aperto, ad quem quilibet confrater potest omni tempore habere recursum, quam citius commode fieri poterit.

Item quod tertia provideatur cera cum clavi pro firma custodia communis sigilli.

Item quod fiat verum inventarium indentatum omnium bonorum (fol. 85.) et jocalium cujus copia reponatur in cista thesauri.

Item quod compotus annuus reddatur coram confratribus, tam de singulis receptis quam de expositis et remanentibus, saltem ante festum Nativitatis Domini.

Item quod provideatur de forti cera et robusta cum clavi pro inferiori ostio thesaurariæ per quod ostium jam omnibus patet ascensus in thesaurario.

Item reverendus pater ex certis causis ipsius animum in præmissis concernentibus continuavit visitationem suam usque mediam xl^{mæ} proximæ.

* * * * * * *

JOHANNES MASSY }
ROBERTUS BARET } Inquisitores dicunt quod omnia bene.

Solvunt xii^{d} pro denariis Sancti Petri.

IN PRIORATU DE HIKELING. XIII DIE MENSIS JUNII, 1532.

(fol. 86.)
A dispute as to the liability to repair the wall of the churchyard.

Reverendus in Christo pater et dominus DOMINUS RICARDUS Dei gratia NORWICENSIS EPISCOPUS visitationem suam ordinariam actualiter existentem, tam de voluntate et assensu prioris de Bromeholme proprietarii et rectoris ecclesiæ parochialis de Dilham Norwicensis diœcesis quam de consensu gardianorum sive oiconomorum et parochianorum ejusdem parochiæ de Dilham, litigantium super deformitate clausuræ cimiterii ibidem et reparatione ejusdem, judicialiter decrevit in præsentia Willelmi Paston militis et Edmundi Wyndam armigeri. Quod dictus prior de Bromeholme subiret onus reparationis refectionis sive constructionis clausuræ parte orientali dicti cimiterii. Reliquas tres partes, videlicit occidentalem australem et borialem, parochiani dictæ parochiæ de Dilham sumptibus suis subibunt reparabunt et sufficienter claudent.

[Quarter-page blank.]

Prioratus de Bokenham. Vicesimo tertio die mensis Julii, 1532.

Exhibito certificatorio, comparentibus omnibus in domo capitulari exposita causa adventus, præfatus reverendus pater examinavit eos ut sequitur. (fol. 86 b.)

Dominus Johannes Mylgate prior, inquisitus dicit quod omnia prout suppetunt facultates debite sunt tam in spiritualibus quam temporalibus. [1]

Dominus Thomas Browne supprior, dicit quod quidam juniores canonici exeunt claustrum post completorium contra regulam. [2]

Et Sharpyng canonicus utitur sotularibus cum cornibus. Pointed shoes again.

Dominus Thomas Benet dicit quod nihil scit reformatione dignum quia multum abfuit. [3]

Dominus Ricardus Wynter dicit quod omnia bene. [4]

Dominus Willelmus Hervy dicit omnia bene. [5]

Iste utitur calceis *lascivis* secundum morem laicorum.

Dominus Ricardus Crowder dicit omnia bene. [6]

Dominus Thomas Flyxton dicit quod post completorium non observatur silentium et exeunt de claustro. [7]

Dominus Ricardus Sharpyng dicit quod nihil scit reformatione dignum quia ipse est maxime reformandus scilicet in sotularibus dissolutis et aliis. (fol. 87.) [8] Shame hath covered my face.

Dominus Thomas Reve dicit quod nihil scit reformatione dignum. [9]

Edwardus Thedford } dicunt omnia bene. [11] Novicii.
Robertus London } [12]

Ricardus Godeman dicit quod Dominus Hervy canonicus deservit curæ de Stanforde et non est idoneus. [13]

Item Dominus Ricardus Sharpyng est nimis lascivus et pertinax.

Injunctiones.

Quod canonici statim post completorium divertant ad dormitorium et ostia australia clauderentur et ab eodem non recedant sine licentia prioris vel supprioris.

Quod nullus canonicorum utatur calceis lascivis sed secundum modum et formam antiquorum patrum eorundem.

(fol. 87 b.) *Item* quod nullus canonicorum deserviat curæ sæcularium presbyterorum sine licentia Domini Episcopi.

Et sic dominus dissolvit visitationem suam.

Wymondham Abbey. xxiii Julii, 1532.

Dompnus Johannes Richers ætatis lxxxviii annorum inquisitus et examinatus dicit quod omnia debite et laudabiliter fiunt et observantur juxta facultates.

[2] Dompnus Johannes Harliston.

[3] Dompnus Thomas Thaxsted cellerarius.

[4] Dompnus Ricardus Cambridge succentor.

[5] Dompnus Johannes Hengham præcentor.

[6] Dompnus Thomas Lynn supprior.

[7] Dompnus Robertus Colchestre tertius prior et sacrista.

[8] Dompnus Edwardus Saham presbyter.

[9] Dompnus Johannes Wymondham, non constitutus in sacris, ætatis xxii annorum.

Dompnus Eligius Ferrers abbas.

Omnes singillatim inquisiti et examinati concordant.

WESTACRE PRIORY. ULTIMO JULII, 1532.

MAGISTER WILLELMUS WINGFELDE prior dicti prioratus, exhibuit compotum domus per quem liquet cellerarium habere in stauro xlv li. (fol. 88.)

DOMINUS WILLELMUS STORTEWHAITE supprior dicit inquisitus quod nihil scit reformatione dignum. [2]

DOMINUS THOMAS PALMER dicit quod Antonius Calibut percipit annuitatem de isto prioratu excessivam videlicet iiii li. annuatim in præjudicium prioratus et nullum impendit servitium pro dicta annuitate. [3] An annuity paid to Ant: Calibut.

Item DOMINUS JOHANNES THORY subcellerarius prioris non est idoneus ad illud officium quia minus politicus et non debitus naturaliter hujusmodi officio. The sub-cellarer unfit for his office.

DOMINUS ROBERTUS PEPIR examinatus et inquisitus dicit quod elemosina consueta in pane parcius ministratur pauperibus quam solebat, culpa pincernæ. [4] The poor not fairly treated.

DOMINUS JOHANNES BARBOUR dicit quod omnia bene. [5]

DOMINUS RICARDUS HATELEY sacrista dicit quod nullum habent lumen coram sacramento prout solet. [6] (fol. 88 b.)

Dicit præterea quod Franciscus Calibut pincerna non ministrat confratribus panem et potum horis debitis et ab antiquo consuetis.

Item elemosinaria panis pro fundatore parcius ministratur pauperibus solito et panis est minoris ponderis quam solebat.

DOMINUS JOHANNES CLERK supervisor evidentiarum inquisitus dicit quod lampas non ardet coram sacramento ut solet. [7] Irregularities.

Evidentiæ pertinentes maneriis non reponuntur debitis locis et bagis ad hoc assignatis more antiquo.

Antonius Calibut recipit stipendium iiii li. per annum nullo impenso servitio.

DOMINUS THOMAS GILES dicit quod omnia debite fiunt et observantur. [8]

[9] DOMINUS RICARDUS HALL concordat.

[10] DOMINUS THOMAS CARDON dicit quod minuitur elemosina fundatoris quia contineret pondus duarum librarum et nunc vix continet unam libram.

The alms have grown less. (fol. 89.)

Item panes ministrati confratribus sunt admodum parvi quod cito arescunt.

[11] DOMINUS JOHANNES THORY coadjutor priori in officio cellerarii.

[12] DOMINUS RICARDUS PRANKE diaconus, dicit quod pincerna prioris est inobediens et male gerit se erga confratres.

[13] DOMINUS JOHANNES FORSET subdiaconus dicit quod omnia bene fiunt.

[14] DOMINUS WILLELMUS CALYSON diaconus conqueritur de Francisco Calibut pincerna qui habet prolem in villa de illicito coitu alimentatum sumptibus prioratus. Et ministrando officium suum confratribus male se gerit.

The butler is a rogue.

[15] EDWARDUS MEEK
[16] RICARDUS BAGNALD
[17] THOMAS GUYMER
[18] WILLELMUS SHELTRAM
[19] JOHANNES MAISTER
} Novicii non professi.

[20] DOMINUS THOMAS BRADMAN canonicus ecclesiæ regularis Christi Londinensis ad hunc locum cum litteris domini regis destinatus, fecit obedientiam suam priori in præsentia omnium confratrum. Et admissus est in confratrem.[a]

A new canon nominated by the King.

[Fol. 89 b is blank.]

---

[a] Christ Church Priory had recently been surrendered into the hands of the King, and its canons sent to other houses.—See Dugdale's *Monast.* (1830), vol. vi. p. 150.

BLACKBOROUGH NUNNERY. 1 AUGUST, 1532

Examinatio capta per venerabilem virum MAGISTRUM MILONEM (fol. 90.)
SPENCER, officialem principalem reverendi in Christo patris et domini DOMINI Ricardi permissione divina Norwicensis Episcopi, et ad effectum infrascriptum per dictum reverendum patrem legittime deputatum, infra domum capitularem Beatæ Mariæ de Blackebourne [Blackborough] primo die mensis Augusti 1532.

ELISABETH DAWNY priorissa, inquisita de statu domus dicit [1]
quod omnia bene juxta facultates domus.

MARGARETA GIGGES suppriorissa, dicit quod ecclesia est ruinosa [2]
et senio ferme confracta et hoc prætextu quod non possunt habere artifices ad noviter erigendum et construendum seu ad minus emendandum.

The house in great decay.

DOMINA AGNES GREY dicit quod omnia bene, et inquisita quis [3]
solet audire confessionem consororum, dicit quod quidam frater dominicus de Lenn Episcopi ordinis prædicatorum audivit.

A Dominican friar is confessor.

DOMINA MARGARETA COLMAN sacrista, inquisita de statu domus [4]
et conversatione consororum, dicit quod omnia recta et nihil quod novit reformatione dignum.

DOMINA MARGARETA HASILBY dicit omnia reformantur juxta [5]
vires facultatum domus.

DOMINA ELISABETH BULWERE concordat cum Margareta [6]
Hasilby præconteste sua.

DOMINA KATHERINA LOOGE dicit etc. [7]

DOROTHEA STURGES dicit quod nihil sit reformatione dignum. [8]

DOMINA ELISABETH CAWS dicit quod omnia recta quoad ejus [9]
notitiam.

JOHANNA PYNDRE } Quibus quidem (priorissa et consororibus) [10]
JOHANNA BATE } examinatis, DOMINUS dissolvit visitationem [11]
dicti reverendi patris, etc.

Prioratus de Penteney. Primo Augusti, 1532.

(fol. 91.) Dominus Robertus Codde prior dicit quod omnia debite observantur.

[1] Dominus Ricardus Stafford supprior inquisitus dicit quod nihil scit reformatione dignum.

[2] Dominus Ricardus Bowgynn moram faciens in cella de Wrongaye dicit quod prioratus de Wrongaye patitur decasum.

The tutor found fault with. [3] Dominus Ricardus Lynn dicit quod non habent preceptorem idoneum.

[4] Dominus Thomas Lytyll habitans in cella de Wrongaye dicit omnia bene.

[5] Dominus Ricardus Bowgyn cantarista
[6] Dominus Robertus Bylney
[7] Dominus Thomas Smythe
[8] Dominus Johannes Chandelour
[9] Dominus Stephanus Longe
} concordant dicunt omnia bene

[10] Dominus Johannes Shipdham dicit omnia bene.

[11] Dominus Gilbertus Leman
[12] Dominus Johannes Samage
[13] Dominus Ricardus Clerke
[14] Robertus Fakener
[15] Johannes Grene
} novicii professi præsentant omnia bene.

Valor prioratus de Cokkesforth.

(fol. 91 b.)

Manerium de Rudham xxx li redditus et firma cum membris.	
Manerium de Titleshale de claro . . .	. xx s.
Hillington	xxvi s. viii d.

Houghton	xl s.
Thorp Market	xl s.
Norwicus	xx s.
Terræ dominicales	xl li.

Ecclesiæ appropriatæ.

Thorp Market	xl s.
Bradfeld	xvi s.
Burneham Westgate	iii li. vi s. viii d.
West Rudham	vii li.
Barmer	iiii li.
Est Rudham	v li.

Cokkesforthe Priory.

Dominus Henricus Saltir prior dicit quod nullus remanet compotus possessionum domus et igitur ignorantur apud confratres, quia prædecessores sui nullum reddiderunt compotum.

De statu domus dicit quod non stetit prior per annum in fine anni promisit exhibere statum.

Dicit quod Dominus Robertus Porter suscitavit prolem cum qua domus oneratur et erat propter hoc correctus per Magistrum Rawlens prædecessorem suum.[a] Incontinence.

Dominus Willelmus Nevell supprior dicit quod omnia bene et laudabiliter fiunt juxta facultates. (fol. 92.) [2]

Dicit quod non habent infirmariam.

[a] It is significant that when the Inquisitors of Henry VIII. went down to Coxford four years after this they made no report of Porter's delinquency.

Dormitorium est ruinosum.

[3] DOMINUS JOHANNES GRAYE dicit quod juxta facultates omnia debite fiunt. Et quoad DOMINUM ROBERTUM PORTER concordat cum priore.

[4] DOMINUS ROBERTUS PORTER dicit quod omnia bene.

[5] JOHANNES WHITE }
[6] ROBERTUS KENT } Novicii inquisiti dicunt quod omnia bene.

REFORMANDA.

Non habent infirmariam.

Dormitorium est ruinosum.

Compotus annuus non redditur.

Injunctum est de consensu prioris et confratrum quod de cetero utantur domo et camera supprioris pro infirmaria.

Item quod reficiatur dormitorium quam cito commode poterit.

Item injunctum est quod reddatur compotus annuus de singulis receptis et solutis infra mensem post festum Michaelis.

Et hiis peractis DOMINUS commissarius dissolvit visitationem dicti reverendi patris, adversa valitudine determinante [*sic*].

WALSINGHAM PRIORATUS. IX AUGUSTI, 1532.

(fol 92 b.) [1] MAGISTER RICARDUS VOWELL prior exhibuit compotum cum inventario.

[2] DOMINUS EDMUNDUS WARHAM supprior dicit quod omnia bene.

[3] DOMINUS JOHANNES CLENCHEWARTON cellerarius concordat.

Dominus Willelmus Race inquisitus et examinatus dicit quod Dominus Simon Ovy et Dominus Johannes Harlow non surgunt ad matutinas et plerumque vix sunt iiii ex una parte. [4] Irregular attendance at matins.

Item parce ministratur confratribus in cibariis.

Dominus Nicholaus Mileham unus thesaurariorum dicit quod omnia bene et laudabiliter fiunt et observantur. [5]

Dominus Simon Ovy sacrista concordat. [6]

Dominus Robertus Sall concordat. [7]

Dominus Johannes Harlow elemosinarius et succentor concordat. [8]

Dominus Ricardus Garnet custos capellæ Beatæ Mariæ concordat. [9] (fol. 93.)

Dominus Robertus Wilsy coquinarius concordat. [10]

Dominus Johannes West [11]
Dominus Galfridus Fen [12]
Dominus Willelmus Pottkyn [13]
Dominus Johannes Barnesdale novicius [14]
} Canonici de Flitcham uniti prioratui de Walsingham.[a]

Dominus Johannes West examinatus dicit quod omnia bene observantur. [15]

Dominus Willelmus Castelacre dicit et concordat cum Domino Nicholao Mileham. [16]

Dominus Johannes Mathie capellanus prioris concordat. [17]

Dominus Johannes Austen subsacrista inquisitus et examinatus concordat. [18]

Dominus Thomas Pall magister noviciorum dicit inquisitus quod omnia bene observantur. [19]

Johannes Hadley [20]
Johannes Byrcham [21]
Thomas Holt [22]
Thomas Walsingham [23]
} Novicii professi.

Quibus examinatis dominus dissolvit visitationem suam ibidem.

---

[a] Flitcham was a cell of Walsingham.

Bestonne Prioratus.

Dominus Ricardus Hudson prior exhibuit compotum cum inventario.

[2] Dominus Nicholaus Woodforthe canonicus dicit quod omnia bene.

[3] Dominus Johannes Yorke concordat.

Et quia nihil est compertum reformatione dignum dominus dissolvit visitationem suam ibidem.

Prioratus Sanctæ Fidis. xvii Augusti.

(fol. 94.) Dompnus Launcelotus Wharton prior.

[2] Dompnus Walterus Thorneham supprior examinatus dicit quod omnia debite fiunt.

[3] Dompnus Johannes Atmer examinatus et inquisitus dicit quod omnia laudabiliter fiunt et observantur.

[4] Brother Wood a violent person. Dompnus Thomas Norwiche dicit quod Dompnus Edwardus Wode confrater domus percussit istum deponentem cum olla vocata *a croke* tribus septimanis abhinc in infirmaria et fregit caput ejus et alio tempore prius percussit eum.

[5] Dompnus Willelmus Cambrige dicit quod silentium non observatur in claustro.

[6] Irregularities. Dompnus Nicholaus Colteshale dicit quod Dompnus Johannes Atmer accedit ad divina officia ad placitum suum.

Item supprior vilipenditur a Domino Edwardo Wode qui vocat suppriorem *Churle* cum aliis verbis conviciosis nonnullis quotiens supprior vocat eum ad officia.

DOMPNUS EDWARDUS WODE concordat cum DOMINO JOHANNE ATMER. [7]

Et hiis peractis DOMINUS dissolvit visitationem suam ibidem data benedictione.

COLLEGIUM DE METINGHAM. XXI AUGUSTI, 1532.

MAGISTER RICARDUS SHELTON, artium magister, custos dicti collegii inquisitus et examinatus de statu collegii et de observatione statutorum dicit quod omnia debite fiunt et observantur. (fol. 94 b.) [1]

DOMINUS SIMON SISLEY confrater dicit quod omnia laudabiliter fiunt. [2]

DOMINUS ROBERTUS BAYLY consocius concordat. [3]

DOMINUS RICARDUS CHARNELL consocius et confrater senescallus collegii dicit quod omnia debite observantur. [4]

DOMINUS JOHANNES MOREFF socius examinatus et inquisitus concordat. [5]

DOMINUS RICARDUS WYBURGH concordat. [6]

DOMINUS WILLELMUS CLERKE concordat. [7]

DOMINUS EDWARDUS SHORD concordat et dicit quod carent uno socio de numero requisito. [8]

DOMINUS EDMUNDUS WODCOK socius concordat. [9]

DOMINUS JOHANNES PROCTOUR socius dicti collegii dicit quod nihil novit reformatione dignum. [10]

DOMINUS ROBERTUS FULLER conductus. [11]

DOMINUS data benedictione dissolvit visitationem suam ibidem et dispensavit pro uno anno pro xi socio deficiente propter onera eidem collegio plus solito incumbentia. The burdens upon the house.

BUNGAY PRIORATUS (NUNNERY). XXI AUGUSTI.

(fol. 95.) [1] DOMINA CECILIA FASTOLFFE priorissa inquisita et examinata de statu domus dicit quod non oneratur ære alieno.

[2] DOMINA MARIA LOVEDAYE suppriorissa dicit quod omnia bene et laudabiliter observantur.

[3] DOMINA ELISABETH BEAWFELDE concordat cum priore.

[4] DOMINA ANNA KYNGE dicit omnia bene.

[5] DOMINA ELIZABETH DUKE infirmaria omnia bene.

[6] DOMINA ELIZABETH NUTTELL præcentrix dicit omnia bene.

[7] DOMINA KATERINA HUBBERDE concordat.

[8] DOMINA ANNA NUNNE concordat.

Et examinatione facta venerabilis vir MAGISTER MILO SPENCER utriusque juris doctor vice et auctoritate dicti reverendi patris, aliis negotiis adtunc præpediti et absentis, visitationem ibidem dissolvit.

FLIXTON NUNNERY. XXII AUGUSTI, 1532.

(fol. 95 b.) Per MAGISTRUM MILONEM SPENCER utriusque juris doctorem dicti reverendi patris commissarium.

DOMINA ELIZABETHE WRIGHT priorissa dicit quod omnia tam in spiritualibus quam in temporalibus debite observantur juxta facultates.

[2] DOMINA MARGARETA OLTON suppriorissa concordat.

[3] DOMINA MARGARETA PUNDRE olim priorissa non est de gremio tamen dicit quod se nihil scire reformatione dignum.

[4] DOMINA ALICIA LAXFELD sacrista concordat inquisita cum DOMINA MARGARETA OLTON.

DOMINA AGNES ASSYE præcentrix concordat. [5]
DOMINA MARGARETA ROUSE infirmaria concordat. [6]
DOMINA MARGERIA DEDHAM concordat. [7]
DOMINA MARGERIA COCKES concordat. [8]

Et hiis peractis DOMINUS commissarius dissolvit visitationem dicti reverendi patris in eodem prioratu.

[At this point the MS. comes to an end.]

FINIS.

RELIGIOUS HOUSES VISITED.

INDEX NOMINUM.

[Names in Italics are those of persons not members of the Religious Houses. A. after the name stands for Abbot, P. for Prior or Prioress.]

WESTMINSTER:
PRINTED BY NICHOLS AND SONS,
25, PARLIAMENT STREET.

REPORT OF THE COUNCIL

OF

THE CAMDEN SOCIETY.

READ AT THE GENERAL MEETING

ON THE 2D MAY, 1888.

The Council of the Camden Society have to regret the loss, by death, of the following Members during the past year—

The Rev. Wm. Borlase.
Lord Clermont.
W. H. Bothamley, Esq.
John Ross Coulthart, Esq.
The Hon. H. F. Cowper.
The Rt. Hon. A. J. B. Beresford Hope, M.P.
Richard Hussey, Esq.
Geo. Peel, Esq.
Frederick John Reed, Esq.
The Very Rev. Dr. Scott, Dean of Rochester.
Jas. Whatman, Esq.

The following have been elected Members of the Society during the past year:—

The Earl of Crawford.
S. Chadwick, Esq.
Rev. Robert B. Gardiner.
Miss Mary Grimston.
Rev. William Hunt.
Principal Reichel, of University College, Bangor.
St. John's College, Oxford.

The Council have to announce, with great regret, the resignation, in consequence of ill-health, of the President of the Society, the Earl of Verulam. Only those who have been in the habit of co-operating with him constantly at the meetings of the Council can be fully aware of the loss which the Society has sustained by the retirement of one who was so constant in his good-will, and so ready in helping to forward all the objects of the Society.

Of the books for the present year, the volume containing Pococke's Travels is already in the hands of Members. It is hoped that the other, the Visitations of the Monasteries of the Diocese of Norwich, will be issued before the meeting. If this should not be possible, it will appear very shortly afterwards. The Members will probably agree with the Council in welcoming it as a contribution of no ordinary importance towards the elucidation of one of the dark places of history.

The volume will contain far above the average amount of matter, so that it is proposed to issue only two volumes in the coming year—

1. Documents illustrative of the Impeachment of the Duke of Buckingham in 1626. Edited by SAMUEL R. GARDINER, Esq., Director of the Society.

2. The Travels of Dr. Richard Pococke. Vol. II. Edited by J. J. CARTWRIGHT, Esq., Treasurer of the Society.

The first of these volumes is already in the press. It will contain a considerable number of documents which throw light on some of the points raised at the trial, and, being mainly of an official description, may be roughly described as the evidence on which the case for the accused rests.

The other volume throws light on the state of England in the eighteenth century.

By order of the Council,

SAMUEL RAWSON GARDINER, *Director*.
JAMES GAIRDNER, *Secretary*.

BALANCE SHEET 1887-88.

We, the Auditors appointed to audit the Accounts of the Camden Society, report to the Society, that the Treasurer has exhibited to us an Account of the Receipts and Expenditure from the 1st of April 1887 to the 31st of March 1888, and that we have examined the said accounts, with the vouchers relating thereto, and find the same to be correct and satisfactory.

And we further report that the following is an Abstract of the Receipts and Expenditure during the period we have mentioned:—

Receipts.	£	s.	d.
To Balance of last year's account...	126	3	1
Received on account of Members whose Subscriptions were in arrear at last Audit	9	0	0
The like on account of Subscriptions due on the 1st of May, 1887......	177	1	6
The like on account of Subscriptions due on the 1st of May, 1888......	16	1	0
One year's dividend on £466 3 1 3 per Cent. Consols, standing in the names of the Trustees of the Society, deducting Income Tax...	13	11	8
To Sale of Publications of past years..................................	6	6	0
	£348	3	3

Expenditure.	£	s.	d.
Paid for printing 500 Copies Pococke's Travels	40	2	6
Paid for Miscellaneous Printing	4	13	6
Paid for delivery and transmission of Books, with paper for wrappers, warehousing expenses, &c. (including Insurance)..	15	9	2
Paid for Binding..	15	4	9
Paid for Transcripts	34	3	4
Postages, &c.	2	6	9
Clerical Assistance	6	6	0
Nine Subscriptions returned	9	0	0
	£127	6	0
By Balance	220	17	3
	£348	3	3

April 26, 1888.

James Rae.

Wynne E. Baxter.

May 1888.

Camden  Society,

FOR THE PUBLICATION OF

Early Historical and Literary Remains.

The Members marked (c.) *have compounded for their Subscriptions.*

President.

THE RIGHT HON. THE EARL OF CRAWFORD, LL.D., F.R.S., &c.

(c.) Right Hon. Lord Acton, Aldenham Park, Bridgenorth, Salop.
G. H. Adshead, Esq. Fern Villas, 94, Bolton Road, Pendleton, Manchester.
William Aldam, Esq. Frickley Hall, Doncaster.
(c.) Right Hon. Earl Amherst, Montreal, Sevenoaks, Kent.
Lindsey M. Aspland, Esq. LL.D. 4, Elm Court, Temple.

Jonathan E. Backhouse, Esq. Darlington.
J. E. Baer, Esq. Frankfort.
(c.) John Eglington Bailey, Esq. F.S.A. Egerton Villa, Stretford, Manchester.
Franklin Bartlett, Esq. 161, Nassau Street, New York.
Wynne E. Baxter, Esq. F.R.G.S. 9, Laurence Pountney Hill, Cannon Street.

William Bethell, Esq. Rise, Hull

(c.) John Birkbeck, Esq. Anley House, Settle, Yorkshire.

William H. Bliss, Esq. 13, Via Gregoriana, Rome.

William Jerdone Braikenridge, Esq. 16, Royal Crescent, Bath.

Henry Thomas Brown, Esq. Roodeye House, Chester.

Rev. W. E. Buckley, Middleton Cheney Rectory, Banbury.

Professor Montagu Burrows, Oxford.

Frederick Caldwell, Esq. 4, Hanover Terrace, Regent's Park.

W. Henry Pole Carew, Esq. Anthony, Torpoint, Devonport.

Rev. Henry A. Cartwright, M.A. Whitestaunton Rectory, Chard, Somerset.

James J. Cartwright, Esq. M.A. F.S.A. (*Treasurer*), Public Record Office, London.

S. J. Chadwick, Esq. Knowle, Mirfield, Normanton.

(c.) E. B. Chancellor, Esq. The Retreat, Richmond.

(c.) William Chappell, Esq. F.S.A. 53, Upper Brook Street, Grosvenor Square.

(c.) Right Rev. the Lord Bishop of Chester, Dee Side, Chester.

Thomas Chorlton, Esq. 32, Brasenose Street, Manchester.

Right Hon. Lord Coleridge, 1, Sussex Gardens, Bayswater.

Robert Humphrey Cooke, Esq. F.R.C.S. 73, Church Street, Stoke Newington.

His Honour Judge Cooke, M.A. Q.C. 42, Wimpole Street, W.

(c.) Fred. Wm. Cosens, Esq. F.S.A. 7, Melbury Road, Kensington, W.

Right Hon. Earl Cowper, K.G. 8, Grosvenor Square.

W. H. Crawford, Esq. Lakelands, Cork.

(c.) George Cubitt, Esq. M.P. 123, St. George's Square, Pimlico.

Thomas M. Dalton, Esq. Iridge Place, Hurst Green, Sussex.

R. S. Longworth Dames, Esq. 21, Herbert Street, Dublin.

Francis Robert Davies, Esq. Hawthorn, Blackrock, Dublin.
Rev. J. Silvester Davies, M.A. F.S.A. St. James's Vicarage, Enfield Highway.
(c.) Right Hon. the Earl of Derby, K.G. 23, St. James's Square.
Miss J. A. L. De Vaynes, 6, West Cliff Mansions, Ramsgate.
His Grace the Duke of Devonshire, K.G. D.C.L. 78, Piccadilly.
Sir C. Wentworth Dilke, Bart. 76, Sloane Street.
C. E. Doble, Esq. 12, Park Crescent, Oxford.
James E. Doyle, Esq. 54, Clifton Gardens, Maida Vale.
(c.) Sir William R. Drake, F.S.A. 12, Prince's Gardens, S.W.

Rev. Joseph Woodfall Ebsworth, M.A. F.S.A. Molash Vicarage, Ashford, Kent.
John Evans, Esq. F.R.S. F.S.A. Nash Mills, Hemel Hempstead.
(c.) John Leman Ewen, Esq. Southwold, Wangford, Suffolk.
George Edward Eyre, Esq. M.A. F.S.A. 59, Lowndes Square.

(c.) Right Hon. Lord Viscount Falmouth, 2, St. James's Square.
(c.) Sir Walter R. Farquhar, Bart. 18, King Street, St. James's.
Chas. Harding Firth, Esq. M.A. 33, Norham Road, Oxford.
(c.) John Lewis Ffytche, Esq. Thorpe Hall, Louth.
(c.) Rev. William Fletcher, D.D. The Vicarage, Ulceby, Lincoln.
(c.) Thomas William Fletcher, Esq. F.R.S. F.S.A. Lawneswood House, Stourbridge.
Cyril Dudley Fortescue, Esq. Boconnoc, Lostwithiel, Cornwall.
Francis F. Fox, Esq. Yate House, Chipping Sodbury, co. Gloucester.
J. J. Freeman, Esq. 2, Poets' Corner, S.W
(c.) Frederick J. Furnivall, Esq. M.A. LL.D. 3, St. George's Square, Primrose Hill, N.W.

James Gairdner, Esq. (*Secretary*), Public Record Office, London.

Rev. Robert B. Gardiner, 3, Gliddon Road, West Kensington, W.

S. Rawson Gardiner, Esq. M.A. LL.D. (*Director*), South View, Widmore Road, Bromley, Kent.

Rev. Francis Aidan Gasquet, St. Gregory's College, Downside, Bath.

Henry H. Gibbs, Esq. 15, Bishopsgate Street, E C.

William Gilbert, Esq. The Close, Salisbury.

William Bulkeley Glasse, Esq. Q.C. 35, York Place, Portman Square.

(c.) Henry Gough, Esq. Sandcroft, Redhill, Surrey.

E. Leigh Grange, Esq. M.A. LL.M. Lansdowne House, Great Grimsby.

Benjamin Wyatt Greenfield, Esq. 4, Cranbury Terrace, Southampton.

Miss Mary Grimston, 6, Foulis Terrace, Onslow Gardens, S.W.

Edward Hailstone, Esq. F.S.A. Lond. & Scot., Walton Hall, Wakefield.

Professor John W. Hales, M.A. 1, Oppidan's Road, Primrose Hill, N.W.

William Douglas Hamilton, Esq. F.S.A. Public Record Office, London.

(c.) Joseph Alfred Hardcastle, Esq. 54, Queen's Gate Terrace, S.W.

H. H. Henson, Esq. All Souls College, Oxford.

Henry Gay Hewlett, Esq. 6, Whitehall, S.W.

(c.) Rev. Herbert Hill, M.A. The Master's Lodge, Lord Leycester's Hospital, Warwick.

Rev. William Hunt, 27, Glasbury Road, West Kensington, W.

(c) Rev. L. W. Jeffray, Wynlass Beck, Windermere.

Rev. Augustus Jessopp, D.D. Scarning Rectory, East Dereham, Norfolk.
James Jones, Esq. Stoneleigh Rosset, near Wrexham.
(c.) Joseph Jones, Esq. Abberley Hall, Stourport, Worcestershire.

William Kelly, Esq. F.S.A. Ivy Lodge, Alexandra Road, Leicester.

W. N. Lawson, Esq. 6, Stone Buildings, Lincoln's Inn, W.C.
F. de M. Leathes, Esq. 17, Tavistock Place, W.C.
(c.) F. Kyffin Lenthall, Esq. F.S.A. 122, Mount Street, Grosvenor Square.
D. Lewis, Esq. Arundel, Sussex.
Rev. Henry Richards Luard, D.D. 4, St. Peter's Terrace, Cambridge.

(c.) David Mackinlay, Esq. 6, Great Western Terrace, Hillhead, Glasgow.
D. J. Maclagan, Esq. 6, North St. David Street, Edinburgh.
Sir John Maclean, F.S.A. Glasbury House, Richmond Hill, Clifton, Bristol.
Alex. Macmillan, Esq. F.S.A. 29, Bedford Street, Covent Garden, W.C.
Robert Malcomson, Esq. Bennekerry Lodge, Carlow, Ireland.
W. T. Marriott, Esq. Sandal Grange, Wakefield.
Alfred Trice Martin, Esq. Clifton College, Clifton, Bristol.
W. J. Mercer, Esq. 12, Marine Terrace, Margate.
W. J. C. Moens, Esq. Tweed, near Lymington.

Professor Henry Morley, LL.D., University Hall, Gordon Square, W.C.
Stuart A. Moore, Esq. F.S.A. 6, King's Bench Walk, Inner Temple, E.C.
Jerom Murch, Esq. Cranwells, Bath.

(c.) George Whitlock Nicholl, Esq. The Ham, Cowbridge, Glamorganshire.
Robert Cradock Nichols, Esq. F.S.A. F.R.G.S. 5, Sussex Place, Hyde Park.
Francis Morgan Nichols, Esq. M.A. F.S.A. Lawford Hall, Manningtree, Essex.
(c.) Rev. William L. Nichols, M.A. Woodlands House, near Bridgwater.
Martinus Nihjoff, Esq. The Hague.
Most Honourable the Marquis of Northampton, K.G., Castle Ashby, Northampton.
Messrs. Nutt and Co. 270, Strand.

Richard Oliverson, Esq. 37, Gloucester Square, Hyde Park.
Rev. Sir Frederick A. Gore Ouseley, Bart. Mus. Doc. M.A. St. Michael's, Tenbury, Worcestershire.
(c.) Rev. John Owen, East Anstey Rectory, North Devon.

William Dunkeley Paine, Esq. Cockshot Hill, Reigate.
Rev. Feilding Palmer, M.A. Eastcliffe, Chepstow.
Messrs. James Parker and Co. Broad Street, Oxford.
(c.) Anthony Parkin, Esq. Sharrow Bay, Penrith.
R. J. H. Parkinson, Esq. Ravendale Hall, Grimsby.
(c.) James Orchard Halliwell Phillipps, Esq. F.R.S. F.S.A. Hollingbury Copse, near Brighton.

Rev. William Poole, M.A., Hentlands, near Ross.
Right Hon. the Earl of Powis, LL.D. 45, Berkeley Square.
(c.) Osmond de Beauvoir Priaulx, Esq. 8, Cavendish Square.
S. E. Bouverie Pusey, Esq. Farringdon, Berks.
Guy Pym, Esq, 35, Cranley Gardens, S.W.

James Rae, Esq. 32, Phillimore Gardens, Kensington.
Mrs. E. S. Reed, Hassness, Cockermouth.
Henry Reeve, Esq. C.B. F.S.A. 62, Rutland Gate.
Professor H. R. Reichel, University College, Bangor.
Walter Charles Renshaw, Esq. Q.C. 5, Stone Buildings, Lincoln's Inn.
(c.) Ralph Richardson, Esq. M.D. 10, Roland Gardens, South Kensington.
Robert Rigby, Esq., The Grove, Lawton, Stoke-upon-Trent.
The Most Hon. the Marquess of Ripon, K.G. D.C.L. F.R.S. 1, Carlton Gardens, S.W.
J. Anderson Rose, Esq. 11, Salisbury Street, Strand.
(c.) Right Hon. the Earl of Rosebery, Lansdowne House, Berkeley Square.
Henry Ross, Esq. Chestham Park, Henfield, Sussex.
Joseph Carne Ross, Esq. Shian Lodge, Penzance.

Thomas Bush Saunders, Esq. M.A. Priory, Bradford-on-Avon, Wilts.
S. R. Scargill-Bird, Esq. F.S.A. Public Record Office, London.
R. M. Short, Esq. Imperial Villa, Great Malvern.
F. S. Seebohm, Esq. Hitchin, Herts.
(c.) Edward Simpson, Esq. Walton, Wakefield.
Rev. W. P. Smith, 4, Christ's Church Road, Winchester.
(c.) Rev. William Sparrow Simpson, D.D. F.S.A. 9, Amen Court, E.C.

William Smythe, Esq. Methven Castle, Perth.
Samuel Spalding, Esq. 147, Drury Lane.
R. B. Stewart, Esq. 11, Crown Terrace, Dowanhill, Glasgow.
Robert Stoneham, Esq. 5, Philpot Lane.
John Sykes, Esq. M.D. Doncaster.
Messrs. Henry Stevens and Son, 115, St. Martin's Lane, W.C.

Percy M. Thornton, Esq. Battersea Rise, Clapham Junction.
Miss Adelaide Thrupp, Merrow House, near Guildford.
John Tolhurst, Esq. 60, Tooley Street, S.E. and Glenbrook, Beckenham, Kent.
John Tomlinson, Esq. Polton Toft, Thorne Road, Doncaster.
Geo. Montgomery Traherne, Esq. Coedriglan, Cardiff.
K. I. Trübner, Esq. Strasburg.

(c.) Sir Harry Verney, Bart. M.P. Claydon, Bucks.
Right Hon the Earl of Verulam, F.R.G.S. Gorhambury, St. Albans.

(c.) Henry Wagner, Esq. F.S.A. 13, Half Moon Street, Piccadilly.
Edward Walmisley, Esq. 25, Abingdon Street, Westminster.
Charles Walton, Esq. 22, Newington Butts, S.E.
(c.) Henry. O. Wakeman, Esq. All Souls College, Oxford.
(c.) Right Hon. the Earl of Warwick, 1, Stable Yard, St. James's
John Weld, Esq. Leagram Hall, Preston.
Eugene R. Wethey, Esq. 31, Queen's Road, Manningham, Bradford, Yorkshire.
Richard Henry Wood, Esq. F.S.A. Penrhos House, Rugby.
Sir Albert W. Woods, Garter King of Arms, F.S.A. 69, St. George's Road, Pimlico.
Henry Workman, Esq. Great Hampton, Evesham.

LIBRARIES.

Aberdeen University.
Belfast, Queen's College.
Birmingham Library.
    Free Library.
Bolton Public Free Library.
Bradford Subscription Library.
Bristol Museum and Library (Bishop's College).
Cambridge, Christ's College.
    King's College
    St. Catharine's College.
    St. John's College.
    Trinity College.
Canterbury, Dean and Chapter Library.
Cheltenham Permanent Library.
Dublin, King's Inns Library.
    National Library of Ireland.
    Royal Irish Academy.
Durham University.
Edinburgh New College.
    University.
    Library of the Writers to the Signet.
Exeter, Devon and Exeter Institution.
Glasgow University Library.
    Mitchell Library.
Hull Subscription Library.
Leeds Library.
    Public Libraries.
Leicester Free Library.
Liverpool Free Library.
London:—
    Athenæum Club.
    Bank of England.
    City of London (Guildhall).
    Gray's Inn.
    House of Commons.
    Inner Temple.
    Middle Temple.
    Lambeth Library.
    Law Institution.
    Lincoln's Inn.
    London Institution.
    London Library.
    London University.
    Middle Temple.
    National Portrait Gallery.
    New University Club.
    Oxford and Cambridge Club.
    Reform Club.
    Royal Historical Society
    Royal Institution.
    St. Paul's Cathedral Library.
    Science and Art Department, South Kensington.
    Sion College Library.
Manchester, Chetham's Library.
    Free Library.
    Owen's College.
Newcastle-on-Tyne Literary and Philosophical Society.

Norwich, Dean and Chapter Library.
Norfolk and Norwich Library.
Nottingham Free Public Libraries.
Oxford, All Souls College.
Balliol College.
Merton College.
Queen's College.
St. John's College.
Union Society.
Preston Library (Dr. Shepherd's)
Rochdale Free Public Library.
Rugby, Temple Reading Room.
St. Andrew's University.
Sheffield Free Library.
Stonyhurst College.
Warwick, Warwickshire Natural History and Archæological Society.
Windsor, Royal Library.

Adelaide Public Library.
Baltimore Peabody Institute.
Berlin, Bibliothek des Deutschen Reichstages.
Royal Library.
Boston (U.S.) Athenæum.
Free Library.
Breslau University Library.
Chicago Public Library.
Connecticut, Watkinson Library.
Copenhagen Royal Library.
Cornell University.
Göttingen University.
Greifswald University.
Hamburg City Library.
Heidelberg University.
Königsberg Royal Library.
Marburg University.
Massachusetts, Harvard College.
Wellesley College.
Melbourne Public Library.
Michigan University.
Münich Royal Library.
New York, Astor Library.
Brooklyn Library.
State Library.
Young Men's Christian Association.
Paris, National Library.
Philadelphia Library Company.
St. Louis Mercantile Library.
Sydney Free Library.
Tübingen University Library.
Vienna Imperial Library.
Washington, Congress Library.
Yale College.

www.ingramcontent.com/pod-product-compliance
Lightning Source LLC
Chambersburg PA
CBHW032016220426
43664CB00006B/266

* 9 7 8 3 3 3 7 7 2 3 7 6 7 *